庆祝中国共产党成立100周年

The 100th Anniversary of the Founding of
The Communist Party of China

谨以此书献给中国共产党成立100周年

云南民族大学傈僳学研究中心
怒江州傈僳族文化研究院　　　　　　　　　　合作项目
中国人类学民族学研究会傈僳学专业委员会

云南省“万人计划”青年拔尖人才专项资助
云南大学青年英才培育计划资助

傈僳学史料丛编

鲁建彪　主编

第二卷

云南大学出版社
YUNNAN UNIVERSITY PRESS

图书在版编目（CIP）数据

傈僳学史料丛编. 第二卷 / 鲁建彪主编. -- 昆明：云南大学出版社，2021
ISBN 978-7-5482-3909-3

Ⅰ.①傈… Ⅱ.①鲁… Ⅲ.①傈僳族－民族历史－史料－中国 Ⅳ.①K285.6

中国版本图书馆CIP数据核字（2020）第000483号

策　　划：朱　军　孙吟峰
责任编辑：徐　曼
装帧设计：刘　雨

傈僳学史料丛编

LISUXUE SHILIAO CONGBIAN

第二卷

鲁建彪　主编

出版发行：云南大学出版社
印　　装：昆明理煋印务有限公司
开　　本：787mm×1092mm　1/16
印　　张：14.25
字　　数：243千
定　　价：128.00元

版　　次：2021年6月第1版
印　　次：2021年6月第1次印刷
书　　号：ISBN 978-7-5482-3909-3

社　　址：云南省昆明市一二一大街182号（云南大学东陆校区英华园内）
邮　　编：650091
电　　话：（0871）65033244　65031071
网　　址：http://www. ynup. com
E-mail：market@ynup. com

若发现本书有印装质量问题，请与印厂联系调换，联系电话：0871-64167045。

目　录

碧罗雪山之傈僳族

陶云逵 著

第一章 傈僳之名称及其现代分布

民国二十四年八九两月，作者在澜沧江及怒江上游碧罗雪山傈僳族住区，作民族学调查。傈僳族是云南藏缅语系人群之一。汉人称之为傈僳，其自称为 Lesuo。分布于此族邻近之民族如怒子，称傈僳为傈僳，么些（那希）称之为鲁苏（Lusu），俅子（毒龙河上游流域之土族）称之为傈僳。故此族之名称，自称或他族称之均为傈僳。至于“傈僳”一词之原来意义为何，询其本族人则已不知。么些呼其为“鲁苏”，其意盖为“石生”，查么些语“鲁”为石，“苏”为生，意译之，“鲁苏”当为山头人。佛瑞塞著《傈僳语言》一书中云：傈僳（Lisu）一称之原意是“迁移下来的人”（The people who have come down，意即自高原地带迁来[①]）。吾以之询诸傈僳人，称并无此解。佛氏之说当不可靠。傈僳族中分为三个支系，即白傈僳（Lejengoup'a），黑傈僳（Leshuoup'a），花傈僳（dzop'a）。作者所调查的是黑傈僳。

叙述一个民族的分布或画一个分布图是很困难的事。除自己实地调查的区域以外，其余的只好凭书籍的记载，或可靠的口传。所以多少不免有些遗漏的地方。但是傈僳分布的中心区域的大部分，作者幸喜都得机会亲自涉足到。所谓中心点是指傈僳族会聚最多的地方，就是北纬28°至26°，东经98°30′到99°30′，即今贡山、康乐、碧江三设治局及维西、兰坪、云龙三县境，包括怒江、澜沧江上游，亦即高黎贡山及碧罗雪山北段各境。其次则在泸水、腾冲、盏达、干崖，及其西，旧茶山长官司、浪速地等，又怒江与恩梅开江之间的各山岭中并江心坡即旧里麻长官司地，但为数不多。其在澜沧江以东，则在金沙江流域的丽江、中甸、永北、华坪以及大姚、武定俱有之。在永北、华坪一带为数较多。在金沙江以东者，唐时已有樊绰《蛮书》称在茫部台登，当即今之云南东北与川黔交界一带。曲木藏尧《西南夷族考查记》，曾提及傈僳，但未注明地点。唯彼所述，多系四川西南部雅砻江、

① Frarer, F. O., Handtbook of the Lisu Language, P. iii, Rangoon, 1922。

安宁河、大渡河流域间之土族状况，似所述傈僳，即在此一带。傈僳分布之极南点，当为缅甸南方摆夷土司地及越南之牢地。此傈僳族现代分布之概况。在《几个云南土族的现代地理分布及其人口之估计》[①] 一文中，作者把“现代”范围到1901至目前，即最近四十年，因此在参考书籍方面是限制在1901以后出版的。下列的文献，自唐代以迄现代，仅示各时期关于傈僳所在地之记载。上述分布情况，以及所绘之分布图（限中国境内），则除实地调查者外，均参考1901以后之关于傈僳之记载也。

傈僳一称最初见于樊绰《蛮书》（唐咸通四年，西历863），距今千余年前。《皇清职贡图》谓楚庄蹻开滇时已有此种，是则当时必有傈僳之名称，但不知根据何书，兹暂置疑。

唐樊绰《蛮书》，名类第四：“傈僳两姓蛮、雷蛮、梦蛮皆在茫部台登城东西散居，皆乌蛮、白蛮之种族”。

宋祁《新唐书·南蛮传》下：“勿邓地方千里有邛部六姓，一姓白蛮也；五姓乌蛮也。又有初里五姓，皆乌蛮也；居邛部台登之间……又有傈蛮二姓，雷蛮二姓，梦蛮三姓，散处黎、巂、戎数州之鄙，皆隶勿邓……。”

清顾炎武《天下君国利病书》，云南种人：“力些惟云龙州有之。”

清《古今图书集成》一千五百十九卷《职方典》，《力些考》：“力些惟云龙州有之。”

清《皇清职贡图》卷七：“傈僳相传楚庄蹻开滇时，便有此种，无部落，散居姚安，大理，永昌四府，……其居赤石崖，金江边地与永北连界者，依树木岩穴，迁徙无常……。”

清毛奇龄《云南蛮司志》：“澜沧卫有力些贼，每聚众杀人……”。清王凤文《云龙记往》：“嘉靖三十五年，文显（段氏土司）卒；耀（文显之侄）率夷类傈僳五百余人，抄其家尽杀文显妻子”。

清余庆远《维西闻见录》：“傈僳近城四山，康普，弓笼，奔子栏皆有之”。

清阮元《云南通志稿》，南蛮志种人：“在大理名傈僳，在姚安名傈傚，有生熟二种。”又《武备志戎事》：“嘉庆七年壬戌，维西傈傚恒乍绷作乱，

① 历史语言研究所《集刊》第七本第四分，民国二十七年。

总督觉罗琅开讨平之"。又"道光元年辛巳，永北傈僳滋事，总督庆保讨平。"

清王文诏《续云南通志稿》，戎事杂记："光绪十八年，永北厅㑩些丁洪溃等，假名活佛降世……"。

清檀萃《滇海与衡志》，卷十三志蛮："力些一名傈苏，一名傈僳，一名傈僳，有生熟二种……现在维西跳梁者，即是此种……"。

清《永昌府志》："傈僳居高山极冷之地……凡江外（按即澜沧江之西）深山之间均有之。"

清《腾越厅志·诸夷志》："所列种人有傈僳。"

清《永北直隶厅志》："北胜州所属夷人种类，㑩些一种性枭雄……北胜州土州所属夷人种类，㑩些一种，无姓氏，居山崖箐间。羊坪土千总所属夷人种类，㑩些一种，住居高山，刀耕火种。"

清《大姚县志》："傈僳即力些，性犷悍……。"

民国二十二年《云南边地问题研究》卷上（云南昆华民众教育馆出版）李生庄：《云南第一殖边区域内之人种调查》："三，傈僳……散布地点，多在腾冲县古永琅牙山脚，古永西部江边，五行政区内，江心坡内，及潞江流域，凡菖蒲桶、上帕、知子罗、泸水各行政区。又兰坪、维西境内皆有此种人。"

民国二十二年《云南北界勘察记》，卷一尹明德报告："南甸、干崖、盏达各土司地……居民有汉人、僰夷、野人、傈僳、崩龙、阿昌等类。"卷二尹明德报告："傈僳亦夷人之一种……散居于云南西面，澜沧江、潞江上游，及高黎贡山，西岔角江，拉打阁，拱路，戛并，腾冲西北边界。"卷三杨斌铨、王继先报告："甲，傈僳，此种人多散居于潞、俅各江沿岸。"卷四张元钦、王玺报告："片马、拖阁、罗孔、鱼洞一带……各寨人种，多为茶山、傈僳、浪速三种……。"卷七张元钦报告："江心坡……其人种有五，即蒲蛮、浪速、僰夷、傈僳、客弄是也。其中以……傈僳最少。"卷八狄寿榕报告："江心坡、茶山、浪速区域有茶山、浪速、俅夷、傈僳四种。"又《勘察记》附清光绪三十二年夏瑚《怒俅边隘详情报告》："曲江……江尾曲、傈杂处。"又"脱落江……两岸地势较曲江为平，曲、粟杂处。"

民国二十三年曲木藏尧《西南夷族考查记》，书中虽曾提及傈僳，但未指出地点，全书所述，系四川南部雅砻江、安宁河、大渡河流域间之土族状况。

安德生（John Anderson）在他的《云南调查报告》[1] 以及《从蛮得里到腾冲》[2] 二书中，曾提到在腾冲与缅甸交界之间的户撒（Hotha）与盏达（Sanka）各山中有傈僳生存。并且说他所见到的这些傈僳（Lisu）与古柏氏（Cooper）在云南的北界及西藏交界处所见名为浪速（Leisu）者相同。

斯格德（J. George Scott）在他的《缅甸通志》“种人”章把瓦克（H. B. Walker）、乔治（E. C. S. George）、斯德林（G. C. B. Sterling），以及其他人的作品，搜集在一起，斯格德好像把离消（Lihsaw）或离骚（Lisaw）与傈僳分开，认为他们两个是不同的种族[3]。

欧涟公爵亨利（Prince Henry of Orleans）在他同胡（Roux）与布里佛（Briffand）在怒江流域的旅行中，遇到傈僳土族[4]。

李顿（C. J. Litton）英国驻腾冲领士，对于傈僳有相当凋查，在他死后，佛林斯德（Forrest）曾将其旅行纪录，在英国《地理学会杂志》第三十二卷发表。

杨氏（E. C. Young）在他的《从云南到阿萨》旅行记里说：“从云南到阿萨，有不少的傈僳村寨。”[5]

戴维士（H. R. Davies）在所著《云南》一书中，自第三九一至三九二页，对于傈僳有较详的记载。“傈僳族的大本营，是在怒江上游，约在北纬25°30′到27°30′之间，东方直达到澜沧江的右岸，西方达到恩梅开江的上游，就是大金沙江的东支流。他们在滇缅交界北纬25°也有相当的数目，看情形好像在龙江（即瑞丽江）上游腾冲之北（北纬25°、东经98°30′）从前为傈僳所居住，这些傈僳，现在都变成汉人了。傈僳这个民族像是对于移殖很智慧的，在大金沙江以东野人山以及北方摆夷土司地，都可以见到零散的傈僳人群，他们甚而至于延展到景东（Kengtung）的南方摆夷土司地。在法

① Anderson, J, A Report on the expedition to Yunnan Via Bhamo, Calcutta 1871.

② Anderson, J. Mandalay to Momien, London 1876.

③ Gazetteer of Upper Burma and the Shanstates, Vol. l. pp. 587 – 588, Rangoon 1900.

④ Prince Henry of Orleans, From Tonkin to Lndia, London, 1898.

⑤ Young. E. C., A Joumey from Yunnan to Assam, Journal R. S., VSl. XXX, N0. 2. 1907.

属牢省（Lao）的猛龙（Mang lung，北纬 20°55′，东经 101°45′）我曾听见有个辙底（Chedi）的部族，我相信他们就是傈僳，因为摆夷叫他们做辙里，摆夷语中的 l，常常被牢人讹成 d。在云南中部与东部的大部分是没有傈僳，因为他们是云南省西部的居民。但是其中有少数向东方迁移，并且我听说在上营盘（Ying－pan 在北纬 26°，东经 102°30′）也有傈僳。旁的旅行家曾经报告，在永北厅附近也有傈僳生存着（永北在北纬 26° 45′，东经 100°4. 5′）[①]。

罗斯（A. Rose）与白兰恩（J. C. Brown）在他们的《中缅交界之傈僳》，报告其在怒江上游傈僳的调查，并附有傈僳分布图，按其图则傈僳之主要分布地，为怒江上游沧江流域之一部（北纬 22°45′到 25°之间），但在金沙江流域之武定、永北、丽江，又腾冲以及缅甸境内之瑞丽江流域均有之[②]。

佛瑞塞（F. O. Frazer）《傈僳语言》一书，关于傈僳之分布有以下一节。

在云南，几乎缅甸边境的全长，自维西以至思茅。在缅境内也是一样的路线，自葡萄厅东北角以至南掸地（Southern Shan States）都有傈僳。沿澜沧江各地，南及北纬 26°，沿扬子江上游（即金沙江）以及与昆明同经度的地方，均可找到傈僳。在元谋县一带的傈僳说一种方言与在缅边的很不同，甚至彼此不能明了，相同的字几乎不到百分之五十。实际上说他们是否属于一族很是个问题，因为只有汉人叫他们为傈僳，而他们自称为“栗泡”（Li-hpaw）[③]。

---

① Davies，H. R.，Yunnan，Cambridge，1901.

② Rose，A. and Brown，J. C.，Lisu (Yawyin) Tribes of the Buyma－China Frontier. Memoirs of the Asiatic Society of Bengal，Vol，III，N0. 4. pp. 249－277，Calcutta，1910.

③ Frazer，F. O.，Handbook Of Lisu Language，pp. No. 4. pp. iii－iv，Rangoon，1927.

第二章　傈僳之自然与社会环境

写这个题目，要精确是很不容易。有许多自然现象，如气象的温度、雨量，地质的矿产、土壤、地震，生物的动物、植物，以及此各物象与居民的彼此适应关系，均无详细的记载与研究出版，所以只能根据作者的普通观察。至于社会环境的事实，如傈僳族历来与他族如汉族、么些族等的历史关系，汉文书籍上所载，略而不详，傈僳是无文字的，从他们传说中也得不到多少事迹，其邻族么些文的书籍中，多半是经典和关于宗教的传说，向来缺乏史迹的记载。所以本节，只能叙述一个极普通的概况。而所要叙述的是作者亲自调查的区境内的傈僳，亦即是现代傈僳族的分布中心区域。

第一节　自然环境

地势——上面已经说过，现代傈僳分布的中心区域是在怒江，澜沧江上游，即是高黎贡山、碧罗雪山之北段山中。关于山脉河流之形式方向及自然环境之于人群行为之关系之重要，现在用不着多说。我们知道，从西藏高原向南及东南流出扇子形的五条大江，就是扬子江（在康、滇境内名金沙江）、澜沧江、怒江、伊洛瓦底江（即中国旧书上的大金沙江）和布拉马普德江。扬子江是由北向南而转向东，布拉马普德江是由北向东南而转向西南。澜沧江、怒江、伊洛瓦底江是自北而南，无有大的方向上的转移，除非是将入于海的下游一段。我们所调查的傈僳是居住在自北而南的怒江、澜沧江上游。本来这五条江，是扬子江及布拉玛普德江下游可以行舟，在其余的三条江，可以行舟的地段很短，而怒江、澜沧江之上游，夹于峻岭之间，河面非常之狭，而河床因为山石的崩落和沙砾的沉积，成了急湍，是不能航船的。傈僳就是在这不能航船的，靠近西藏高原自北而南的澜沧江、怒江上游居住。河流有时是交通的利器，有时是交通的阻碍，在我们所述的情形之下，怒江、澜沧江，对于东往西或西往东的交通上是一种阻碍，但是自北往南，或自南往北，未尝不是一条天成的大道，因为虽然不能行舟，但是沿河而行的便利是很引诱人的。设如我们很笼统的叙述夹着这两条河的山脉形式和方向，则高黎贡山、碧罗雪山以及云岭雪山三者山脉，也多是自北而南的。这种形式，在交通方向上的便利与阻碍，和前述的河流是一样，就是便于南北，而碍于东西。这三座山和两条江，作者均亲自走过[①]。但所走的途径并非其山之最高点，而是“交通的要道”，所以是比较的低道路。在我的日记上最高点是：

云岭雪山 2120 公尺（中甸至巨甸）

碧罗雪山 3562 公尺（茨宗至白汉罗）3580 公尺（腊早至坪子）

高黎贡山 3940 公尺（四季桶至所且）3560 公尺（黑普至党八）

戴维斯《云南》附录一“云南之地形”节中说：“云南之西北角是纯粹的西藏形式，山岭之高有 15000 至 20000 英尺，最低河岸亦为 7000 英尺”[②]。丁文江、翁文灏、曾世英《中国分省新图》，此三山之高处在 4000 与 5000 公尺之间。山之高度如此，而所占的地域是很大的，自北纬 26°以北，东经自 98°至 100°之间，所以我们从中甸的格鲁窝起爬云岭雪山两天半，才能达到其山之西麓巨甸，从澜沧江的右岸碧罗雪山之东麓四天才能爬到其山之西麓，即怒江之左岸。由怒江右岸高黎贡山之东麓五天才能爬到其山之西麓即毒龙河边。每日以七十五里行程为准。除去高峻而外，山“路”之崎岖险阻是不言而喻的。傈僳族就是住在这几座山里。从云南省城去到碧罗雪山东麓之维西线二十四日；从维西到高黎贡山东麓之贡山设治局须十日，由贡山设治局到毒龙江之所且须六日。所以从云南的汉化中心到高黎贡山一带的傈僳分布中心区域，须三十日至三十五日之间。这只是言山之高、路之阻。而怒江、澜沧江更是一种东西交通的阻碍，因为他不能航行，即有能航行的地方，是极短的一段，而须在干季。即是国历的九、十月至次年的五、六月。既在通常不能行舟，而幼稚的工程技术，又不能建筑较大桥梁，所以只有所谓绳桥或溜索。“过溜”是件有生命危险的事情，须有相当的胆量才敢去溜（关于溜索详见下“交通”节）。不敢过溜的，只有待干季有舟方往来。但是干季是在冬春，而高黎贡山、碧罗雪山、云岭雪山的脊梁，一到国历的十

---

① 陶云达：《几个云南土族的现代地理分布及其人口之估计》，历史语言研究所《集刊》七本第四分。

② Davies, H. R. op. cit. ,

一月尾雪便“封山”了，到次年的三月尾才“开山”。而前两个山，有几处积雪通年不化，作者所走的路径上，曾遇到两个地方有积雪搭成的所谓雪桥，时间是九月底和十月中。所以在干季，雪一封山，便无人敢走山。在下雪以后，也有勇敢而越山的，但性命往往被胆量给牺牲了。我们所得的四个傈僳头骨，便是在高黎贡山上拾得的（因为是一个傈僳指告我们头骨的地方而拾得，冻死者是其人之同村同族人）。

气候——关于气候，现在再说几句。我们知道，每公尺高度差异，能有一度的温度差异。假设其他外界各条件没有差变，其差异是与高度成反比例的。即是说高度越高，温度越低。这是作者亲自经验到的。譬如在澜沧江边的一个中午，我们只能着单衣，温度在华氏75℃。在第三日的碧罗雪山上的孔道上，高3562公尺，同一个时辰，也是晴天，我们着了绒衣，夹上衣，又加夹外套，温度在华氏50°。自然温度的变迁原因很复杂的，我说这一段不过来表示此地域温度与高度之关系的一斑。

动植物之适应——高度与温度有变迁，生物种类的分布也随着变迁。对于人的生活发生直接关系的自然是农产品，傈僳是喜欢住在山坡上或山岭上，这个凡是走过傈僳村寨的均可以证明。在这种高山坡或山岭上农作物便受了一定的限制。山坡、山岭的地势，倾斜度都是很大，土壤比较贫瘠。云南本是多山，其所谓平原实际是山中盆地。这种山中盆地，在怒、澜两江上游，即碧罗雪山，高黎贡山等地域是很少的。唯其较平的地，才能适宜于“水田”即稻田。这种适宜于水田的区域却没有傈僳的踪迹。盆地如碧罗雪山南部，云龙县属之漕涧，以及云龙县治所在的地域，多民家人与汉人居住。澜沧江两岸，即是河边平地或碧罗雪山东麓与云岭雪山西麓的三角洲，均为汉化了的么些人与汉人所居住，也有汉化了的傈僳。他们种水田，有棉花。傈僳则是居高临下地过山上生活。在山上，除了能生包谷、荞、麦、高粱、麻而外，还有许多的野兽，如鹿、麂、熊、虎、狼、野牛。这给傈僳以打猎的机会，是在较平的无森林的地方所得不到的。山上森林很多。有可以容五六个人睡的大树心。因此，地域虽寒，但是傈僳用不着对于柴担心。一位很幽默的贡山设治局长说：“我们这里最富有的是柴，烧不完，用不尽，这一点我们颇足以自豪。”贡山即昔菖蒲桶，在怒江上游西岸，高黎贡山的东麓。其余在傈僳分布区域中，植物还产黄连、贝母，以及其他草药。均是野生，傈僳们去采来卖给汉商。但无人工种植［只有上帕（康乐）一小部分，也是在最近三年。但因人工种黄连的结果，发生了一幕惨剧，详见下］。

矿产——除了上述的动物、植物而外，在矿物方面，产生铁、银、金。但是傈僳族并不关心这些。汉人冶出来的铁、银，他们都能取之，以做出三脚架、银镯、银耳环等用具和饰物。

第二节　社会环境

与邻族的关系——关于傈僳的社会环境，我们先述其现代在其区域四周的民族，及其彼此的关系。我们所讨论的傈僳区域，是个鸭蛋形，即是椭圆形的。其四周是被非傈僳族的包围，而在其本区中，在高度的高下，自然也有分别，就是在高度低的，是他族，在高度高的才是住着傈僳[①]。如果把鸭蛋放在桌子上，则蛋之向上部分才是傈僳的区域。在这个区域之东（即维西、丽江、兰坪之一部）有么些；其北（即德钦设治区，及藏康交界地）有古宗、西番、怒子；其西（即高黎贡山之西）有俅子；其南及东南（即云龙县属之漕涧，以及云龙县治一带）有民家（白子）及名那马的民家支系。这可以说鸭蛋四周。至于蛋的下半面，即是傈僳区域的高度较低的地带，则在怒江流域，有怒子；在澜沧江流域，有么些。但是无论何处，都有汉人的踪迹；主要是经商，但傈僳境域为数很少就是了。这只是说傈僳族分布的中心区域，也是作者实地调查的区境，至于腾冲以及中甸、永北、华坪等地的傈僳环境，不在这个范围之内，这是要重复声明的。自然，在邻族中，多少也有些傈僳参杂居住；同时，我们说的傈僳与其他部分的傈僳的区域很难划清，是连续蔓延着，不过有居民多寡上的分别而已。

这七个邻族之中，在语言方面，么些、怒子、俅子、古宗、西番和傈僳是属于一个系统，即是藏缅语系；民家语言的成分很复杂，其语言中，含有藏缅语系、泰语系、与猛吉蔑语系的成分；此外汉人的汉语。由这种情状之下，我们可以预料傈僳语言，也有受其余几族的影响之可能，反过来说，其

---

① 陶云逵：见前。

余几族也有受傈僳语言的影响之可能。

汉官设治——在政治上，现在傈僳所占居的区域，自然是属于汉人管辖。但这区域的真正设治，是民国以后的事。民国二年，云南第一师长李根源巡阅滇西，颇看到此一地带之重要，乃提议设治，呈请政府委何泽远为怒江殖边第三队长，协同第一队长任宗熙等开辟上帕、知子罗（即傈僳族最多之区域）。但不过昙花一现，后因政府忽略，殖边事务复松弛。至民国十七年，方由政府正式委官治理，上帕即今之康乐设治局，知子罗即今之碧江设治局。在上帕之北，为菖蒲桶，其开辟是在光绪末年，因教案，政府委派阿墩子（今德钦）弹压委员夏瑚前往其地调查，乃派其兼管怒江事宜。后于民国十七年，改为设治局，即今之贡山。知子罗之南，泸水设治局，系于民国十七年设立。自北之贡山、康乐、碧江，以至其南之泸水，均是怒江上游流域；即吾们所谓的傈僳分布的中心区域①。所以我们可以看到，这一带设治是极晚近的事。

但在设治以前，这个区域的名义上虽是归汉官，实际上，其地居民傈僳尚有一部分政治自由。管理他们的汉官所委的土司，他们对土司只是每年纳些物品，如米谷、猎品、草药而已。从什么时候起，这块地归汉人管，是没有记载可查，但在清乾隆十六年（1751）平定秤戛（详“战争”节实例）之后，云贵总督硕色奏请划清丽江、云龙、保山、腾越各边地土人辖境的奏折中，有关于傈僳区域的，兹录如下：“滇省秤戛各寨，散处边隅，界连数属，错杂难稽，必须剖划疆界，分隶管辖，稽查庶有责成，且野夷甫经投诚，更管束得人，始足以资弹压。查云龙、腾越、保山、丽江等府州县，边界相连，各寨野夷，犬牙相错，应各按其形势，量其远近，分隶各州县管辖。查孙足、栗柴坝、蒙古、鲁掌、把卞，陇腮、登弄、听命、登埂、坝竹、蛮蚌、松坡、排楼、卯照、阿勒挖底、排把、坝竹河、巴中罗等寨，附近保山，应归保山县管辖。又原云龙之片马，鱼洞二寨，孤悬雪山之外，声气不连络，唯与保山县之登埂等寨隔离不远，应将此二寨一并改归保山县管辖。但前据段复健报有额粮二石四斗，在云龙上纳，今片马、鱼洞既归保山县管辖，前项额粮，应令保山县查明人册征收，所有原在云龙州之额粮，并

① 《内政年鉴》，民国二十五年，商务。

令开除。其秤戛、腊白乌、别向刁、得乌地、细厄罗、姑密登、大竹地、大竹罗、六库渡口、赶马撒、鲁威、水井、乌木郎、老窝、鸡嘴、鹅毛顶、鲁粗、六藏、玉地、施底、魁梧覩、板场、漕涧各处，接壤云龙，应归云龙州管辖。至二别罗、毛竹寨、打密赖、塔偏、核桃登、瓜咱、辉仁及瓦咱、立咱寨，附近丽江府，应归丽江府管辖。此外官寨、上楼、癡戛、把仰、大塘、明光、派赖、茨竹、刁降、古永、鲁仰、滇滩各寨，附近腾越，应归腾越厅管辖。”

这一地带的地名，多半是土名的译音，或译意。译音，除了很显著的较大地方，因为政府立案，译音的汉字，无变动外，小地方的译音，便会因时而异了。此外，地方名称是为其地的特点而名，如大石头，三棵树、坡脚、热水塘等，但有石、树、坡及温泉的地方很多，易为重复，所以更不易辨清。在这个折子里的地名，除了较大的地方，如片马、卯照、鲁掌、秤戛、明光、滇滩、漕涧等音字与现在的名称相同外；其余的有音相近而字不同者，如立咱当即为今之腊早，二别罗当即为今之碧罗。但是我们从对征得出来的地名中，可以约略看出当时的界线。自今碧江设治局以北归丽江府管，碧江设治局以南经称戛（即秤戛）以至六库、漕涧归云龙州管；今之泸水设治局地以及片马、鱼洞（此两地实际已归英缅）归永昌府管；明光、滇滩一带归腾越厅管。此各新划之地，均为傈僳区域，而尤以划归云龙、丽江的部分为今傈僳之分布中心，与我们的问题是很有关系的。划界是如此，但是硕色奏折中，关于治理这些地方，是保举了在平定秤戛出力人员，分当土职，而没有请设流官。这是乾隆年间的事。至于清中叶及以后的情形，我们从夏瑚的《怒俅边隘详情》中，可以看到一些：

“……查怒江上自藏属擦瓦龙、松笼、喇卡起，下至耳目止，二十余站，系维西属。又自耳目起，二十余站，至云龙州属之六库老窝地，中间有归丽江县属者，有归剑川州属者，有归永昌府之保山县属者，维属自腊早以上虽有土司，不过每年遣人收受钱粮一次，并未驻扎管理，不惟无益，反多滋扰。腊早以下，原有土司管理，曩因收粮之人，过于需索，傈民聚众逐杀之，嗣后即无人敢往收粮，不服管束，不安耕凿，相率以抢劫为生，为患丽、维各属，不可胜言。即丽江、保山各属，亦多不上钱粮，不服管束，逍遥化外，历有年所。盖怒江钱粮，并不按亩升科，归入正供项下，虽由土司按村收受，闻每年所解怒贡，计不过十余金，即未收之处，与正供仍无妨碍，惟于私款微有所损，故设土司亦均缄默无言。至于曲江，本系维属百姓，上有土司钱粮，以土司从未一至其地，主治无人，至该曲众上受擦蛮，下受吉匪之害，几不聊生。”

夏瑚此呈，是光绪三十四年（1908）所写；其中有关于开辟怒江、俅江各地的计划。清政府正当多事之秋，对于边地事务多未能顾到，不久这位热心边务的夏瑚也就去职。直至民国成立以后，始渐设治，已如上述。

总之，自贡山以迄泸水，这一带的设治是很晚近的。换言之，傈僳直到晚近，尚保有一部分的政治自由。同时，汉人之移住其地者，也是在设治后才增加，即至现今，汉人人数是很少的。这就是说，这一带汉人甚弱，而其原来的文化保持的较纯。以上所说是汉人与傈僳（在我们所谓傈僳中心区域）的关系。以下叙述曲子与傈僳的关系。

与曲子、怒子的关系——傈僳与曲子、怒子在较古时的历史关系，我们不得而知，但现在曲子、怒子、傈僳是相邻，上面已经说过了。他们的社会关系，在清末时情形，可以从夏瑚的《怒俅边隘详情》中，得到一些：

“……下江曲民，则又苦江尾傈僳，勾结怒江吉匪，出没无常，横行抢杀，恒有旦夕难安之势。上下江与江尾，又均有所谓骨尸线粮者（傈言为俄普骨牙）。缘傈僳到处抢劫，亦到处贸易，然无不凶横霸道，倘被人殴死，或即病死，傈又集众往其所死之一带地方，抢劫烧杀，累月连年，迄无休息，不得已与之讲和，愿上骨尸钱粮，于是议定某项若干，村村寨寨，家家户户，每年照上一份。傈人往收此份钱粮，尤必好为供应，地方出一傈僳命件，则此骨尸钱粮，曲人必世代上纳，傈僳亦世代收受，各村上此钱粮，有多至五六起七八起者……怒江百姓，最苦吉匪抢杀为患，虽有防营一哨，以保护教堂为专务，不能远驻各隘，以此上下江居民，时虞抢劫……怒江自腊早以下，傈僳较多，原有土司管理，曩因收粮之人，过于苛扰，傈民聚众逐杀之，自此不服管束，不安耕凿，相率以抢劫为生。雪未封山以前，则在鹤、丽、剑、维等处山林要隘，结党野处，拦劫行人。封山而后，则在上江一带，抢劫敲索，估拉人口，勒索重赎，否则卖入藏属为奴。即内地有犯重罪者，率多逃匿其处，实为永、丽各属逋逃薮，上江百姓呼下江为‘吉尾子’，言之无不傈僳。”

由此叙述，我们可以看到曲子、怒子好似傈僳的“臣民”，而傈僳是他们的“上司”。这种情形，在作者调查时候，已经没有了，这不能不归功于汉官。但是小规模的抢劫仍是有的。傈僳现在被汉官压迫得无力去转压迫曲子、怒子，但是傈僳各小支系结队去反抗汉官，是常有的事，关于这点，以下在谈战争及武器的时候，还要详叙。

么些、民家——至于么些，民家与傈僳的关系，则无参考可据，但我们知道，在未设治之前，这些地方是由维西、云龙等属的土司去管的。这些土司，多半是土族领袖，而有功于汉朝的，其中亦间有所谓汉人，因战争有功而政府划出一部分地域归他所有。但在管理傈僳的，如维西叶枝的王土司是么些，兰坪、兔峨的罗土司是民家。云龙六库的段土司，名义上说是四川汉人落籍，而实际也是民家。这些土司可以算是傈僳的“土司”。至今在维西属之澜沧江段的傈僳，其头目之官衔名字，仍是用么些的名称（详见下）。

古宗、西番——古宗、西番与傈僳的社会关系较松弛。因为在西与西北有曲子与怒子为屏障，在东北有么些隔着；但多少有些关系的。其中较显著的是古宗、西番的喇嘛教，在有傈僳居住的地方，也极力去作宗教上的宣传；但在怒江之菖蒲桶以南，沧江边之叶枝以南就没有喇嘛寺了（维西县治之附近亦有，其地则为么些较多，而傈僳较少的）。

傈僳族与其邻族的商业上的交往很少。除了和汉人，但也是在最近二十多年才较多起来。

第三章　傈僳的文化

这里所说的“文化”，包括的很广，自语言、宗教，刀枪剑戟以至于杯盘碗盏，都是组成这个概念的分子。所以在这个名词之下，所要讨论的东西很多。学者们为研究便利起见，把文化的内容分出类来，一部一部的去讨论，虽然文化的构造是整个的，彼此息息相关，而不容人去划出界线来。我们分作：物质方面，社会方面和精神方面，依次去讨论，也只是为叙述便利而已。但是我们要认清的是一个没有文字的民族，其文化内容变异性很大，特别是好迁移的，喜欢居住高山大岭的傈僳族，因为迁移与隔离可以使变异范围扩大。所以下面所述仅限于所调查的地带。又除把所调查的材料叙出以外，于每节附录各书中关系该节目之傈僳族记载，目的是为把以前关于傈僳的记载摘出附录，以供参考和比较。

第一节　物质方面

一、食品：原料，制作方法，餐法与工具

农业及耕种——上面已经说过，傈僳族生活中一个特点是他们的村落，除了少数例外或汉化了的，都是在高山坡上，往往在海拔二千多公尺。譬如在碧罗雪山，或高黎贡山上，这样高的地方气候自然很凉爽，因此他们食品中的农产种类，是要受高山气候的限制。他们所种的谷粮种类是以荞麦（Polygonum fagopyrum）、玉麦（Zea mays L.）、高粱（Andropogon sorgune）、小麦（Triticum sativum L.）、小米（Setaria italica Kth. Vdr）、绿豆（Phaseolus mungo L.）、豇豆（Vigna inensis Hassk）、马铃薯（Solanum tuberosum）、荠苏（Cumcumber）为最普遍。其耕种方法是用广种法（Extensive Method），把山上森林砍伐后，用火焚之，以其灰作为肥料；然后用锄头将土翻铲（有用牛去犁的，多半是汉化了的），翻铲之后即播种，任意散播，无阡陌的分割，至其已开辟之地，则自他处砍些树枝树叶，堆于所耕之地，焚之。

谷种生后，任其生长，无芸耨，一任莠草参杂其间。也无灌溉，盖因所种之地，多在山坡，其倾斜角度很大，不易引水平均分润，所以完全仰给于雨水。至其有堦形田地及种稻田，是从汉人或民家人学来的，不是倮倮固有，是为数甚少。在一地耕种若干次，如焚树枝作肥料，而其地收获仍然不好，则认为其地地力已尽，必得弃去，令其休息数年，而另外去找新地开垦。但其所找的新地不一定很远，常在一个区域中的几块地方，轮流去种，而来回的迁移。不过在山上，可种植的土地本不甚多，故在村子附近若无可耕之地，势必合家转移，找空地可耕者住下，这是促倮倮转移的一个动力。耕种的时候，男女分工合作，男子伐木耕地，女子播种收刈。

农具——关于他们的农具，可以分成两种：犁与耙。犁分两种，一种是用人力的，以约 1 公尺 30 公分长之木杆一根，其一端削成箭头状，套以铁制的犁板，犁板三角形。距犁板约有 10 公分之犁杆上，附近有钩形之横木一个，此横木是为在翻土时踏脚之用。此犁杆之另一端，则安以弓背形之横木，约有胸部宽，其凹面向上，是为把胸部放在其间，工作得力。以手握其两端。一种是用牛力的犁，与云南汉人所用者相同，但较简单。犁架是以木杆一个，与地平行，其一端镶以铁制之三角形犁板，尖略向下。另以木杆两个，垂镶于此杆之上。此两杆，靠近犁板者较短，其另一杆有 1 公尺长。在两杆之间又镶一横杆联之。牛则在犁板之前，牛头上有一长板，板上两头钻洞各一，而串以麻索或皮带，套住牛头，自此套上再以两绳合系于犁尾竖杆之上。耕犁之人，则以手握此竖杆，以左右耕犁之方向。此种牛用的犁式，当是受汉人的影响，但用人力的犁，却是倮倮特有的。耙是木制，松匀土之用，以木板一，其一端凿若干小洞，而以削成之小尖木杆插入其中，而成齿牙形，其对边，则凿洞另插以木杆。镰刀，铁制。与汉人所用者同，当是受汉人的影响。此外还有刨子，这是个比较引人注意的东西，在许多文化简单的民族都有这样的工具。但倮倮却不只是全用木制，不是将木头烧坚了，而是会利用铁。取树枝之有弯叉者，斫断，将其叉钩削尖，包以铁片，成尖锥或扁锥形。用他来犁、掀、匀，总之，工具的形式越简单，其用处也越普遍。还有竹裹腿，也是他族所没有的。原倮倮是耕山地的，山坡倾斜不平，石砾甚多。往往在犁耕的时候，坡上面的石头会滚着打伤腿部。所以为防御起见，有竹裹腿。他是取有腿粗之竹子一段；约有其人之下腿长，将筒破为两半如瓦形，而将其两端之外面，刻一两道纹路。然后将此两半合于腿上，而以麻索系之。这种竹裹腿，在犁地时才用，女子在田地工作时也用它。云南许多高山土族如阿卡、窝尼、罗黑等族都用裹腿，但均为布制。用竹裹腿，仅傈僳有之。

他们播种的时期，按国历计算，当如下述：

三月——黄瓜。

四月——谷、小米。

五月——玉米、高粱、鸡脚稗。

十月——荞、青菜。

收获时期是：

六月——黄瓜。

七月——谷、小米。

九月——玉米、高粱、稗。

十二月——其他。

收获——获后，将粮晾在麦架上。麦架是用两根约5—6公尺高之树干，竖于地上，彼此相距约3—4公尺。此两竖干各凿圆洞十余个，彼此相对，然后仅以较小之木杆十余根，横插其上。各种粮谷一层一层地挂在横干上面，由风日去晒曝（图四）。晒干以后，将其放在麦场上，用连枷去打，使谷粒散出。打完以后，高粱、麦籽或荞米用碓去舂。在地上挖一圆洞，其内铺碓以石板或用力将土踏坚，或凿石成臼置于其中；然后以长木杆一根，其一端安以重木块或石，此即杵。其另一端则以长方形小木板一块，安于杵干上，以为脚踏之用。此木杆之中间地方，凿一洞，另以木插之，称之为横木代，成十字形，横杙之两端架于两个木舂上。舂时，以脚踏其尾，则碓头悬起，放之则落，如是谷壳渐次舂脱。此种舂碓样式与汉人所用者相同，亦为云南各土族中之最普遍的样式。除此而外，在傈僳族中，还有一种较简单的碓式。用粗的木杆一段，将其心挖空，但不透底，另以较细小之木杆两端较粗，中段削细，以便执握。将谷籽放在被挖空之木杆中，而以较小之木杆，即杵，舂之。此种碓式，多半是傈僳为穷人家用的。此两种碓式，后一个，即手碓，是傈僳固有的。安置碓的地方，除了手碓可以随处置放而外；脚碓是放在住屋的旁边，另起的一个小棚之中，但亦有放在楼下的。舂完以后，将粮米用竹篓盛了，存在住屋或仓房里。其余用不着舂的谷类，便在刈获以后，晒干直储仓房中。

仓房——仓房的建筑用若干根木杆，插于地上，在离地约2公尺高的地方另用若干木杆横系竖干之中部，此上铺以竹篦。在六或九根竖杆之上端，以竹竿或木杆系之，上覆以草，于是成一个高长方的屋子。屋之四周，用竹篦围之，上端留洞口。此竹篦墙上涂以泥土或塞以草，以防雨水。仓房多半在住房的左近。此外还有一种较简单的，是用四根木杆，竖于地上，其中有两根较长，另两根较短，长者在一排，短者在一排。然后以较细之木杆若干根，横系于此四竖干之中部，上履以竹篦。再在竖杆之上端横系若干细杆，上覆以草，于是成为仓之顶盖，但因为竖杆是一排较长，一排较短，所以顶盖亦成斜的，以矮的那一边为背而高的一边为胸，即是说高的这一边在安置时朝向路口。这斜顶盖的用处是可以使雨水不致伫积，随倾斜而流下。谷米则是放在那个竹篦层上，而围以竹席子，上下透风，这种仓房是专为积苞谷的。

除上述之农作之外，傈僳还采集野生植物，最普通是去采芜菁、蕨菜。这种采集由妇女或小儿任之。

我把耕种放在食品节之下，因为诸如此类的事，其目的是为吃的准备，现在把他们的家畜动物及所吃的动物的种类及畜养的情形说说。

肉食——在家畜方面，傈僳有猪、鸡、牛、羊、猫、狗、马，骡及鸭。我们一进傈僳的村寨，便会碰到三五成群的狗，向我们狂吠，在他们的住室底下，有猪、鸡是四处跑的。这些家畜之中，傈僳人吃的是鸡、猪、牛、羊，不吃狗肉。他们虽养这些可食的家畜，但是平日多半是蔬食，肉食是在有特别事故时才享用，譬如有了病人，巫师认为非杀鸡或猪或牛以禳鬼，或是婚丧大事，地方发生特别争执，以及新年。这时，才杀猪宰羊大嚼一顿。但在富庶人家，有远客来临，也有时杀个鸡或猪，但为数甚少。这些家畜的饲料是取之于天然，糠、剩米、山草以及粪，所以没有任何的耗费。但在为数过多时，便拿了到“街子”上去卖去，猪鸡是这样情形。至于羊，则其畜养之目的，不全在吃或卖，而是要用其毛做披毡（做法详下）。养牛是为耕地，不知饮牛乳及酪，只有黄牛（Bos taurus Linn），而无水牛（Bos bubaluss Linn），亦无藏人喜蓄的犏牛（Bos grunniens Linn）。有羊、牛的人家不多，普通只畜鸡、猪。狗是为守户，或出猎，猫是为捉鼠。肉食除了家畜中的几种而外，自然还有野物，如野鸡（Phasianus colchicus elegans）、马鹿（Cervus eldi siamensis Lydekker），麂子（Muntiacus reevesi），野猪（Susscrofa mupinensis Milne－Ed）以及猴（Macaca mulatta zimmermann）。

烹饪、餐法、菜蔬——傈僳每日三餐，天明一次，中午一次，天黑一次。三餐的内容是相同的。这和汉族大部分的两餐习惯不同。但傈僳三餐，并非一定按时，常因工作而移动，但以三餐为率。烹饪方法，将大麦、小麦、燕麦、青稞等用火干炒。炒熟之后，用磨去磨（磨与汉族所用相同）成细末。然后用水或茶，不放盐糖，和成面团。用手揉而食之。此外，将荞磨成荞粉，和水搅之，成为粉浆。将火塘或火膛（详见下）中之柴火抽出，而把粉浆倒在火膛中之热灰中，约半小时，俟其水分烘干，即成为荞饼。这两种方法最普遍。菜蔬方面，则除取用所培植的黄瓜、青菜等外，便是采集野生的芜菁、蕨菜，和买自汉人的辣子（亦间或自种）。芜菁、蕨菜、黄瓜等，吃时将其切成小块，放入锅中煮，有时掺些荞面及辣子。

肉食的熟饪法有两种：一是烤肉。这种多半是野味。将其毛在火上烧尽，将肉割出放在火上焙之。把火柴拨去，肉放在灰尽上焙。其五脏则用水烹。取出后，放盐少许，手持以食，肉并不一定熟透。家畜如猪肉、鸡肉，并五脏，放在锅中烹吃。淡烹，取出后，在肉上放些盐。吃肉之时，不一定拌着面饭吃，肉可以单吃。二是燻肉，以猪将其肚子破开，脏腑及排骨、脊骨一概取出，头及小腿砍下，只留皮肉。以盐填擦肚中，将肚子破开的缝口又缝起。然后以板子将其压起，成扁形；数十余日，半干之时，将其悬于屋中火塘之上。吃时，取下切之。但亦有零碎腌之，然后一条一条地放在屋中火塘上面的悬架上。此种储存着的燻肉，富庶人家才有。至于作料，则除盐糖而外，别无他物。但盐糖均是从汉商处买来。盐有两种，一为白盐，傈僳区域用的是由兰坪县的刺鸡井，刺母井及丽江井，云龙县的宝丰井、石门井，以及云南属之德钦设治局与西康土司擦瓦龙地交界之白盐井；二为红盐，均为德钦、擦瓦龙交界之红盐井供给，但亦有两种掺拌起来者。糖是由很远的永北县及鹤庆县来供给，转展运来，运费可观，所以售价极昂。因为傈僳本域中，不产甘蔗，但为生活之必需，尤其是盐，因此汉商便故意抬高价钱，盘剥土人。故土人视盐糖为无上珍品，往往买得一块盐，或一块糖

（糖每块有小碗大），舍不得多用，而合家只在吃饭时，转流着用舌头去舔吸。

倮倮吃饭时，各人从锅里取出一份，独自去吃，小儿则随同其母吃；除了大宴会，无会食的习惯。烹饪是妇女担任，但因极其简单，所以每个男子也都会做。

食具——倮倮烹饪吃饭时的用具，铁器方面有两样，即铁锅，煮水、饭、菜用，和三脚架，用以架锅。这两样器具的质料及样式，在云南很普遍，无论土汉都是一样。锅为半球形，中凹。与平、沪、粤、汉一带所用蒸饭的锅一样。三脚架是为放在火上，其上放锅。系以铁圈一个，另以三个铁扁条钉于其上，彼此距离相等，使能平立地上。但三脚架在较富庶的人家才用，贫寒的，只随便找三块石头架起就算了。铁锅与三脚架，均是从汉商、古宗、么些或民家那里买来的，至于切菜用的刀，就是平日男子佩带的有名的倮倮刀。此刀自杀人伐树以至宰鸡切肉之工作，均用瓷。以后在武器节中，再详述。用的盘碗，是以木制之，其形与汉人用的粗瓷碗盘相同，取水或盛汤是用竹筒，大小不等，或就其支叉以为柄，或另插一支叉以为柄。倮倮用筷子，竹制，其尺寸较汉人所用者为小巧。筷子是放在一个用竹篾编成的小筒中，随身带着，每人都有一双，各人用各人的（云南藏缅语系诸族均用筷子，泰语人群则无之）。竹木器具，均是倮倮自制。瓷器，洋铁磁的盘碗，在倮倮人家是看不见的。陶器只有酒壶与烟斗，见下。

倮倮族中，除了上说的几种粮谷、菜蔬、肉类以外，还有四种物品，为倮倮日常生活的必需品，其对生活上的需要，实不下于上述各种食品，这是酒、叶烟（草烟）、蜂蜜和崖蜂雏。

酒——倮倮正如同其他云南的土族，都是嗜酒的，每餐必饮，渴亦以酒止之。酒的制造方法是先把舂白的大麦或高粱、玉麦等放入锅中煮（有时分煮分酿，有时合起来），煮熟之后取出，晒在竹席上，掺以酒母，盛入麻布囊里，围以蒿枝，三五日后发酵，然后取出放入罐子里，放水少许；约十五六日，即成酒酿。酿酒器具系一木制的甑，无底，下宽上窄，约 80 公分高，下面的直径约 40 公分，上面口直径约 30 公分，旁有一小圆洞。以葫芦瓢放入甑中，为接酒浆之用。瓢上安一芦管，此管由木甑之小孔中伸出外面。甑口之上再放一个铁锅，锅内放冷水，此水一热，即更之以冷水，使甑中之气，凝成液体，滴入瓢里，然后由瓢中经过芦管流到外面。用酒瓶竹筒接着。此即汉人所称之烧酒。无论老幼均嗜之，作者曾见七八岁小儿，在吃饭时，其母分一小杯使之饮，小儿饮后，嬉舞欢笑，其母似甚慰。有客或婚丧大事，便彻夜狂饮，每人酒量很大，每饮两斤者，甚为普遍。傈僳盛酒所用陶器酒瓶，是从汉人或古宗买来的。有时放在葫芦里随身带着。但有木制的酒杯。

草烟——云南虽然出产这么多的鸦片烟，但是傈僳族中吃鸦片的很少或简直没有。他们一天不离嘴的烟袋杆里装的是烟叶，就是淡芭古。如果在美洲未经哥仑布发现以前，其余各洲没有叶烟的话是确实，那么叶烟之传到中国当在十五世纪以后，即明朝孝宗皇帝以后。此物传到傈僳当不出四五百年（玉米或包谷亦然）。今傈僳无论男女在十七八岁以上，每人都有一杆烟袋。我们走到傈僳村寨中，便渐渐会有一群人围成一圈蹲在地下，两眼向我们望着一言不发，每人口中含着一个烟杆吸着，不时向地下唾吐馋涎，这是使人难忘的一个图景。他们培植叶烟的方法是同其他农产品相同，及其长大之后，割之晒干，分成一束一束的。然后放在火旁焙之，焙干以后，即可吸用。吸时将叶揉碎，放在烟斗里。烟杆是用一种在高黎贡山、碧罗雪山所产的汉名“竹”的多节竹（Phvllostachvs reticulata）的根，烟杆长约13公分。烟斗系用较大的竹根挖空，安在烟杆上。亦有用陶质的烟斗，是自汉商买来。他们自制的叶烟，因为方法不好，昧不浓，所以较富庶的人，多半去买汉商的烟。

蜂蜜蜂雏——此外是蜂蜜和崖蜂雏。糖在傈僳区域内是很昂贵的，但有一种东两可以替代他，就是蜂蜜。蜜蜂有两种来源，一是家蜂产的，一是野蜂或崖蜂产的。畜家蜂的方法是以树干一段挖空，两端复以木片堵之，而留出几个小孔，为蜂的出入口，此可说是蜂房。蜂房放在房屋的竹篾墙外面，或是架在房子左近的树上。花期之后，约在国历五月和九月，有蜜的时候，人便从蜂房中将蜜取出。取时先以酒喷蜂房，使蜂子麻醉，以粽树之皮套在手上去拆蜂房。然后用宗皮沥之，蜜漏下，上余蜂蜡及死蜂。然后再熬一遍，乃成黄蜡。蜜即可随时取食。崖蜂则是生在森林山崖，花期过后，即四出寻找。取其蜂雏，食时掺以蜜，视为珍品。傈僳人家，几乎都畜家蜂，少者四五房，多至一二十房，其收获除了蜜以外是黄蜡，蜜多白吃，黄蜡则为上税用或出卖易货。

关于傈僳食品，其原料、制造方法、餐法与工具，我们所能叙述的，只是上面各节。史志上关于傈僳饮食方面的记载有下列数条，但不限于我们调查的区域，兹录如下：

《皇清职贡图》："傈僳……负地筐，种收稗，随地输赋。"《云南通志》与此同。

《永昌府志》："傈僳猎野兽以为食。"

《永北厅志》："傈僳……能远视，猎獐麂，网鸟雀为食。"

《续永北厅志》："㑩㑩……猎獐麂以为食，网鸟雀以资生……北胜州土州同属……㑩㑩挖地种麦"。

余庆远《维西闻见录》："傈僳……刹获多酿为酒，昼夜沈酣，粒食罄，执劲弩药矢，猎登危峰石壁，疾走盘如狡兔，妇从之亦然，获禽兽，或烹或炙，对坐共食，不尽无归。餍，复采草根木皮食之。"

《云南北界勘察记》卷三杨斌铨、王继先报告："傈僳多种山地，无农器，每届秋末，砍伐树林以火焚之，播以杂粮，谓之刀耕火种。春冬则以游猎为业。嗜酒如命，每届秋收，即煮酒飨客，歌舞作乐，不计一年食用之足否。饮食不论米麦荞黍，概作粥食"。

中山大学《地理学系报告集刊》第一卷第一号克勒脱纳（W. Credner）《民国十九年云南地理考察报告》第一篇："黎苏人所居之地带，其农业与掸人及汉人者不同，而与在罗罗人地方所见者相近。掸人所种者几皆禾谷，用广种法，汉人亦以禾谷为农事中心，但用集种法，至于黎苏人之农业，则以种植种类繁多为其特色。耕法亦用广种法，辟山林为耕地之后，即以耕牛犁之，再以小锄修整土壤，然后种植。施肥方法，普通皆聚树枝树叶于田中。纵火焚之而已，若此无效，则认土地之力已竭，当使土地有长期之休息。至其耕种植物之多，殊可惊人，此即表示其人民有吸化新植物之非常能力也。所种谷类有各种黍类、荞麦、高粱、小麦、大麦、燕麦等，此外尚有数种甚重要之夏季农作物，即美洲玉麦黍及稻是也。所种之稻，不止彼依雨量多少而荣枯之山地旱谷，且种普通禾稻于山坡层地可以灌溉之地，灌溉之水，由山中小涧引来。有时此种种稻之山坡，倾斜甚急也。稻之种植，似亦为一种新适应，在黎苏人南迁中尚未至一气候适宜之地，则不能发生也。尚有非洲落花生，亚洲热带及副热带之番薯及欧洲马铃薯等，则在黎苏人农业中当为最新输入之分子矣。”

佛瑞塞《傈僳语言》：“……灌溉的稻田比较的少，大多数居住在很冷的不适于种稻的地带。他们的主要农产是玉米、荞麦。这两种农产，实际上所有傈僳种的农产，都是用清劈森林。用这种很耗费的方法——‘Taungya cultivation’——傈僳说，是因为他们的土地太贫瘠了，无有他法可以代替。……在几个村落中，每个家庭有他自己的地域，是一大块山地。只有其家有权去焚烧此山地之森林。每一块地很少有两种接连着耕种的。因为在一次种植以后，其滋料已用竭而蔓草生得很高，便不值得再去清劈种第二回了。因此常要待很久时候，俟树木又长高了能再砍伐的时候。地就是这样的十年二十年的轮流种植。并不凭借犁耕，自然除了用灌溉种稻的地方，一方面是因为地太陡，一方面因为砍伐的树根，很是犁地的一种阻碍。用的工具即是普通的锄。……没有合作的或商业性质的农业。每个家庭只种其足以供给其本家目前的需要的。富农或大地主像各处汉人那样，在傈僳中是没有的。”

还有两件事，与饮食发生直接关系的，就是水与火，及其取用方法。

水——傈僳农地不用人工灌溉，而是仰仗雨水，普通用水则取自山泉，在每一个傈僳村落的附近，总有泉涧，大小不等。连输水是用竹筒背。大竹筒约一公分长，将其中之节膜打通，普通是用同样的两个竹筒，拼在一起，背在背上，其背法用一块木板，约肩膀之宽。其一边之中间，削去若干，此板成凹字形，将此板放在肩上，其颈部恰好夹在凹处，然后以棕毛编的带子一根，两头细中间稍宽，在此凹形木板之两端，各钻小洞，将棕带（或用麻、藤、皮、布、竹皮不等）穿进此两洞中。棕带中间宽的部分，系抵在负物人的额头之间，盛水竹筒，则以绳套套在两个竹筒的底下，以绳套之两端，与棕带的两端接起，竹筒靠在负水人的背上。负水人均是女子，男子不做。负水归来仅需负水人弯一弯腰，则水便由竹筒冲出，而灌在盛水木槽中。有许多时候，没有盛水器的人家，或者其家不需要很多的水，便将运水的竹筒放在房中，当作储水器，随时取用。此种用竹筒负水的方法，在云南土族中的藏缅语系各族很盛行。此外是用一种引水工具，从泉涧直接输到家中。其建筑法，是将直径三四寸的竹竿平均破为两面，挖去其中的节，如是者若干根，将其中之一个衔接在山泉发源处，或分支的地方，用石头压起免被冲倒，再取第二根将其一端放在第一根的底下，其另一端放在第三根的上面，如是若干节，一直引到村中，或直接地引到每家房屋里。在此连接竹桥之下，用长长短短的竹竿或树的桠枝支撑着，越近房屋越低，远看好像细小的竹桥。这种方法在云南的汉人，以及各土族村寨中都使用着，是很普遍的。

火——倮倮因为是喜欢住在山头，气候较凉的地方，所以用火的时候很多，无论冬夏，其住室的火塘，总是焚着柴，在冬天自然是很寒，但是在夏天一到日落，便也很冷。倮倮不用棉花做衣服，御寒最厚的衣服，就是羊毛披毡，而贴身穿的无论冬夏，就是麻布裤褂，所以火是绝对不可少的东西。火塘常燃着，是为煮饭，取暖以及燃烟之用。他们取火的方法，是用火石，取时用一把铁制火镰刀敲于火石之上，用一团干蒿叶揉成的火引子，但火镰均购自汉商，非倮倮原来产物，至其用火镰以前的时候，究用何法取火，今已无痕迹可寻。在云南土族中，无自来火的地方，除了滇缅南段未定界中之卡瓦族，概用火镰，卡瓦族用一种木筒取火，后当另文讨论。

二、房　屋

倮倮的村落，没有很大的，人户至多四十。十多家的为最普遍，有时只两三家的聚合（所谓家户是指一座座的房子），孤立在高山上，与他村相距至七八华里之遥。所以也无有村栅之类的建筑。但村寨多在左近有泉水的地方，房子左右有些树木。房子建筑是与山脉平行的，就是说，他们长方形的房子，其长的那一面，是与山脉平行。房屋的建筑方法是竖柱子三或五排七排不等，每排五大根至二三十根不等，离地约 2 公尺，在此竖柱之上，横系以木条，如是截为两层，在此若干横干之上铺以用足踏平之竹篦。竖柱各排中之中间一排较高，同时数目较两旁两排为少。在两旁两排竖柱之上端，各扎以较细之木杆，搭于中间那一排竖杆上，中间一排竖杆之上端，又以较长之木杆一个结扎起来，即是房脊的梁。如是则自此房之两端望之，房顶成“人”字形。中间高起，两旁下垂。房顶之上覆以茅草或木板。板上压以石块。但在房顶盖与第一层之间，有时复加一层，以木板或木杆搭之，与第一层平行，而与房顶盖成“A”字形。整个房子，自其两端观之，是 A 字底下加了一个 H，即合形。人即住在 A 与 H 之间的方框中，即是第一层，其下住畜，但较大之畜如牛，则另有牛栏。其上一层是堆谷子及杂物。第一层与第二层之间的四周，系以竹篦或薄木板或竹席围之，即是屋墙。无窗，但由疏罅隙缝中通气漏光，每所房子，隔成两间或三五间不等，都是用竹篦或小板隔之。普通分为两间之屋，则一间为待客之用，一间为主人自居，两间都有火塘，惟主人住的那间的火塘，烟火不断，也即是厨房。火塘是在第一层地板上，择其中间一方块地，四周镶以木条，中储灰土。火即在此四方格中升起。在火塘之上，则有一用竹篦做的吊梯，悬系于房顶或第二层上。其上放置粮食，以及杯碗之类，置于火塘之上者，盖因一方面取用便当，同时可将粮食焙干，不会生虫。卧处是在火塘旁边，无床，以板子一块，置于其地，无被褥，只麻布或毛织毡子，亦无枕头。门开在房子的两端，不在两旁。门是用竹篦做的，或极薄的木板。在门前“人”字形的檐下，留出若干宽的地方，作为凉台，可以避日光和雨。此凉台之前，以较粗之木杆，刻成锯齿状，自地搭到凉台，以为升降之用，即所谓“独木梯”。作者所见到的最大的房屋计30公尺长，10公尺宽，其中分为五格。普通房屋约在15公尺长，6公尺宽，我们走进傈僳的房子，特别是较富庶的人家，会给我们一个整洁的印象，这是由于每家都有铺在地上的竹篦，加之房间比较的宽大的缘故。但是光线很不充足，因为没有窗子，只有从竹篦墙缝、门以及在第二层与房顶之间的房子两端的三角空洞透进光。这种样式的房屋是在怒江流域的傈僳村落很普通，即是高黎贡山和碧罗雪山的右山坡上。澜沧江上游流域，即是碧罗雪山云岭雪山的右山坡的傈僳村落，则是用所谓木楞子房（也是支柱建筑之一种），和丽江、中甸一带的么些、古宗、西番的房式相同，疑是受此诸族的影响，兹不详述。上面所说的房式，当为傈僳族较原来的形样。

支柱建筑在亚洲东南部、大洋洲诸岛为最盛行，而西比利亚，中亚，欧洲及南美洲亦有。在云南土族中，以居处卑湿地带的泰语系用支柱为最普通；喜居高山之藏缅语系诸族，据作者所知，只有傈僳、么些。而在云南境内的罗罗，是不用支柱建筑的，在四川的罗罗如何，不得而知。关于支柱建筑的起源问题，欧洲学者们立了不少的推论，关此问题将来云南土族的房屋比较研究一文中，详细讨论。

现在我们再将各书上关于傈僳的居住的记载，但不限于我们所调查的区域（凡显然受了汉化的傈僳房式的记载，如腾冲一带傈僳的房屋均不录），录之如下：

《皇清职贡图》："傈僳……其居赤石崖金江边地，与永江连界者，依树木岩穴，迁移无常。"《云南通志》同。

《永昌府志》"傈僳居高山极冷之地。"

《续永北厅志》："北胜州属㑩㑩……岩居穴处。……北胜州土州同所属㑩㑩……居山崖箐岭之中。……兰坪土司所属㑩㑩一种住居高山，刀耕火种，采集营生"。

《腾越厅志》与《皇清职贡图》同。

《云南边地问题研究》上卷李生庄《云南第一殖边区域内之人种调查》："……其散布在腾、古、永者，喜渔猎，故山头水边，均居住焉。其在潞江、兰坪一带者，则多居山上，多猎而少渔。其住屋多以竹木构成，亦有倚山崖就土穴以为居住者。"

中山大学《地理学系报告集刊》第一卷克勒脱纳（Wilhelm Crednei）《民国十九年云南地理考察报告》第一篇："黎苏人……现在似尚继续向南迁移，其居地为高山，与住于山谷低地之掸人恰成一对照"。

《孟加拉亚洲学会集刊》第三卷第四册（Memoirs of the Asiatic Society of Bengal Vol. lll，No. 4.）罗斯·克金白兰恩：《中缅交界之傈僳》（Archibald Bose and J. Coggin Brown：Lisu Tribes of the Bnrma—China Frontier）一文中，亦数提傈僳好居高山。第 260 页"村寨与房屋一节：房屋是用竹编，敷以草，普通总是有一个凉台。在怒江上游，是建筑在支柱上，以竹竿编为地板，在此层之下住牲畜，自此层有个梯阶引到地上。但在腾冲及古永一带，房屋是建筑在地上，将地踏平固，房屋及院子都收拾得很清洁，在这一点上，是我们的观察和旁的旅行者的不同的地方。贫穷人家的房屋只是一间，但多数是分成三间，火塘是他们的社会中心，男男女女圈着他吸烟饮酒，火塘总是在最大那间的一端。火塘上架着一个大铁锅。牛栏是在房屋旁边。傈僳有种嗜好是爱在他们的院子里搭起架子，多半是盘延着南瓜秧，挂着些黄金瓜果，由门前望去是很引人的。村寨是坐落在山中僻静地方，往往是森林中一块空场，并且总是避免人家视线，只有崎岖难行的路径可以达抵其地。房屋是没有窗子或烟囱，烟只有从草顶或房门出去，而日光是从墙格子透入，同时寒风冷雾也照样地漏进来。”

三、衣　饰

我们在本节中，包括衣服、首饰和理发。

麻及麻服——傈僳衣服的材料不外两种，即麻与羊毛、无棉。先说麻。傈僳种麻是先把山地犁后，用耙松土，再拣选麻种。拣种法是把麻籽放在水桶里，沉者认为好种，浮者去之。然后掺以灶灰，播于犁好之山。时期在国历四月尾五月初，须在下雨之后。麻秧出土，任其自然生长成熟。至秋季八九月乃刈其茎，放在屋上或空地去晒，晒干之后放在场上将麻籽打出。旋将麻秆上的纤维剥下，束成一缕一缕的。再将其浸入水中，约五六日后取出，再掺以灶灰煮之。复浣于水中。把灰漂去就是熟麻。纺之成线，纺法将纤维分开，用一柁螺似的小木锤，将麻之纤维绕在上面，连转连续勿使断绝。如是绕成一团，约需三四百团，每团有半斤重。然后取梳扣，将成团的线打开一根一根地插串到竹梳扣中。竹梳扣是用很均匀的细竹片做成，串过之后，再串用线作成之梳扣两个，一上一下，串过此三层之后，即将线之端绞系于织架之一端或其端之木椿上。近竹梳扣之一端则结于一棍上，镶于织架之另一端之两竹竿之间。织架为一个用四根竖杆及其上架以四根横杆搭成之长方框架。在其顶之中间或稍偏，再安一横杆，是浮放着，可以随时移动，此横杆上搭以棕织或毛织之带子，垂下系于线梳扣之上。自两个线梳扣各垂一索子，此索子结在两块小板子上，此板即踹板。织时或用梭，或只是线团，作为纬。织者坐于织机之左，脚踏踩板，身俯梳扣之上。踏时经线上下开合，把纬线加入，然后拉竹梳盘，使纬线与经线合组，就可以成为麻布。每幅织成宽计为28公分，长无定限。其纬线有时用从汉人处购来之蓝棉线，于是有花纹。

羊毛及披毡——麻布是为裁做衣服，羊毛是为做披毡，雨雪天用以御寒。制毡之法是将羊毛一缕一缕地匀铺在竹制的毡帘上，用米浆浇匀，把帘子卷起，卷紧，复放开。于是羊毛变成片形。然后用脚去踹踏。再浇米汤，用帘裹之，如是数次，则羊毛渐并合结牢。再以羊毛照样地做出一份，拼于其上，则成夹毡。竹帘系以若干细竹条用绳结起，与汉人夏天用的竹门帘相同。

关于衣服的样式裁制，傈僳族有一个和通常相反的现象，就是男衣保存着原来的样式，女衣的样式极像汉人。我们知道在中国的土族，无论是粤、桂、黔、滇的那一种土人，在衣服样式上，男子多汉化而女子却保存着原来的裁法，这不但是中国土族与汉族的关系如此，即其他各种族在文化交替时期的衣服上也是如此。如日本人男子多着西装而女仍袭旧式，我所调查的傈僳与此例相反，其女子衣式像汉人。但此现象也许是偶然的表面的相同而不必一定是从汉女学来的。在腾冲、古永一带的傈僳，却是如常例，男子衣式汉化而女子衣式较存故态，详见本节末尾所引各书。

男服——男子衣服是对襟长衫，无开叉，托肩连到衣后身，分出左右两半连于前襟之衣衩上，在其上之背襟二幅自肩至腰之左右两旁，虚空出来，不缝死，如披肩之状，又好像另外着了一件长背心，如唐宋时代的僧人的背心。男子着裤，其裁法与汉人同，但很短，只及膝盖。不着鞋，有之即为草鞋，与汉人普通用的相同。羊毛披毡是裁成一个方块，约有1公尺见方，其一边用线索缝起，此线索可以随时弛缩，是为结在脖颈上的。间或男子也带镯子耳环，铜的或银的，均购自汉人，但无项圈。头上绕着一个麻布包头，头发只留约在后骨（Occipitalis）与边骨（Parientalis）相交叉的地方，只一撮很短的头发，前额两鬓以及后骨地方的头发均剃光。这样理发或许是辫子的初型。罗罗、么些、罗黑、阿卡、窝尼等藏缅语系各族中的男子多如此，摆夷则不同，俅子、卡瓦亦异，将另文详论（关于战争时用的皮盔甲见下战争及武器，竹裹腿见上节）。

女子衣式与汉人同（即是有大衿的，长至膝盖）着裤，裤亦与汉人同，但散裤脚，不结腿带。有着裙者，但甚少（在怒江上游流域、澜沧江上游近维西县之地带者）著裙，无裤。均不着鞋。在我所调查到的傈僳妇女，对于装饰，很不讲究①。无项圈，衣上不缀任何饰品，只有耳环，银制是购自汉商。汉女并不戴这样的耳环，乃是汉商专为傈僳而制。头发的梳装亦极简单，极不注重。头发长长了，用刀截去，或是随便打一个结。有头巾，是用蓝布，均购自汉商。其上无缀饰（未婚女子，间有以贮贝围头一圈，但

① 在作者调查时正是康乐设治局的傈僳作战，政府派兵围剿，也许所调查的傈僳妇女们，因为时局不安，怕被抢，所以把首饰等都藏起来不戴，所以此节只能述所见到的一些。

不多见)。腾冲古永一带的傈僳妇女在衣饰上比较考究得多，罗斯与克金白兰恩有详尽的描写。

现在把各书上关于傈僳的服饰之记载，摘录如下：

《皇清职贡图》："傈僳……男人裹头，衣麻布，披毡衫，佩短刀……妇女短衣长裙跣足"。《云南通志》同。

《水昌府志》："傈僳……种火麻以为衣。"

《续永北厅志》："劣𫟌……头束布帕，身佩弓弩……北腾州土州同所属……劣𫟌一种，无姓氏，男子赤足包头，持弓射猎。女人短衣筒裙。……羊坪土千总所属劣𫟌……身穿麻布衣。"

顾炎武《天下郡国利病书·种人》"力些，维、云龙州有之，男囚首跣足，麻布直撒衣，披以毡衫，以毳为带，束之其腰，妇女白麻布衣。"

余庆远《维西见闻录》："傈僳……男挽结戴簪，编麦草为缨络缀于发间，黄铜勒束额，耳铜环。优人衣旧则改削而售其富者衣之。常衣杂以麻布、棉布。皮色尚黑。裤及膝，衣及跨，膁裹白布。出入常佩利刃。妇女挽发束箍，耳带大环，盘领衣，系裙曳裤，男女常跣。"

尹明德《天南羽片》："傈僳……妇女喜着田字文花布衣，系短裙及膝。䝟贝、料珠、车砗装饰满身，头覆花方巾一，故又称为花傈僳。"

罗斯、克金白兰恩《中缅交界之傈僳》258—260页："男子衣饰：特着的傈僳衣服是未经染的麻布长衫，直到膝盖，前面是开口的。短裤，松松的一副裹腿，不著鞋袜。头上多半戴着一个宽麻布包巾，但有时也会碰到戴个Taro－o－Shanter，也是麻布的，野的傈僳常戴着麻皮帽子，当作盔，颇可以抵御箭伤。那些受了汉化的，到汉人街子去的傈僳，麻布渐渐改为棉帛布，衣服的体裁也变到汉人衣服的样子。虽然如此，但是男子们在他们所穿的汉式的衣服的里面，仍然着他们无纽袢的衣服。但均着裹腿，用䝟贝、白骨钮、草子作为装饰，主要是以之做项圈、手镯以及麻布袋上的条纹，或刀上的。竹编的项圈、耳环是最普遍的。野傈僳带大银耳环，上饰以珊瑚，有时耳上串以银丝条，但较南的傈僳无耳饰。"

"女子衣饰：固有的傈僳妇女衣服像是一个短麻布上衣和裤子，裹腿，一个包头，其上饰以银或䝟贝。这在怒江上游至今还是这样。几乎每个部族都有他各自的妇女衣饰；享利亲王（Prince Henry）在罗左罗（怒江约北纬 26°15′）看到她们‘穿杂色袖口的衣服和无袖的白棋花纹棕色边的背心，并一个围裙和宽腰带。此外一个包头，有时是用红蓝巾，其上缀以贮贝。几乎每人都有小的珊瑚耳环，据说是这种“花傈僳”的特点’。最细腻的衣饰似乎是古永关地方的（花傈僳），因此我们给一个较详细的描写。”

“头巾：约有五英尺长，一英尺半宽。中间是一长条蓝布，约有两端之长之五倍；两端是用布块织起，一条条的，红、白、深黄各色。两端比蓝布宽约两英寸，两端之花边与蓝布交接处的蓝布上缉以蓝纹。在两端之边缘及每条纹交接处都有双繸子，在繸子的上部缀有小珠，这些繸子由于贮贝和一个大繸子接连起来；在每端有七个繸子。从蓝布之一端，四寸远的地方，有一条三英尺长，一英寸半宽的布条，其一面缀有 24 个骨钮，骨钮之直径自靠近蓝布的起一英寸半到其边缘的四分之三寸为止，其布亦随之减小，这个很狭的布条之两边绣以红黄线。接第四个钮子上是与布条同色的见方繸子，从末一个钮子起，连有八个繸子，上缀小珠，白草子并绣红樱，浅黄，及深蓝毛线的花纹。头巾戴着好像遮阳巾（Puggaree），其蓝色部分缠在头上，花布条纹的部分双折起来垂到头后，狭的缀珠的布条绕于其上，这整个看去，像是个有条纹和繸子的方巾。”

“衣服：妇女着短裤及膝，其外着一蓝上衣，前面长及腰，后面长及膝，此上再加以宽松的外衫，缀淡黄及乳色之花方块，在上衣之下缘边上缀以淡黄及乳色之线条花纹，约一英尺宽。”

“上衣背面下缘边有两道缀饰，一道是用白色草子，一道是用白色贮贝，约有四英寸余宽。腰部束一腰带，其余头垂在身背后。是一个长的有折纹条的蓝布，在其两端刺缀以棕色及乳色花纹及繸子，成三色形之衣裙。在前面是蓝色的双折围裙，其边镶以乳色麻线及一行繸子，是在下边缘，此围裙与上衣后面的下摆合看，好像是个裙子，其上结一宽带子，以红布及贮贝组成玫瑰形花纹。胸围是缀以深红布之横条及贮贝，当胸缀以四方的大银片。带大银耳环并多数的珠项连蓝、红、黄等各色，此更完成一个鲜明惹眼的衣服。”

佛瑞塞在《傈僳语言》一书中，提到傈僳的服饰，其述女子部分与克金白兰恩相同，兹译其述男子及男女共同之服饰节：

“……无论男女均剃头，只留头后一簇的三四英寸长，将此簇编成辫子

——很显明的是模仿汉人。男人穿与汉人一样的上衣，裤子（两性均着）是用蓝布做的，长度距膝约一二英寸，头上缠一蓝布包头，白布帮腿，男女都穿。所谓的鞋，只是用竹皮作的拖鞋。”

四、交　通

本节中包括交通工具、方法以及物品之运输。

在作者调查的区域中，多高大山岭，江川又为多曲折的急湍，详情上面已经说过了。在这种自然环境之下，非有大规模的、较高技术的工程，是不能克服这种显然的交通阻碍。但傈僳的兴趣不在此，他们对交通的努力，只有以下几点可述，这也只能说在作者所调查的区域中有，而不能一定说是傈僳的创造。陆上交通，除了用两条腿走以外，傈僳是不畜马的，所以无骑马的事，虽然有些畜黄牛，但只用它耕地，不用它运输物品。没有车，崎岖的道路是不能行车的。运输是靠人背。每个人至多能背四十华斤，但傈僳所需背的东西很少，通常背的是柴，迁移时背的是些竹木的用具。因为不经商，所以没有多量东西可背。背东西的方法，和在饮食节中所叙述的背水是一样的，背水是用竹筒，背物件是用竹篓。是将凹形的木板嵌在头背上，此凹板之两端，各凿一洞，以头发或棕毛编的或皮的两头窄中间略宽的带子之两头，凿在此板之洞眼中，而将此带顶在额上，盛物之篓的下部留出两个洞眼，另以一藤篾或棕毛或麻做的带子或绳子串之，此索带之一端，于背前先系于凹板之一眼中，俟背起之后，将其另一端系于凹板之另一眼上，如是则可使篓子紧贴背上。物件的重心是落在额上，但有的亦以手在篓下扶助，使额部不致过于吃力。竹篓形状不一，在傈僳族中最考究的是长方形的，长约1公尺，上宽下狭。是以竹竿或竹箩为骨而内贴以竹席，也有用藤篾做的席。较简单的一种，其竹编的花纹，都是“人”字形，盖由“叉”字形重叠交叉而成。背物件，男女一样都背，但女子似较多些。

水上交通工具有两种：一是溜索，二是独木船。先讲溜索。溜索有两种，一是平溜，二是陡溜。两者相同的是：有所谓溜索；用若干竹篾，一根一根地编绕起来，成为篾缆，但竹子是不很长的，所以在编绕将到头的时间，即续上使其延长，联接起来，成一长索，其长度视当地河川之宽狭而定，长者有达200—250公尺，为澜沧江上游茨宗的溜站，是作者亲自溜过的。此长索之两端，紧绕于河之两岸的大树上（所以溜站多半在两岸有恰巧相对的大树地方），但亦有用人工做一个大木椿深插地下。此外是溜板。溜板是以约25公分长，13公分宽之木头一块，挖成凹形，如一块瓦，其背上挖一绊纽，绊纽上的洞宽有5公分。另备皮带或棕毛或头发做的绳索三四根。过溜之时，将溜板覆于溜索之上。以所攜之索带先串入溜板背上之钮洞中，普通用两根索子就够。一根在串过溜板洞之后，即将其绕于过溜人之头背之间，约在脊椎第七骨之凸出部分。自然是有领子或手巾站着，以免磨擦。其另一根在串过溜板之后，绕于臀部与大腿之间，将此两绳之两端各自结紧。在结绳之时，须以一手握住溜索而身子要用力勿使随溜板滑去，脚要紧踏地上。在结完之后，则先将两手把住溜板的背上，两脚提起踡着，头部要离溜索远些，否则会把耳朵擦掉。这是陡平两种溜相同的。其不同的地方是：陡溜站必须设在河之两岸的高度不同的地方。过溜人在一切停当之后，即放手溜去，借溜索之斜度与其人之体重的势力，瞬息之间，即达彼岸。一个溜站的溜索只能溜向一个方向，但崎岖的山峡，自然在相距不远的地方，就有两岸高度不同而和前一个相反的所在，譬如前一个是江左高、江右低，此处则是江右高，江左低。于是过溜的方向，可以和前一个相反了，但也有以人工做高台，使与本来两岸相反，如是，则往来各一溜索，在一个溜站上。平溜站须两岸高度相等的地方，因此溜索是较平的，溜时，则除靠人之体重与绳之滑力而外，是无倾斜之助力的。所以仅能溜到江心，即溜索全长之中间点，自江心至彼岸，则需要用手去握溜索，左右手来回替换，而同时身子也随着纵伸，然后方能到达彼岸。平溜是可来回地溜。在表面上看来，似乎陡溜较平溜为危险，其实适得其反。盖溜平溜至江心，若无气力爬挽，则将垂悬江心，无法拯救，垂久力弱或绳断势必落水而亡。在澜沧江、怒江上游，傈僳区域内，这两种溜索都有。平溜较少，陡溜较多。陡溜除了迅速不费力而外，还可以溜行李物件及骡马，载重普通可运90—100公斤，作者在滇西北区澜沧江、怒江、俅江（毒龙河）往返共过溜十六次，均用陡溜，在第一二次溜时，眼望江心，波涛滚滚，远望溜索，又复细小如丝，不免为之胆寒，以后也就惯了。此种溜索桥在我国境内康藏及四川均有，美洲印地安人也有类似之绳桥。每条溜索如无意外，可以使用两年至三年之久，但怕天久干不雨。还有一种迷信就是凡见着有鸟雀息落在溜索上时，即认为其索是坏了，如果溜必出险的，必得换一条新的。此迷信之来源，或许以为鸟落在上面，喜欢啄咬，人们怕会啄坏。但如鸟落在上而没被人看见时，也就无所谓了。在溜索需要换新的时候，或被鸟雀息落了而尚未换时，则用一个记号，禁止人去溜，这个记号就是在溜索椿子或结溜索的树上，挂一双草鞋。用意是警告行人："你用脚走路，溜是过不得的了。"这是无文字的傈僳，最经济的达意方法。至于换溜索及挂草鞋，是有专人管理的，即所谓"溜官"，多半是溜站附近的村长、乡长。他们管理这事务，没有一定的薪俸，凡有较多的人数，或货物过溜时，送给他一些钱，也无一定规则；溜索用的竹子或麻、藤是用不着花钱买的，编绕成索确是要费一番工夫，这由溜官和村人尽义务，也是因为习惯的关系，某地向有溜索如坏了断了，为溜官的不去做新的，当地官吏会去命令他的。至于溜板，则是过溜人自己备带，但澜沧江、怒江、俅江的住户，每家都有一个两个，如行人忘带，可以向他们借用，等回来时再还。换溜索，在冬季水落勉强能过船的地段，则多俟在冬天干季换，用船牵过去。如其地为交通要隘，往来的人很多，则并不一定等到不能用时或到冬季才换，许多汉商或官吏，过时便令溜官请人做一个新的，换时则是由一个人带着新索，由溜索上溜过去。此是在单溜（多半平溜）。在有双溜（多半是陡溜）地方，如两根均未坏到不能用时，换法自然和平溜同；设如两者之中有一根断了或坏到不能用，则由另一个溜上将新溜带过去。如果水急不能行船，而索已断，则唯一的方法是用弩弓，箭上系起较细的麻线一长条，由此岸射到彼岸，此细麻线上再结以较粗的麻线，又若干丈，然后在比较粗的麻绳上又接以正式的溜索。在箭射彼岸之后，由在彼岸候立的人，以结在箭上之细麻线引牵粗麻绳，再用多数人共同扯牵溜索。如是即可搭成。

水上交通工具，除了溜索以外，是独木船，俗名猪槽船。是用粗大树干，将其心挖空，两端略削圆，即可下水。长者有 4 公尺长，1 公尺宽。有时，可将如此之船两个并在一起，是用三根长竹竿，其中之两根，各安于每个船边向内之阴槽内，其第三根则在此二者之上，此三竹竿用麻绳结起，如是，则两船靠拢一起，其机械作用的形象，像篆书的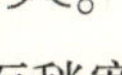。行船须在江水稍落，即冬春的干季，自国历十一月至四月。且须在江面稍宽，水不急涌的地段。撑船是用竹竿或木做的橹，无柁。

五、狩 猎

狩猎是倮倮的特长。猎获禽兽的皮肉，一方面用以调剂食品，一方面可以添补种种的用具。所以倮倮常时要出猎，同时是他们的一种娱乐。他们住在高山大林中，禽兽是很多的，上山打猎，多少总有些收获。他们的方法，也有二种：（一）围猎。猎具是弩弓、毒箭、刀、矛，与战争武器同。此外带着一群猎犬，他们对于兽类的足迹分辨很清楚。如是有人看见，便会纠合些人，一同出猎。在兽类足迹的左近去动手。先唤猎狗，狗是有相当训练的，可以按着兽迹去嗅。人到森林之中，便狂吠起来，野兽听到狗声，便会惊惶突逃。而犬则紧随着追赶，猎人便跟着犬去寻。狗是一大群，而人则是按定方向，四面去包围，结果把兽围在中间，然后由猎人张弩射去，乃可获得。此种围猎，多对熊、鹿、野牛、野猪等较驯的兽类，赶猎往往会到很远的地方，所以猎人们出行多带着够用两三天的粮食面饼糌粑之类，入夜即息，随处而止。（二）陷阱。至于较恶猛兽，如虎豹，则设阱以陷之。陷阱之中，最利害的是所谓地弩，余庆远《维西闻见录》载有一段很好的描写，现在仍然如此：

“地弩，穴地置数弩，张弦控矢，缚羊弩下，线系弩机，绊于羊身，虎豹至，下爪攫羊，线动发矢，悉中虎豹胸，行不数步皆毙。”此外尚有：“熊夹，熊力大而勇于自用，见木舂辄拔之，必出乃喜，倮倮因多伐巨木，劈其半，以木椿插于木之开处，群熊游而见，争骑巨木，力拔椿脱，则牡夹肾囊，牝亦夹臀肉，显示克免者。”又：“猿栅，于麓掘龛，深五六寸，宽尺许，置以果，外插木楞为棚，空容猿手，猿至窥果，遂手探拿握果，而拳不能出，辄狂啸，人闻声从之，猿益惊惶，不忍舍果而为人所获。”

以上是猎兽的方法。猎鸟，除了用弩射以外，用绊扣，我所见到的有两种：（一）以木杆若干，分为两行，插于地上，而其上端则搭拢，如是成一倒V字（Λ），在其口框，则以一较细软之树枝，弯成半圆形如倒“U”字，恰合此口框。然后在此半圆之框的下端横浮一横棍（A），自此棍到框之背上，安一小长薄板（B），此板上系一活线圈扣圈（C）之一端引长结于树枝（D）之上。将饵物放在横棍（A）上，鸟来啄横棍，则A棍落地而B板亦脱，树上之枝（D）必舒跃。线圈亦随鸟之身重垂下而紧缩，则鸟被捉。（二）以一木椿，中砍一缝，取一带钩枝之木棍（A）安嵌其中，而另以一细枝（B），其一端浮放在此木桩之上，其另一端顶在A棍之钩枝之叉内。再以短枝一段（C）置于B及A钩枝之间。以线索作一活扣圈（D），搭于此A、B两杆之上。其一端紧系于树枝梢（E）。饵物放在B杆上。鸟来啄饵，足踏于B杆上，则B杆坠落，而短枝（C）必即随之落下，如是则树枝（E）必跃舒，线扣圈随鸟之身重垂下而缩紧。鸟乃被捉。

第二节　社会方面

在这一章里，我们描写男女社交：婚姻方式，家庭生活，生养，教育，政治，战争，以及与此相关各事项。但因此各事项，云岭雪山东面（即澜沧江右岸）之傈僳与碧罗雪山之傈僳，虽均属黑傈僳，但有些地方不同。今以高黎贡山及碧罗雪山之傈僳为主。云岭雪山之傈僳与之有异者，则另标明述之。

一、男女社交

傈僳男女在未结婚以前，社交绝对自由，在田中工作时或是在山林中砍柴，彼此就会攀谈起来，但是谈时不是用白话，是用有韵的调子，彼此唱答，唱的时间很久，往往从正午一直到日落。有时，是三五成群的男子和三五成群的女子，彼此轮流唱答，到了晚上，大家约定了一个地方，烧起一堆火，每个人带了酒和食物，围着火堆舞蹈，男女互相攜手，一个连一个，成一个大圆圈，脸向着火堆，跳舞时的步伐，是随着芦笛的音节而起落（关于跳舞及芦笛详见娱乐及美术两节），有时到天明方止。在舞蹈时往往有年长的及年幼的人参观，年长的人对于舞蹈青年们的嬉情狂态，不但不加之以禁止，并且聚精会神地望着，颇有一种为之神往的意味。年幼的小孩子们，则借此可以学习舞蹈。参加舞蹈的青年，可以随时加人或退出，两个彼此相爱的兴致到时，便会从舞场上消失而跑到平静的林子里，去做从心所欲的事。男女相爱，其父不加制止；一般舆论，也不认为非礼。男女互相馈赠礼物，女赠男的系自己织的包头或麻布袋，男赠女的从街上购来银泡子及耳环镯头之类。一个女子往往会有几个情人，一个男子也会有几个情人。所以常会发生争执的事情。但是因为婚姻问题是操在父母的手里，而能成夫妇的，未必是情人，父母为儿女订婚，多半从经济上着想。这种一方面青年男女社交有绝对的自由，而一方面婚姻又操在父母之手，是一种现在藏缅语系各族中如傈僳、罗罗、罗黑等很普遍的现象。其心理上显然是把青年男女恋爱当作一件事，把婚姻当作另一件事。婚姻完全是为社会服务，就是说男子娶妻，多一个人，可以增加工作力量，在女家把女儿嫁出去可以得一份财礼。

二、嫁　娶

问婚——傈僳族除同姓氏者（关于姓氏详下）外，均可通婚，与异族如汉人么些亦可通婚，但甚少。无汉族之辈份观念，婚姻年龄自十四五至三十余不定，先由男方父母请本村的邻居两人，带着十碗酒到家问婚。如果女家愿意，将女儿许配其人，这时候就把送来的酒收下。如不愿意，则仍请两个媒人送来的酒带回去。媒人到女家问婚的时候，路上忌讳狗同蛇下坡（蛇上坡不算），如遇着这两桩事后，便认为不是好兆。

订婚——女方将酒收下后，男家则准备订婚的礼物。规定一天，男方请上本村三五个人，随着新媒人，背着一篮肉，一卷布，到女家去。带去的布送给岳母，意思是报答岳母扶养女儿之心；背去的肉，送给女方的亲友吃。这时候女家家长就要给他们姑娘和丈夫命名了。命名时选先牵来一猪，女家家长（女之父或叔与舅）手执一碗酒，用手指浸入酒内。敬天地神各一次，然后取酒少许泼在猪身上。一面泼一面在说吉利话，或笑或佯醉。此时如有狗鸡等在门前走过，或者鸟雀飞过房屋，即以其物名之名为新郎之名。并加“耙”（pa）之语尾，“耙”意谓成年男子并兼有父亲之义，新妇亦即以此为名，而加“妈”（ma）之语尾（详见命名节），说完之后，剩下的酒，请男家来人吃，随后杀猪，以之招待来宾。在吃饭之前，媒人与男女双方当面议定彩礼，饭后媒人及新郎等各自返家。彩礼普通是大小铁锅各一口并银一两或二两，富者有牛即以牛代之，一二条不等。在习惯上女家的要求，男家在口头上无不允许。然送交彩礼多在结婚以后，如一时无力送给，则到女婿年老甚至死后由其子补送，甚至于三四代还补送其祖上应付之彩礼。

在澜沧江左岸维西属之云岭雪山之傈僳，订婚风俗略有不同。其彩礼是在媒人第一次问婚时即说定，到规定订婚之日，由媒人把礼物送到女家，新郎同去。富者用牛三四至八九条不等（此地傈僳畜牛较普遍）。所送麻布，富者十余件，贫者五件。礼酒富者送七八坛（一斗苞谷酿成的），贫者送五坛（五升包谷酿成的），但不一定全数一次送来，以后渐次补完。是日女家请亲友欢宴，筵散约青年男女跳舞，多唱男女情歌。至第二日，男家请女家的父母及亲戚赴宴。散后，放着燎火，绕着火跳舞，并奏“鲁底笙”乐。和以三弦、箫，同时唱歌曲（跳舞及音乐详美术节）。主人此时向每个跳者及客人敬酒，酒盛在大木盆或竹筒里，每人须饮一大碗，拒饮认为侮辱。且跳且饮，跳了又饮。到半夜再饷宾客以包谷米煮成的粥。粥内掺以腌菜末。同时主人预备一口猪，是为赠给宾客带归的。傈僳杀猪，不用烫水，系用火烧其皮毛，割去焦黄之垢。然后开膛，凡要走的宾客即赠一块，按其宾客之亲疏厚薄，亲长，家中最长者之男子，送猪头，其次送一斤肉，疏者送半斤或四两（约略估计）不等。所送的肉，各人带回家里。有些歌舞通夜，醉后即不分男女拥挤而睡。到了第二天，各人领取猪肉回家。

结婚——送过礼后，男家着手作酒，经若干日、一月、半年、一年不等。等到做出来的酒，足以招待客人时候，男家请人通知女家，规定一个日子（无卜日之习惯）请女家到男家吃酒。该日或早或晚不拘一定的时间。女方家长、兄弟、姊妹、亲友，陪伴着新娘去到男家，除一套衣外，另无其他嫁妆，新郎不往亲迎。新娘及家长、亲友来男家时，路上无有忌禁。但到了男家以后，请一位会诵咒语的人，用木碗盛上一些玉麦米放一点酒糟，以及杀待客的猪时，所留下的生猪血，一齐掺在碗里搅。此时诵咒人举着木碗，口诵咒语，在每个房间内撒泼拌好的米糟三次（洒向三方）。然后出屋外，复取米糟一把撒泼屋顶，来到男家作客的亲友，于此时亦随诵咒人后面行走。至距男家住舍远处齐吼，诵咒人将木碗用力掷出，跑回男家，此渭驱口舌鬼，使家宅平安。

结婚年龄多在十七八岁，然亦有十四五岁就结婚的，贫者则二三十岁，尚不能婚。当晚亲友（男女双方）不去。男家以酒肉待客，终夜不眠，甚至歌舞三日三夜，新娘即留男家。

以下各点是所调查的傈僳共有的风俗。傈僳也有所谓回门。回门多在嫁后半月，回门时新娘自男家背酒一坛，肉一方到娘家。新郎不一定同去。但设如新郎同去，则需另备份酒肉带去。在母家吃过饭后即返男家，如远者则留宿母家一两晚。与夫同来者与夫同归，否则自归。

结婚后，在房子大的人家，则新夫新妇另住一间。与男子之父母亲兄弟同在一所房子（即一座支柱楼）。或在其父母的房子旁边，另建屋居住。贫穷人家的房屋小者，则新夫妇可与其父母同住一间房屋，儿妇翁姑之间，无有居住谈话忌禁。家事由翁姑主持。在傈僳族中可以多妻，但不常见。妇人有外遇被本夫遇见，格杀勿论，但本夫也可向奸夫要求赔钱续罪，约以二三两银子及铁锅三脚架各一个等。其妇则受其夫之拷打。至于离婚则妇人不满意其夫，与情人逃走或逃回娘家者有之，夫亦无可如何，岳父母可以对此事不负责。夫不满意其妇，即遣其妇归娘家，无赔偿的规定。夫死归可再嫁，前夫之子女或留前夫家，或领到新夫家来，无一定规则。后婚礼节，较初次结婚时简单，仅由男方备彩礼若干送给女家，其妇则在规定之日来到男家，无宴会。

现在把各书上，关于傈僳之男女社交及婚姻之记载，录之如下：

余庆远《维西闻见录》："傈僳……婚以牛聘。"

《云南北界勘察记》卷三杨斌铨、王继先报告："傈僳……其婚嫁丧葬，极为简易，但有婚丧，则煮酒杀牛以飨客，歌舞达旦，以表哀喜。婚礼以牛易女，如父娶母，不能将牛给清，则责子赔偿，有直至孙辈，尚不能偿清身价者。夷礼女子身价较重，以牛五六头，多则十七八头代价。故夷民多子，往往不能举婚，多女则坐享富贵。"

罗斯、克金白兰恩：《中缅交界之傈僳》（162—164 页）："古永关之傈僳婚姻是由于中人介绍，新郎普通须给新妇之父母银子自八至十两（约 25 先令）不等。这彩礼只是一种手续，而不是不变的规则。在吉期那天，新娘由村之女伴及伊父母、亲戚和朋友陪伴着到新郎的家门前。在此群人中，媒人背上负一个筐子，其中放着衣服四五件，是女家做的，算为嫁奁。此时新郎及其朋友们在门口迎接着，于是鸣枪，当即以酒一碗，传给大家各饮一杯喜酒，新娘即进屋内。庆贺一连三日，在新郎家；邻居们送的酒，在门前放着有四大坛，每人均必尽饮，并加入跳舞及唱歌，以为宴乐。在此期间，新娘在家中，由其同来女伴陪着，不能和其夫在一起，直等到第三晚上，酒吃尽了，贺客走了以后，新娘才和其夫进屋。此地域中，无奸拐或离婚，虽女不能育亦不离异。"密芝那之盖斯牧师（J. G. Geis），曾在其地之缅属境内的傈僳村寨中工作多年，他给我们许多此一地带的习惯的知识，他认傈僳的道德观念和野人（卡箐 Kachin）很相像，他说，他们在男女未婚前，很少有性交，傈僳姑娘未婚而生育，大家认为极大羞耻的事。私生子之父，对此小孩不能有任何主张，不像野人（意即认为自己的孩子），而是要被重罚的，或者娶其私通的女子为妻。在赛屯及洗马山一带，村中长者，或一男性亲戚，可以作为媒人，在各适当的人家中，为男子找一个适当的新娘。娶一女子应给之彩礼，数与此女之母出嫁时其父所给其岳母家的相同。在吉期那天，村中年长的人群往女家，女家以酒敬给将抬女往男家去的诸年轻人。将去，女必示拒绝之状，将抬背之人蹴、咬，同时女之父母必呼告祖先之灵说他们的孩子现在要去了，他们也无法可以留她。到了男家村口，这个挣扎的新娘却安静下来，和送亲的人喜喜欢欢地走到她将来的家中。当她进到新郎房屋以后，人随着即杀鸡一个，抛于门前，以水洒于路上，使之清洁及阻止鬼之随新人而进到房中。放枪，以宣示村人，新娘已到，我们在欢迎着。当大家酒饭毕后，村中长者乃祝告于男女两家之祖先之灵，新娘之父，算是当着祖灵的面，说："这里我把我的孩子交给你，你要保护她，养活她：此后我们彼此是好朋友了"。然后媒人即对新郎说："我给你找着一个美丽健康的妻，你要保护她并好好待她。"新郎即回答岳父及媒人，允认他要尽他的责任。然后又宴会，在祖宗龛前敬些酒饭，于三日宴乐起首了，结婚礼节告终。

"我们只能增加著说，在现在虽然在婚事上需要中人的介绍，但在这个高山之上，仍是少有这种凉血的媒介，用媒人，普通是在汉人中间。傈僳青年，在他们爱情事件中是有个人主权的。一个秋天，我们在一个村子里，其地的山涧，恰好在搭着一个桥，这是每年都有一次的事，是表示雨季已经告终了。各邻村的人都齐集来，努力工作，从山坡上伐砍树木，搬了来，用竹索将木杆捆绑，所有的人都穿着他们最讲究的衣服，宽大的头巾、贝饰和他们的刀。但有一青年，是他们之中最漂亮的，装饰得最丰盛，工作也最努力，是第一个跳下水去打桥基，是第一个踏过这在急湍之上的独木桥杆。瞧着他的人们都耳语说他才从很远村子求婚回来，他爱人是在对岸许多鲜明装饰的姑娘人群之中在望看着。桥搭完竣以后，有个盛大的庆祝，酒是尽量地消耗，跳舞达到中夜。起头，男女分为两个半圈，彼此对面，但是不久便跳在一起而把害羞给忘了。忽然其中的一个姑娘离开她的地方，手里拿着酒杯，同着她的筑桥的英雄溜到火焰光圈之外的黑暗所在去了。贴面挽颈的同饮一杯酒，于是他们算是订婚了。第二天寒冷的早晨，女子之父，瞒着这对快乐的青年，引导我们去翻爬高山去。但是邻居们说：注意这个谨慎的父亲，在这件事中是会有名誉和光荣的，但是他却注意到殷实的利益，可以添些更好的嫁奁。”

亨利公爵《自东京到印度》第164页：“在泸右罗……当喜期宴会完毕之后，新娘与其父母匿入山中，新郎去寻找他们，找着之后，父母即离去，新郎及新妇即在山上过夜，至第二早晨，然后回家。他们须如是演作三天方止。有这样风俗，结婚在雨季当然不能举行。”

佛瑞塞《倮倮语言》关于婚姻及家庭生活有以下记载：“未婚的女子对自己的行为很谨慎。在大多数确是如此的，但他们的道德观念各地不同。设说伤败道德的事件，则男女两方已婚或未婚其次数是相差不多的。一个未婚的女子有不道德的行为不被认为是很严重的事，任他过去。与已婚妇通奸认为是大罪恶，如证实，即被罚。其本夫每即与其妇离婚，而令其情人娶之。我们可以说倮倮的礼义羞耻之心是很强的。卖淫之事从无所闻”。

三、生育及命名

孕妇无忌禁劳作，与寻常同相，临产之时，由其姑或母，或亲友中之年老妇人来接生，小儿生下后，由接生人将其脐带割断，俟胞衣下来，藏埋地下，藏埋胎衣，分男孩女孩，男孩胎衣是用他父亲之旧裤子包好，埋入土中；女孩胎衣，是用父亲或母亲的上身衣服包好埋之，须偷埋，不得使人看见，地点即在住室附近。用温水将儿涤洗，以麻布裹之。产妇清洗一次，静卧。禁食酸辣食物，多吃鸡肉和白酒。七天之内产儿夫妇不出门拜访亲友，满七之日，妇之父母（即汉人所谓外祖）来看婴儿，送鸡一只，猪肉一块及筷子一副，为祝婴儿将来福禄，然后一切照常。婴儿断乳后（由其母自己哺乳，断乳之期，普通在一岁半），给小儿第一次的食物是蜂蜜，盖借蜂之鸣声，云可以得到吉利。

倮倮命名有两次，第一次在生后七天，由外祖父或祖父，父亲取定。取名（成人名亦然）无一定标准。有些是看在命名之时，有何遭遇。有鸟飞过，即以“鸟飞”名之，有人在喊，即以“喊叫”名之。以下是调查得来小孩的乳名，男女在名称上并无分别之点。又，有些是以生之日为名，如“狗”“虎”“羊”等，但此属像乳名，与下面将要叙述的黑傈傈二十四姓中之属相姓可以并存。

男孩：

Köbu 狗宝傈傈语中之“kö”，意思汉语同，狗也。“bu”，则意为刺猬之毛。但此处之“bu”乃假借汉人之“宝”字。下例中之“bu”字，均可解作宝字。

Rabu 男宝。

Kosha 包谷 kosha 二音合起来，意为包谷。此词前一音之“kö”。与狗同。

Sibu 木宝。

Jubu 羊宝。

Gkuei 拉来。

Eli 笑来。

Ratz 男喊。

Peitzei 栗树。

Oubu 阿宝，“ou”字无意义，等于汉字“阿”。

女孩：

Hidtu 鼠出。

Lafu 虎福？“fu”当系借自汉字福字。

Leitzi 龙下。

Outzhu 阿摘芽，摘花木之芽之意。

Houji 鸟星。

Shami 麦女。

第二次命名是在订婚或结婚的时候。设如订婚的礼是用黑牛，则新郎叫做 Laneip'a（牛黑耙），即黑牛耙。傈傈语 Ia 有二意，一为虎，一为牛。新妇叫做 Laneima（黑牛妈），婚礼用黄牛，则名为 Lasup'a（黄牛耙）及 Lasuma（黄牛妈）。如在订婚或结婚时，牛惊了，则名为 Latjpup'a（牛惊耙），Latjouma（牛惊妈）。如其时有牵羊而过者，则名为 Jutzanp'a（羊牵耙）及

Jutzanma（羊牵妈）。如其时有蜂来，则名为 Bpiu－e－p'a（蜂来耙）及 Bpi-ou－ë－ma（蜂来妈）。

佛瑞塞《倮倮语言》，附录第62页：

“倮倮给他们儿子命名是在生下数日，这次的名字名为奶名（a－chimys），奇怪的是这个名在其人一生中永不用或不应当用。虽然他的亲戚及邻居都知道他这个名字，但当着他的面永不称提，否则将有大愤怒。……男子结婚以后得第二次的名字，此名之尾加一“帕”（hpa）音（男子），其妻亦名此第二次之名字，但末尾之 hpa 改为“妈”（ma）。例如男人名 Nrgh－Trghe—Hpa，其妻则为 Nrgh－Trghe－Ma，或男人名 Hku－Mya－Hpa，其妻即名 Hku－mya－ma。”

这种命名法并不普通。大多数倮倮的名称是在他姓的后面加上其行数。在婚前均是如此，但也有婚后仍作如此称呼者。长子加一“ta”（大或长），次子加一“lye”，第三加 sa，其余按照汉语（从未有用倮倮原语者）依次名之……女儿与儿子分别排行，不像汉人或摆夷有时那样的混合起。排行的方法则是男女相同，但其女之姓及其排行次数之间，加一 mrgh（女人）……一个结婚后的女子的正确名称是在她丈夫名称之后加一 ma 音。但是以她的姑娘名称称她，甚至到她老年，也是很普通的。……

罗斯、克金白兰恩《中缅交界之倮倮》第260—261页：“倮倮孕妇不像野人（Kachin）一样，她们在食品上无有忌禁，她们在能力能达到时，照常工作，当要临蓐的时候，丈夫呼祖先之鬼名而祝告之，敬献盐、鸡及酒，同时祷请保佑婴儿平安产生。年老妇人集在房中，以麻线将脐带结起。洗儿，由一巫师将产儿告之于祖先。”

在产后第三天早晨，婴儿得其“埋”（Buried）或魂名（Spirit name），此名只能由父母在其儿童时代呼之，但在小儿长大之后，不能以此名呼之，生人呼之，会引起愤怒甚至仇杀（作者调查时未闻有此习惯）。命名之后，其父即以此“埋名”告之祖先，此名很少用，一直到死，死时，巫师以此名呼其魂，促其速回祖先之家。在第十天、二十天、三十天，母及婴儿皆洗浴一次，在此期内母与婴儿均禁出门，怕被病来袭。在此期中，产妇禁吃蒜、酸笱、酒及糖。由亲友们侍候她，不准操作家务。满月之后，杀鸡一回敬献给祖先之灵。母儿乃得自由出入，倮倮在产妇净身时，无有敬献之俗。

在月子之中，产床是不能移动的，儿父也避免去挨他，怕能生皮肤病，一月之后，床及铺盖或洗净之，或用火焚之”。

四、丧　葬

病人呼吸断绝后，家族将死人手脚放直，富者更换新衣，贫者仍着旧衣，移放在木板上，停在火塘之旁，富者在木板上铺麻布，贫者铺草。停好脚朝里头朝门外，儿女守尸在死人脚下，不在头前举哀。邻居一闻哭声，即来吊祭。远村亲友，请人通知。此时丧家在死人头前安放祭品，如死者为男子放酒一碗，荞麦饼或饭一碗；活鸡一只（用麻绳捆住一只鸡腿，地上钉一木梢，将鸡绑于其上）。并将死人生前用的弩、弓、箭包、烟包、火石等放在一旁，又另外有空竹筒一个，篮子一个（这二件物品是个亲友吊祭时，代死人收受奠敬用）。死者为女子免除弩弓箭包外，加织布用具，镰刀一把，如死者在生前不会吸烟，烟具亦免。以上的物品，安置完毕，村中能念咒的人或尼耙（nêp'a，巫师）请上一位，另外随便再请一位副手（发丧前这两位念咒人不离丧家）。此时念咒人右手拿一棍。在维西云岭雪山一带，尼耙手执三叉形的松树一小棵去针，上用白石灰画着人脸，耳目口鼻俱全，其木叉约需一公尺长，杀一只雄鸡，掐破鸡冠，以血滴于人形之木叉上，又贴鸡毛若干，此人形木叉代表死者，血及鸡毛为醮凶，使其不致伤害巫师。对着死人说：“这酒是给你的，这鸡是给你的”，一一地死人头前所有的物品说完为止。另外的一个人，在念咒人说话时将所说的物品拿起来举一举。亲支随到随祭（不跪，仅拱手），祭时念咒人持棍来死人面前，向死人说：“某亲某友来祭”，另外一个人，将莫祭酒或粮米拿在死人头前的竹筒或篮子内（酒放竹筒内，粮米放篮内）。主人家杀猪羊待客，杀牲畜前，先将牲畜的四蹄捆好抬至死人面前，牲畜头上或头部绑一绳索，系与死人手中（右手）。乃向死人说：“此猪或此牛为送给你的，你要带他走”等语，说完后拉至院中宰杀，无他仪式，杀猪或杀牛后将肉煮熟（脏腑在内），每样切来少许，放在死人头前背篓内，然后再待客。

尸首多半在家停两天，至第三天早晨发葬。将尸首由木板上移在木架，架子系用两条一人长的棍子作为干，另以较细小之木棍，男用九条，女用七条横结之。相传男魂有九缕，女魂有七缕。死人放在架上后，便请尼来念咒，手持前述之木叉。念了数句，即以刀将木叉之中段削一缺口，然后跑到门外站着，面向屋内死尸，高吼“你去了，我不去!”说完以后，众人即将死尸抬起，另外有人将弩弓、鸡、竹筒、酒、烟管等放入背篓背着，随着死尸送到葬地，在尸首一抬起的时候，尼耙向后一倒，在他后面的人，即将他抱住，大家给他叫魂，就是叫他的名字。同时拿酒拿肉，喂给他吃。尼耙不去送葬。

傈僳葬人是葬在其人自己田中，无地理风水或择时日之习。将地挖成一人长的长方形之圹，四面及底共铺五块木板，死尸抬到后，即仰放于此坑中，头部微向东方，即日出之方向。无殉葬物品。耳目口鼻中不放任何东西。然后用土埋之，不用木盖板，埋好，于死人头前插一木椿，将背来的竹篮、弩、弓、烟管等，挂在木椿上，酒肉放在篮里。带来之鸡不杀，放开任其行走，不再捉回。礼毕，主人家及吊客等各自回家。葬后三日，家族复至葬地给亡人搭屋杀猪祭奉，以生猪头半个置于坟前。其余的肉煮熟用碗盛祭。坟屋系用十八根木棍结在一个长棍的两旁，由其两端看去作“人”字形而成九架。女子坟屋七架由十四根木棍做成。云岭雪山一带，只用两根木棍，对搭成“人”字形。自葬后三天之内其家人不得洗面梳头，不能洗衣及工作，并禁忌拜访亲友，在吃饭时取面饭少许向空泼去，意思是祭死者。三天后一切照常。

每年秋收后，杀猪取头半个到坟上去祭奠，三年乃止。亡人无牌位，年节无祭奉，坟上搭的木架任其朽坏，坏后不另作标记。

兹附带说明家产的承继。父死，遗产由各子分受，女儿无承受遗产权。死而无子，一切财产，由其弟或侄承受。但所谓富庶人家，亦不过十余头牛，若干猪鸡，至于田地，则自己耕种的，即算为自己的，无一定界限契约。或在各子已长大能工作，娶妻后，也有即离父而独自寻地经营者，得由父处分锄犁及牲畜若干。

兹将各书于傈僳之丧葬记载，择录如下：

罗斯、克金白兰恩《中缅交界之傈僳》第 261—262 页：“丧葬习俗……怒江上游之野傈僳及其边界各山中各同族关于丧葬的风俗均相同。富人将死之时，以九粒麦子，九小块银子，和在水中，放在死人的嘴里，女人每样七粒。当人咽气之后，看守之中二人持死人之手而呼彼之鬼名（Spiritname)，请其归回到祖先那里，并小心不要失迷路途，或被仇鬼给诱到歧途。鸣枪告示村人以死信，将尸首洗了，放在挖空之木杆或棺材中，其中多半放一包饭和几盅酒。以三个贮及一小堆碎银子投在附近的河流中，是献给水神的，这水神是要供给死者以饮水，在他的长的途程中。设如送葬人到坟地须经过一条河，也是要往水中投些献物，是为死人的，因为死者灵魂过河是要付渡钱的。在葬的那天，不须一定要敬献鬼神，但一个猪总是要杀的，并给送宾的人预备下酒饭，丧事宴会可以延期至收获期或食物多的时候。巫师呼他的‘埋名’（buried name）为其灵魂念咒，以一个猪及其他物亦去敬献。这些物品在祭后归给巫师以为酬报。灵魂归回祖先之路，要走九座山、九条河和九道路。巫师要警告他，不要为野猪及其他兽类所诱迷而走错。同时呼各祖先之灵魂说他们的孩子起程回家了，请他们等候他的到来，接他到鬼域去。在坟上面，在一棵树的枝子上或插一个木棍，把死人的弩弓、刀及饭袋挂在上面，将一个陶器杯子埋在坟中，但将其把及颈口露在外面，在三年之内，死人的亲族及朋友以肉及酒将坟上之杯盛满，献祭给死人。在第三年的春天，亲友复集于坟前，以生米及水倒入此杯中献祭。洒水并撒谷米到坟上，并叫死者之魂起来，取米食，自己去做吃，现已用不着活人做给他了。在这个风俗里，好像有个一定的复活的观念，也许很可能是像阿西瑞司之复活（the resurrection of Osiris），埃及人认为人死后，生命是永在坟内生活着，以为人可以永远活着，设如活着的朋友对于死尸的供应看护好像上帝之封于阿西瑞司一样。在这简单的傈僳族，认为这死后之祭奉，可以感应到他们朋友死后的生命，正如大地回春，把一切生命都从死锁里复活起来。”

享利公爵《从东京到印度》第182—183页：“花傈僳认为马日是最好的葬埋日；白傈僳是在死后第二日就去葬。在坟前置起一个杆子，其上悬死者平常所用的弩弓、箭及犁架，在其左近，放一个碗及小钱数枚，如是则死者不致缺少他生时所需的各物。……在白傈僳中，死者的用具是放在坟上，并在死者之唇间放一个小钱，其意与古代以一枚沙朗（Charon）之小银币作为渡河费是一样的。”

五、姓氏与部落

傈僳族分为三个支系或族部，一白傈僳，二黑傈僳，三花傈僳。关于此三支系的来源，傈僳有个传说：

“从前有个天女名Mëmi，生有三子。长子名Lëjengoup'a次子名Läshu－oup'a，三子名Dzop'a。长子喜穿白麻衣，种白米，吃白饭。次子喜穿黑麻衣，种黑粮，吃黑饭。三子喜穿花麻衣，种花荞，吃花荞饭。后来三子各分地居住，长子Lëjengoup'a之子孙，其日用之衣与食，俱尚白色，故谓之白傈僳。次子Lëshuoup'a之子孙，其日用之衣与食，俱尚黑色，故谓之黑傈僳。三子Dzop'a之子孙，其日用之衣与食，俱尚花色，故谓之花傈僳。”

但今怒江上游之傈僳着白地蓝横条之麻布衣，澜沧江上游之傈僳着白麻布衣。至其名称则均为黑傈僳。腾冲一带之花傈僳妇女之衣饰则甚鲜艳，男子着深蓝布衣。

黑傈僳中共有二十四姓，姓中多动植物之名称，其中有一个部分即十二支。此姓氏当即图腾，惟今对此各动植物无任何忌禁与崇拜。其姓氏为：

一　鼠（ha）	二　牛（la）	三　虎（la）
四　兔（tola）	五　龙（lei）	六　蛇（fu）
七　马（mu）	八　羊（ju）	九　猴（mi）
十　鸡（θ）	十一　狗（kö）	十二　猪（pu）
十三　稻（chu）	十四　麦（sua）	十五　荞（kguou）
十六　青菜（o）	十七　刚豆（no）	十八　薏米（tzeng）
十九　黍（1u）	二十　鸟（hai）	廿一　熊（u）
廿二　鱼（ua）	廿三　蜂（bpiou）	廿四　人（m）

所述各地域内之傈僳人口约有四五万人。以此二十四姓分配之。同姓不婚（Exogamy），凡不同姓者彼此婚媾无禁律。女婚后从夫姓。同姓恋爱认为触犯习尚。

政治、法律及道德观念。

傈僳政治很早就没有独立自由。可以叙述的地方很少。在民国以前，澜沧江、怒江、俅江流域，北至阿敦子，南至六库，由丽江、维西、兰坪、云龙、永昌等府州厅之土司管辖，详已见上。但因山川阻隔，土地贫瘠，汉官都不过问，而土司又少经营，故傈僳在政治上尚有相当独立性质。自光绪三十四年丽江分驻阿敦子弹压委员兼办怒江事宜夏瑚曾条呈撤退土司，建设官长，以资分治，但未采行。民国元二年李根源巡阅迤西创议，将知子罗、上帕、菖蒲桶设行政委员分治其地，后得渐次实行，故现在政治法律一切均依照现行规定办理，所以在本节关于他的政治法律等等，因与汉人多相同，无可叙述，惟从年老人口中，尚能得到一些民国以前土司管理时代的政治制度的大略。作者所调查的傈僳区域，在前清是归丽江府维西厅属之土司管理，即么些族之土司，王氏、赵氏所管理。故此傈僳老人所说之制度，实是么些族的制度。其官制有末格（Muoguo）、本色（B'äsä）、邻臧（Lin Tchang）。一个末格，辖数十个，或十余个本色；一个本色，辖数个邻臧，每邻藏辖一村落。土司系世袭。本色、邻臧由土司委任。

至于民刑诉讼，先告于邻臧，或本色，有不能决之事，乃告于末格。

赋税则无田赋，乃纳“山租马料”。每户每年两三斗荞麦。又逢年节献给猎品、麻布、竹器、草药等于土司。

窃盗之事，在其本族之内，犯者甚少，但约伙抢劫行人客商，是常有的事。抢犯被捉，即由土司报告毙之。奸淫有夫之妇，得由本夫杀之，或要求奸夫赔款。债务，负债者无力赔偿，得由债权人收其妻女为奴婢。而傈僳有资产者甚少，债权人多半是土司，在所调查的区域内，土司都是么些族人。通常刑罚上无有拷打，但有战争或对异族发生仇隙，捉着俘虏，即拷打之，并处死，其方法是将人四肢用竹钉钉在板上或树上，剥其皮。

傈僳对于父母子女的伦理观念很松弛，父子之间，常有格斗；同时年轻人与年轻人之间，像是有一种联合；老年人和老年人之间也有一种联合，彼此互相忌嫉，而其本年阶中份子则彼此互助，其情节有如汉人之结拜弟兄，有背信义的行为，认为可耻，其人就被大家弃遗。但似无米克罗尼细亚（Mikronesia）诸族或东非洲的牧畜民族之“年龄阶级”的组织之严密。

六、战争与武器

傈僳是个有勇好斗的民族，正如同藏缅语系中其他支族一样，性情强悍，不易征服。关于傈僳族屡次叛乱的情形下面将择要述录，现在要写的是他们的武器和战争法。

现傈僳族中，最使人注意的是，每个傈僳男子身上，总佩着一把刀，每个傈僳的家中的墙上，总挂着两三个弩弓。刀的形状大者连柄1.60公尺长，小者有70公分长，刀的特点是齐头无尖，刀柄约有刀身三分之一长，刀壳系用木板一片削成，其长略长于刀身，按刀之形状将此板挖凹，恰容刀身，然后以藤横缠绕，有时将藤子用颜料染红。

刀之木鞘是自己制造，但刀身则系购自缅甸人，其打刀的方法，不得而知。所谓缅人，是指高黎贡山以西，未知何族人。佩带之时，将刀连鞘系于腰带之上，斜佩在腰之左边，有鞘的那一边向内靠近身子，无鞘露出的那面向外，刀柄向前，刀身向后，以便用手随时抽拔。男儿自八九岁以上至五六十岁，无论贫富，均挂着刀，只有大小好坏之分别而已。此外就是弩弓，弩弓是用柘木或野桑木为之，弓身约 80 公分长，上平，下作鸟首之形。弓背约 1. 20 公尺长，形如半月，两端向下微曲，弓身之上面挖着箭槽，可容箭之半面，不致搭箭时滚落，弓身之中点，安一板机系用牙骨做成，约 2. 5 方公分之牙骨上刻容弦线之路槽，其下之直路挖成一公分之小隙缝，中插骨制之扳机片，机片与弦路合时则与缝平，开时则扳动弓弦送箭发出，其功用如枪上之机柄。弓弦系用精细之麻线打成，以十余股之精麻，绺而绹之，使滑溜无疙瘩。其两端结成绊扣，可以套在弓背上。箭用坚固之竹削成，约 40 公分长，有二种，一为白箭，一为药箭。箭尾插竹篾子，以最薄的竹皮叠成三角形，插入箭尾，并用麻线扎之。至于药箭取药膏涂于箭头，其药膏系用乌草（aconitum sp. ）熬成膏涂在上面，药力暴烈，一破皮见血，则毒便弥漫血管中。被射之动物或人立僵绝。为倮倮族中最厉害的武器。且其射术甚精。箭筒以竹筒为之，通常有 40 公分长，携带时放在皮袋中。皮袋，平时也佩带的，是皮制，约 40—50 公分长，25—30 公分宽，用两块带毛的皮子缝在一起，其上口，有搭盖，然后以一皮带缝于口之两端。以便佩带，是斜套在肩上。又矛，是以约一人身长的木杆为柄，一端套以铁锋。

号筒，木制。以 60 公分长，12 公分宽之木杆一个削圆，上尖下宽，以烧热之铁条，将其尖端中心烫通，然后用刀将木杆破为两半，再用小刀将各半挖凹，复将两半合起为一，外绕以藤或树皮，以漆漆之，即可吹响。

盔甲，盔是用一块山骡生皮套在一圆木椿上，其木椿之大小与人之头颅相等，揉其皮之边沿，使成帽之形状，下面之边沿扎以绳，俟干取出，如皮帽，但其质坚硬，箭不能入。甲系牛皮制成，其制法，用长方形的生牛皮二张，约 1 公尺长，在 60 至 80 公分之间，左右两边，各分出 4 公分宽，剪一 U 形之缝，其上面被剪缝之一端，前面约有 30 公分长，其后面之上部，留出舌形，约20公分长为背领，后背长60公分。将同样的两张生牛皮合起来，复用细皮条当线把两张缝好。缝其边沿，又于甲之中心，缝出四个十字叉，使其不易脱落，垂在前面之一段，也缝一个十字叉形，其在左右两旁，上下各钉麻绳两根，穿起来可以结扣，把甲紧紧贴在身上，皮质坚硬，虽毒矢不易侵入，傈僳作战时视为护身之唯一工具。

至其战术，则攻击全靠弩弓。大弓射程，在平度可达一百公尺，或且过之，可伤人，自下而上则距离较近。傈僳射术是很有名的，普通目力都很锐，而自小就练习射击。云南土族中的土武器，以弩弓为最利。其屡次叛乱，全持弩弓毒箭，火枪只是少数。傈僳用刀矛无术法，只是随意去砍刺。

兹择录史志，关于傈僳之武器与战术如下：

《皇清职贡图》："傈僳……善用弩矢，无虚发。"

《云南通志》："傈僳……每令其妇负小木盾径三四寸者前行，自后发弩中其盾，而妇无伤，以此制服西番。"

《永昌府志》："傈僳……使弩，发无虚矢，其箭有毒，中之即死。"

余庆远《维西闻见录》："药矢弩所用也，矢及镞皆削竹而成，扎篾为翎。镞沾水裹药，药采乌头，曝而研末者，猎中禽兽入皮肤，飞者昏而坠，走者麻木而僵。"

《云南边地问题研究》李生庄《云南第一殖边区域内之人种调查》："傈僳……其武器多用弩。傈僳之弩术极精：能百发百中。且弩箭端渍有毒药，一被射中，必危及生命，即猛如虎豹亦不可以幸免。其居于南部与汉人常相往来者，并知使用铜帽枪及长刀等。"

一九三五年十月作者有一个机会，亲自经历傈僳反叛、汉官讨伐的战况。（康乐的傈僳，平日以采集野生贝母卖给汉商为生，其时贝母价甚贵。后有汉官想出方法，叫傈僳以人工去种植贝母。因此康乐成为贝母出产的要区。政府于是增了贝母税。后来贝母因为外间需要的少了，价乃跌。而政府仍照旧税去征收，于是傈僳起来反抗。）从毒龙江调查曲子回来，当时贡山设治局长张照鹏函促作者从速离境，盖康乐设治局全境的傈僳因不堪汉官苛刻，全体反叛，占据公署，并声称由北攻贡山，以达西康之察瓦龙，以与蛮子（即藏人）联合，张君已在贡山康乐交界之腊早地方防御，作者因此机会难得，且闻维西、兰坪等县，已派兵袭剿，故预料不致有危险，乃决由怒江右岸之茨开，前往腊早观战。

到腊早居住数日，并往前线栗洒地、普沟沧一带观战。当时傈僳方面，约有三千人，其目的欲取贡山。在占领康乐公署之时，曾夺获枪枝二十余枝，连其本有一共不过五十枝，其余均用弩弓。其时贡山的枪支可用者不满十支，而民团等又不得力，随局长张君的前线者不过四十人。苟傈僳分途包围，则张君必定遭难，但傈僳只知大家聚拢在一起呐喊着，向前直扑，张君择一险要之处，居高临下，与随从三五人，轮流射击，在傈僳方面难有枪枝，然不善射击，官军损伤甚少。此役傈僳人数较官军多七八十倍，但以有勇无谋，卒为所败。其后德钦（即阿敦子）、维西、兰坪等处救兵复到，将傈僳叛匪全体扑灭，其得生者均逃入缅甸境内。傈僳也有劫营之事，一夜张局长将掳来的傈僳枭首，悬其头于行营前之木杆上，夜间忽闻枪声，及出外探视，则其所悬之头已为傈僳偷去，放枪系警告之意，盖傈僳中有一迷信即认为入头被人拿去，可以作祟，而使其军事失败，故将被砍之头攫回，然单身人敌营，其勇敢可见一斑。

上面说过，傈僳是个有勇好斗、不易征服的民族。与康乐这次叛乱相类的事件很有几桩。在史志上记载着，关于维西、永北等地傈僳叛乱的事，有以下各节，兹一并录出，未尝不是社会生物学上的生存竞争、社会选择诸问题的好实例：

《云南通志·武备志·边防上》云龙：“乾隆十二年州属秤戛夷人弄更扒系土巡捕段连第属下熟傈僳，劫掠潞江芒市等土司地方，又腾越边外官寨夷人早可，亦系龙云土目段连第属下熟傈僳，劫掠段连第所管片马、鱼洞二寨，经官兵擒剿……”。

《云南通志·军备志·戎事五》：“嘉庆七年壬戌，维西傈僳恒乍绷作乱，总督觉罗琅玕讨平之。恒乍绷澜沧江外傈僳，幼学为端公，占卜治病，人称为沙泥（华言活佛），在康普打鼓念经，夷众悦服，头人禾昰仁惧惑众责逐。六年冬岁歉雪大，众傈僳向康普、古刹两寨借粮，不允，恒乍棚挟禾昰仁责逐之嫌，遂纠众抢劫，总督琅玕派兵往剿，江内傈僳，纷纷投降，恒乍绷逃往江外，官兵分别撤，七年冬，江内降夷复勾结恒乍绷劫掠各村寨。上命琅歼再往剿，八九月擒恒乍绷正法，并掘其祖墓，傈僳平。”

清师范《滇系事略》：“嘉庆八年癸亥，维西力些藤蚱奉纠众作乱，总督琅公驻剑川集兵剿之。逾年始授首，余众咸就抚。藤鲊奉知医药，所治病，既愈，只博酒食，却钱币，诸夷咸相亲爱，驻防某千总嚇以邪教，得赂方止，已非一次，继之者大有所欲，诱而系之空室，于是夷众愤怒，持械劫之去，驻防以作乱报，维协副将即令千总以兵五十往，拒捕反斗，伤兵十余人，并杀千总，事遂不可已。夫朝廷设驻防，原为保民，乃以数千之生灵，数万库帑，徒供末弁之一激，司其事者，盍亦返而自审哉!”

恒乍绷称王传说：“维西岩瓦村傈僳恒乍绷（Heuoubu）随其父Hebup'a出猎。射得松鼠十余只。其父乃命其剥松鼠皮，洗于山泉。恒乍绷将皮剥去，在山泉中洗涤血液。不料剥皮之松鼠，放在泉中，竟活跃上树逃去。恒大为惊异，认此泉水为圣泉。归而告知其父。父曰：‘似此泉水能活死鼠，必能活死人，你须记好，将来我死，可以将我衣服脱去，浸我于此泉中，必有复活之可能。’其后父死，乃抬至山中，脱其衣，但不忍脱其裤。乃浸入洗松鼠之山泉。越七日，往视之，则其父之上身直立地上，下身则埋在地里。泉水亦干涸。恒乃叩闻其父。父虽死而能言，答曰：‘你不听我话，不脱我之裤，致使下身不能复活，是你害我也。然亦是天数。不必多言。现在我授你医卜等术，可以救济众人，但吾不能成仙了。’言罢，授术与子。复命子葬埋之。于是恒乍绷自此为尼扒（巫师），卜甚灵，药甚效。凡病者及疑虑，均往求之，辄验。于是大为民众所爱戴，岩瓦夷目和昱山（么些人）亦敬奉之，称为活佛（Eipel－la）。”

嘉庆七年正月元旦，夷众往钱土司（么些人）衙门拜年。恒乍绷亦在内。钱素闻恒善卜，乃使之打一竹篾卦。恒卜之。乃自忖：此卦不详，言之必触土司之怒。不言，则土司以为无本领。正思索时，土司诘之。恒曰：“卦不详，言之恐触土司之怒，不敢说。”钱土司令其直说无隐。恒口：“今年不过元宵，土司全家头尽落。”土司闻之大怒。以为妖言惑众，执恒系狱中。夷众闻之，乃纠众持刀往救，先请开释恒乍绷。不允，众乃围攻衙门。土司全家被害。事闻于维西厅，厅官率兵往剿，不克。反为所败，维西城陷。恒乍绷又得勇将吴林乃进犯丽江府，途延据数百里之地，势甚猖獗。大理、鹤庆等地震动。七年二月，云贵总督觉罗琅玕率兵来剿，军至红石岩，吴林顽御，飞行山岩，官兵多为所毙。朝廷增兵，兵至桥头（丽江城西二百里）。傈僳叛众，攀于树上，用弩射官兵，死伤甚众。琅玕不得已再增兵，将阵亡将士尸首合埋之，谓之万人冢。至八年九月，倮倮之乱始平。恒乍绷就擒，正法。就其地成大冢。立碑记其事曰《平夷碑》。碑在石鼓。离丽江城一百二十里。碑文叙述战况，今从略。自此而后，倮倮之势力日见衰落。

《云南通志·戎事》五："道光元年辛已，永北倮倮滋事，总督庆保讨平之。永北土司高善属下倮倮，被土司目把等，将田地售与汉人，以致夷人生计日艰，又见汉人开垦成熟，忌嫉垂涎，有公寨倮倮唐贵（一名唐老大），于嘉庆二十五年十二月同傅添贵谋杀逐汉人占回地土；诱惑夷众梅依老，十年刑牲歃血，奉唐贵为首，自称地王，傅添贵称治命先生，陈添培称顺天王，纠集七八千人，焚劫有汉人村寨，并偷渡金沙江，扰及大姚。庆保驰赴剿办，上命成都将军呢玛善赴滇协剿，授为钦差大臣，提督以下听其节制，呢玛善至滇，庆保已将永北、大姚两处次第荡平，呢玛善还成都。"

《续云南通志稿·戎事杂记》："光绪十八年，永北厅虏㟃丁洪溃等，假名活佛降世，煽惑愚夷，麇聚于永头山鱼硐坡，伐北腾土知州高履坤及土目高可久、黄之凤、李如兰；总督王文韶，巡抚谭钧培，檄参将梁士伟、苏抡元，分别剿抚，永北略平。"

第三节　精神方面

在这一节里，我们叙述宗教、艺术（音乐与跳舞包括在内）、狩猎、语言（包括木刻）。

一、宗教。倮倮相信人死后为灵或"尼"（Nê）。但山、石、森林、水、路等均有鬼或灵（Nê）。唯人死后之灵，与山石树木之灵不同。人死后之鬼，颇像汉人的鬼、精、妖等有恶化的人形，而山石树泉之灵，则并不具有任何形象，它是看不见，但是觉得着的。它同时必需有一个实物在那作为介物，才能发生的。这种"灵"不是那个实物（如石，树，水）自己，好像是他的生机力（Vital Power or Seelen stoff）。此生机力可以脱离其物体而存在，但必有其物，始能发生作用，做出事故。无论人死之后，或山石之灵，均称为"尼"（Nê）。我这段叙述，似和往常所述之低级信仰不同，普通认为低级宗教的鬼或灵是有一定形象的。但我所述，确是经再四询问及详细思考之结果。至其幻梦中之尼耙，宗师有一定形象，则是另一件事，这尼耙宗师或神也是人变的。

人与灵处于对敌的地位，因此认为人的一切灾病危难完全是由于灵作祟，所以人要想免除灾病祸难，必须和灵妥协，使他满意。知灵和人，能够传达人灵意旨的，就是巫师。在傈僳语中名为尼耙（Nêp'a）。他们认为他是禳除灾难的救星，故敬而畏之，社会地位很高。巫师男人为之，没有女人，是父子相传，而不传授弟子（但是由神传授）。傈僳巫师很多，每一二村寨平均即有一个，彼此是平等的，无大小的分别，他们的法术的最初传授是在梦中及似梦非梦境况之下，由他们宗师指示的，这种慌惚朦胧的状况可以延长到一两天。在此期中，其人不饮不食，也不说话，于是大家知道他成了尼耙。梦中授术之宗师名叫“尼盘尼”（Nêp'ani），反穿麻衣，上眼皮不动，下眼皮发颤。传法时手里拿着一枝树叶，所传的法，是教他占卜法以及鉴别鬼类及禳除之术。据说传法的宗师，平日隐居在康乐属之离萨底地方，其处有岩洞三个，宗师随处其一。在其人得法以后，须往离萨底岩洞献祭，然后始可为人禳鬼除灾。

在普通较高文化民族，有所谓神与鬼的分别，神是善的，鬼是恶的。傈僳之灵，无神鬼的名称的分别。均称之为“Nê”。但“Nê”有善恶。现在我们把鬼灵的分类并其祭祀、驱除等方法录之如下：（一）家灵（Heiganêa）。家灵主宰一家的幸福。傈僳每家祭祀。举行祭祀日期，约为阴历正月四日至十六日之间，每年一次。祭时以白栗树枝九条，插于门前地上，以为灵位，用猪或山羊一条杀祭。无香爉等俗。但请尼耙念“Heiga－n”咒以求福。此祭祀名“Heigantz”。

（二）山灵（Mi－Sinê）。山灵主宰山林，农产及路径。每一村中，有公祀山灵的地方。但无建筑或偶像。而是一棵大树。认这棵树为灵树（Mi－sinê 或 Mi－si－dü），通常每年阴历四月中，约定一个日期（不卜择），全村共请尼耙举行祭祀。祭时用白纸旗四面插在树下，杀山羊一只，米饭四碗，茶四杯，盐四团。全村人男女均齐集树下。请巫师念“Mi－s”咒。此种祭祀名为“Libama－mispi”。此外，凡耕种、出猎、远行，必先去祭一下山灵，杀一个鸡，两杯酒。无公祭时的隆重。如不祭则耕种收获不佳，出猎为兽所害，出行迷途、跌伤、陷阱。

（三）社灵（Hanra－nê）。社灵主宰全村之幸福。每年阴历十月间，由全村人公祭。祭时用白栗树枝十二根，插在村口（倮倮村无栏栅或墙，所谓村口是指公共出人必经的地方），地上，又插白旗四面，红旗四面，米四筒，盐块。并杀山羊或猪或鸡一只，祭献之。请尼耙念 Hanra－n 咒，此种祭祀，谓之“Tzuhamahanra－nebu”。私人方面若发生是非口舌，则当事人及证人同祭社灵，起誓或说和。

（四）水灵（Lubinê）水灵主宰饮食及健康疾病。水灵之本位是在泉水的地方。祭时，杀鸡一个，捏破鸡冠，以血洒松枝之上。请尼耙念“Lubi”咒。如不祭祀，其村本年必多病。凡有麻癞疮痦之人须得特别去祭水神。此种祭祀名“Sha－a－ha－lu－lü”。

（五）猎灵（Su－mê）猎神主宰全家之食禄及牲畜之繁殖，出猎之得否。凡出猎必祭之。祭时，以竹箭五支，插于土块上，此土块放在门口。又公鸡一只，捏破鸡冠，以血洒于竹箭之上。不请尼耙念咒。

除上述几种较大的灵之外，尚有（一）饿灵（Sh－ne），能祟人馋致死。（二）冤灵（Sh－cha－nê）能祟人生病。（三）无头灵（Tzü－wanê），能祟人生祸。凡人生病或有灾，便请尼耙来占卜是何种作祟。如占为饿灵，以鸡禳之，占为冤灵以猪禳之，占为无头鬼，以牛禳之。

又，倮倮信仰中人似有一个至高无上的天神，但是在通常祭祀祈祷上并不提及。

占卜——倮倮占卜约有八种，兹述之如下：

（一）竹签卜（Shaushu－shë），用竹签二十七根，长三寸许，其一端钻一小孔，穿以绳，如折扇骨。卜时使问卜人抽其一。并问其人之年龄。然后自其一端数竹签为第几根。自抽得的那一根起，往下数，以三根一数。数尽，再从头数之。数到抽着的那一根。如此根为第四、七、十、十三、十六、十九、二十二、二十五，皆为不吉。谓之尽头数。不宜出门。病者多凶，失物不可得，诉讼必败。其余各数均吉。

（二）割枝卦（S－dabamu），卜时先取春柳枝条一根，去其叶，约有手指粗，三尺长。尼耙以刀砍此枝之树皮若干次，但不可数数，不可使之断，仅留痕迹。然后随意削一刀，去断其皮。乃数其所砍之刀痕，自上而下，以三数数之。看所削去皮的那一刀是在第几痕上。尽数为凶，不尽数为吉。

（三）石头卦（Ludamu），卜时用三十六个小石头，排列为圆圈。使问卜者取其一。石子中之一，染以黑色为首。自此首子向右数之，视所取出之子为奇数或偶数。而断凶吉。偶数吉，奇数凶。牧者失羊，多用此法以占。

（四）环珓卜（LebudamU），用海吧二枚，磨其无齿之面，涂以松脂，成黑色。于是背面黑，齿面白，卜者掷三次。三次均白者，病不利。三次均黑者，男凶，女吉。三次均一白一黑者；一白，二黑，三间者；一黑二黑，三白者；一黑，二间，三黑者；一黑，二白，三间者，均大吉。余十九课中平。共为二十七课。总之，凶少吉多。

（五）羊骨卜（Yü p'i gkëda mu），以羊髀骨，将皮骨刮尽。晾干。以艾团灼之。看髀上之裂痕，以断吉凶。多出猎时用之。（四、五两项详见拙著《么些族之羊骨卜与吧卜》。）

（六）围腰卦（I－mi－I－ma），卜时取女人之裙或围腰布。由尼耙折叠成许多褶，使占者翻其褶。视其被翻之褶之数为第几折，如割枝卦之方法。尽数为凶，不尽数为吉。多女子为生育儿女而占之。

（七）衣襟卦（Pitzgi），以衣襟占之，法与围腰卦同。

（八）头巾卦（Uel－dou－chiou－nu），方法同上。

蛊——中国书籍上记载西南夷族，往往提到“蛊”这件事。蛊究竟是怎样一回事，是很难解说的：在云南土族中，是藏缅语或泰语系的民族，无不有“蛊”的这件事的传说。现在把傈僳族中的“蛊”。述之如下：

傈僳名蛊为Dtu，蓄蛊为Dtu－p'u。蛊分为魔蛊和树叶蛊两种。魔蛊中又分为两三种：（一）蛇魔蛊，（二）蛙魔蛊，（三）蜈蚣魔蛊。畜蛊有术，代代相传，多女子为之。无传授徒弟之规则，但在特殊情形之下，各蛊家愿意，可以传授之。据说，譬如蛇魔蛊，则蛊者畜一条蛇，但此蛇除蛊者外，旁人均看不见。畜者如有仇人或生客而欲谋害之，则在会餐之时，将蛇取出，使蛇涎唾入饭菜中。其人食之，即遭蛊，或病或死。其余蛙蛊、蜈蚣蛊均同。至于树叶蛊是采毒草之叶，配合而成。若遇仇人生客，暗取蛊毒置指上弹人其人饮食之中，即中蛊，或病或死。总之，蛊是从饮食中输到其人身中。

此外，还有一种所谓合合药，也可以归到蛊的一类，是采取不同的花草，合而研之成末。经过若干时后，即可取用。据说，男子追求女子，而女子不愿者，或女子追求男子而男子不愿者，则此追求者即取此药末少许，弹其对象之身上，而其人则不知不觉对之发生好感。

除了末述的合合药以外，因为这个究是无关生命的事，畜其余的蛊的人，一旦事露，便被全村人所击毙或驱逐。所以其方法秘而不宣。同时，蛊这样东西，说起来都是很神秘的。若单以从饮食上输蛊，则我们很可以简单的说，蛊就是毒药，食之或病或死。但有些却又说，不一定以饮食为媒介，譬如弹在衣服上等便是一种不可解说的地方。巫师不畜蛊，据说巫师畜蛊，法术便不灵了，将为神所罚。

罗斯与克金白兰恩《中缅交界之倮倮》一文中述及其宗教："倮倮的宗教是个简单的鬼灵主义或拜鬼主义（Natworship），向山谷之灵献祭，在树上悬着灵龛——与卡侵（Kachin）的灵龛（Nat - altar）相似。祖宗灵魂也是种敬畏的对象，或竟是恐怖的对象。祖宗灵龛是敬在房子门的对面（一个简单的架子，上面挂着几条红白的纸条，无有字记）和献祭的酒。他们的拜祭祖先似乎不是从汉人学来的，很可能是一种敬祖的幼稚表示，而汉人的精密崇拜祖先制度是从这里演展出来的。在野倮倮中，没有医药，一切病痛都认为是由于恶鬼的作祟，其怒厉是要用祭献去平消的……要谈倮倮的宗教仪礼，我们可说说他的'床灵'（spirit of the Bed），在每个家中的卧处，都立了一个灵龛，虽然倮倮自己都已不能或不愿去说出其原故。"

"倮倮的重要鬼灵是 Misi 森灵、Mina 地灵、Muhu 闪电灵、Mihi 风灵、Makwa 天神及 Chyi，他有活人之力。这些是最高级的鬼灵，享受最尚的献祭，而 Hini 或祖宗鬼，在家事上如婚嫁、生产、死亡、出行，有重要的关系。祭献是用鸡、猪、羊、酒，献祭多在人有病及收获之时举行。当田地已犁过，将要下新种的时候，便许愿给 Mina，但其实际的祭献，则在收获谷子时，随同其他鬼灵一齐祭献。"

"与鬼灵交商有两种方法，一是以巫师为媒介，鬼灵借巫师的嘴说话，二是在家庭中有事故的时候。用三十三根竹签，约一英尺长，握在手中去数。每九根为一组，挟在两个手指之间。由于此竹签的地位上，去看是否鬼灵有要求，及是否欲祭献的东西合鬼灵的意思。譬如人有病，必须作祭献 Chyi nj 的准备，去取悦于他，因为他有活人之权。在要祭献之前夕，即通知所有将参加佐助此典礼的人，并示及他们不准吃饭、黄烟、草烟，以及作与祭献不相关的工作。献祭的牺牲只有参加典礼的人得吃，因此请的人很多以免吃不完，同时在杀宰的时候，非常的小心，怕血会溅到人的身上，如此，祭献便无效了。卡箐祭献死了数代的祖先，而傈僳是限于祭献他们亲自见过的祖先。在有危险或困难之时，他们祭献 Makwa 天神，因为他能救苦救难。傈僳族中没有一定的巫师阶级，无论那个男人或男孩，愿意去学巫语，都可以去做祝告及祭献的职务。”

“在宗教上，傈僳是鬼灵主义者（Animists），虽有些地方受汉人宗教的影响。偶像的崇拜很少，但祖先崇拜是普遍的。这种崇拜，像许多汉人也是如此，其动机之由于畏权而求祖先之赦恕与其纯粹的崇拜，在成分上是一样的（以下述祖宗牌位等等与汉人相同，不赘译）。……傈僳的“宗教”大部分可以说是向恶鬼讨饶，疾病都因为被恶鬼“咬”了。并不是所有的病都是起源于此，但如病时请巫师占卜，抽签（Sa—Sye—Sye）的结果，如确是被魔鬼咬着了，那么便要祭献牺牲——普通是一个鸡，有时一个猪，但从去像在卡箐族中用牛或水牛——巫师念咒语，在场的人有一顿饭吃（并米酒）。巫师照例是不受酬的，只得一顿饭吃。”

“除了祖先（ni bigh）及其他飘游无家的鬼灵以外，傈僳尚有其他的神灵，范围广泛的如 Mukwa－ni（天神）；mi si（山神，如马、牛、羊等有病，或失去，或被野兽所食，须向他求饶）及其他。但创造天地之神 wu－sa，为所有善恶各灵之首。”

“蛊术（Witchcraft，rghe－h’a sye or tai hu），在大多数地方很少听到，但有些地方，却又坚信它。设如一个人，无论男人或女人，如被人认为能对他人施蛊术，或是一个同村人直接受害或是一个病人抽疯乱话，傈僳此时便忘了一切正义，不加丝毫审讯，便将被怀疑为施魔术的人驱逐出境（甚至杀毙）。有些不幸的被怀疑的人，便被绑了从一个村子到另一个村子去游行。但是告发某一个人为施蛊人不是一件轻易的事，盖如证明其为错误，则告发人将受重罚。但无论若何人，如被疑为施蛊，其自卫的最好办法就是即刻离去这个村子。设怀疑是蛊术事实发生，譬如村中有很多人病了，则有时须求神灵的判决。即是使被怀疑人手持热铁块，最普通是使他攫取在盛满了滚水或热油的铁锅底上放着的银片。如无灼坏事实，即认为无罪。作者曾亲自看见一个人经过这种神判，其手膀腐坏到不堪的程度。但是，如上面已说了，巫术在许多倮倮地方并不很受信仰。”

二、艺术。倮倮没有绘书、雕刻，在我所调查的区域中，衣服首饰都是非常简单，无可叙述。图案方面，竹篓的花纹是“人”字形的几何图案。布匹，则是方块行交编。倮倮虽然在造形美术上甚贫乏，但是在音乐歌曲和舞蹈，很值得注意的。关于音乐，他们有三种乐器，一是芦笙，二是笛，三是口琴。芦笙是以独肚葫芦一个，在其肚上，挖小洞眼，普通六个洞眼。此眼中插以芦管六个。每管之上，刻以洞眼。葫芦之梢尾，则作为衔口。吹时以手按每芦管上之洞眼。笛是以竹为之，横吹，只有七个洞眼。六个每个距离相同，一个是较远，唇抵此一洞两手按他洞而吹之。口琴以竹片为之，约十公分长，中挖出一簧，与琴身相连。弹时，以琴横衔唇齿之间，以手拨梢，唇随之颤动。至于唱的曲子和吹的凋，我曾用收音机收了几片下来。请对音乐有研究的朋友去按谱译音，此地暂付阙如。

倮倮跳舞是社会的或团体的。男女同时参加，但大多数均是未婚的。但为数并不多，五六人至十余人。人多，则轮流而舞。间或也有已婚的男子而年轻的。跳时有音乐随着。乐器是用上述的笛、芦笙，有时也用汉人传播给他们的三弦。作乐的人均是男子。跳舞均在夜晚，有婚丧宴会，多在其事主的房子附近，如是几个青年男女自愿跳舞玩，则多在山上或树林中。在舞场的中心燃上一堆柴火。多半先有几个男子首先就围着火站着或蹲着，其中的一两个人拨弄弦笛。另有几个人在那里盛酒。人渐渐地多起来。女子们也渐渐靠近火堆。于是脚步便随音乐而移动。此时大家面向火，成了一个圆圈，然后各个人两手伸开，牵握着其邻旁的人，圆圈渐扩大。作乐之人站在圈内，人家跳起之后，他们一面作乐也随着舞起来。舞时，先出右脚，向左，交于左脚之前，踏地。左脚而随之向左迈开，脚踏地之后，右脚随之提起；左脚而向地上踏两点，踏时身子也随之而起落。然后右脚又交迈于左脚之前。此三步（即右脚迈交左脚之前，左脚向左迈开，踏地后，点两点，右脚又提起，再迈交左脚之前）为一单位。接连着循环，渐次向左移转。作者所亲见到的两次跳舞均是如此。据云也只有此一式，至跳的好坏，视在此三步中，其两足的动作，及身之姿态是否恰合节拍而定。跳舞的主要目的是大家取乐，在工作之余尽量地放荡一番，是种社会的。

三、语言。这里所说的语言，包括所有传达人的思想的表现，如话语、文字、木刻、绳结、手势。傈傈没有文字，他们的话语，我曾用收音机收了350单字，50句话。关于语言本身的研究，将请专家担任，另文发表。现在要说的是木刻、手势。

木刻——傈傈木刻分两种，一种是行政命令时用。用薄木片一个长六十公分，宽八公分，厚一公分，但亦有较大或较小者，其一端削尖如箭头，另一端削成柄，在汉官所发给傈傈的木刻，其两面写设治局名称并发刊之年月日及所令之事。此外在其两边刻以锯齿，在木刻近上端之锯齿表示长官，靠近把柄的锯齿表示百姓应办之事。如我们这次在怒江调查由贡山设治局长张炤鹏君刊传怒江一带，其木刻之上端，刻了两个锯齿是表示赵至诚君及作者二人，其下端刻五个锯齿是表示每村出五个人护送（当时共为四村）。但锯齿所代表的意思及事务很广，譬如上述的木刻下端的五个锯齿，也可以说我们要五个猪五斗米或是五个苦力，因此事先须将锯齿所代表的事务，与传送人讲明，以免弄错，虽然在汉官发的木刊上注写传刊事由，但土人不认汉字的。设如地方有事，由百姓报告长官也用木刻。因为不识汉字，自然不注刊由，只刻锯齿，并在上端扎鸡毛一撮及木炭一块，是表示紧急的意思，例如报告某地方发现土匪，有两个匪首，带了二十个人，则在木刻之上端，刻两个锯齿，在下端之另一边刻二十个锯齿。木刻在云南土族中，特别无文字的藏缅语系支族中，非常普遍。

第二种木刻是当着契约用，可以叫做竹刻。因为普通是用竹子做的。以竹片一段，长约十二三公分，宽三四公分，譬如甲向乙借五两银子或五只猪、五斗米，则在此竹片上，刻五道横线，然后用刀竖着将其劈为两半，甲乙各持其一，以为信符，待还欠之时，甲出示竹刻，以与乙之竹刻，两半拼对，以为凭证。这种竹刻在无文字的各土族中，也甚普遍。

手势——我们知道用手势表示思想的地方很多，如来、去、冇（勿）、数目，而各民族多有不同，甚至有相反之处，如汉人用手表示叫人来是招，即手心向下，手指向已身弯曲，有一部分非洲的黑人，招人来是用手指往外挥，手心也同时向外，恰是汉人挥之去的表示。汉人用手指表示数目有一定的规则，除了豁拳的简式以外，数自一至十的数目有两种方式，一自数，是用一只手自拇指屈起至小指而后轮回，二向距离较远之人表示数目，则自食指（第二指）伸起为一，至小指为四，最后伸出拇指共为五，另一手同样，至两手十指全伸出为十。倮倮数法与汉人不同，数时无论自己或对人，都用两只手，自右手拇指伸出为一依次至小指伸出为五，然后以左手小指伸出为六，依次至左手拇指伸出为十。除倮倮外，藏缅语系中各支族如窝尼、阿卡、罗黑，据作者实地观察，均如此数法。摆夷不同，另文附论。至于其他体势的表示如点头为是，摇头及摆手为否，则与汉人同。无耸肩表示不知或“无法”之西人方式。

四、传说。洪水传说：（1）上古洪水滔天时，地上的人都死光了，只剩下兄妹二人，兄名 A－hang－P'a，妹名 A－hang－ma，带着一条狗，流落在一个山洞内，因为大地为水淹，没有粮食，乃命狗到天神处讨谷粮种籽。天神就将粮种纳入狗耳内，带回崖洞。狗一摇头，粮种自狗耳掉出，落入土里，随后乃生出各样粮种；其中有瓜秧一棵，结一大瓜。有一天，闻瓜内有叫喊声，两兄妹不由害怕，向天叩头求救。忽自天上掉下一把刀来，他们两兄妹拿着刀割开瓜一看，由瓜内出来五个人，三个白的，一个黑的，一个生翅膀的。三个白的就变成了倮倮；一个黑的变成了那希，丽江的么些；有翅膀的那一个，在开瓜时一怕，飞跑到山崖上，变成鬼，世上有鬼，自此始。后来天上遣下一神来，教给他们认字，三个白的所学来的字。写在一块天赐的皮子上。那个黑的将所学的字写在石头上。天神上天。随各走去，那三个白的同在一起走，一个黑的另去一处。可是三个白的，行到途中饿了，找不着东西吃，饿得无可奈何，就将带着字的皮子吃了。学来的字只是会说而不会写，黑者学的字写在石头上，忘了时候，就看看石头。所以倮倮现在会说不会写，无文字。

（2）洪荒之世，分为三个时代。第一个时代名为 Chu－fullja。人身仅五寸许，所用的器皿都细小。锅如鸡蛋壳，碗如栗壳。当时人的气力很小，所以不能有开发创造之功。第二个时代多为 mioushul－miou－hsiengja。人身大约尺许，稍有进步。但不幸天灾流行，空中发现有七轮太阳，七轮月亮。晒得遍地生烟，草木尽枯，连旱三天，人民乃登山求雨。天乃降雨而连下三月不止。山洪暴发，泛滥天下。人类也灭绝。第三个时代名为 waëhsë－mei－ja，因为魔王 waë－hsë－mei 治世之故。此魔王身大无比。所有倮倮百姓织三年之布而不够裁其裤，吃七锅之饭而不饱。魔王所佩之箭包，可容一只大牛。人民不能供其食用，而魔王苛求食物，不堪其命，乃相率逃入山谷之中。不料后与猿结婚，而变为猿猴。魔王也就饿死。

到了后来，天降一神，光临下土。神名 ë－yi－l'a。此神由天上带来一粒瓜子，种于田中。瓜瓞绵绵，不久开花结实而瓜大于竹箩，高约一丈，围二丈余。常听到瓜里有人说话，天神俟其长熟，取一把长刀，先割瓜之东首，不料有二灵（ne）产出。后又割瓜之南首，产出两只狼。又割瓜之西首，产出两条蛇。天神看到产出三种毒物，大怒。乃拔刀割瓜，自北而南，分为两半。其在东半瓜中，有一男孩，名叫 a－heng－P'a；在西半瓜中，有一女孩名叫 a－heng－ma。他俩生而能言，能走，不哺乳而能自食。天神收为子女。长大聪明秀美。当时恨无别的人以为配偶，天神不得已功俩兄妹结婚以传人种。而他俩不愿。讽刺天神说："我俩亲胞骨肉，不能结乱伦之婚。"天神说："这个无妨。天将使你二人传天下之人种。勿违天意。我有石磨盘一个。吾儿取上磨盘，吾女取下磨盘。两人各立两山之巅，将磨盘抛下，使其流入山涧，视其磨盘上下相合，则汝二人可以结婚。倘不合，则从你们志愿不结婚。"于是 a－heng－P'a 及 a－heng－ma 二人从天神之言。在两山之巅各抛其磨盘。磨盘滚到涧底，恰恰上下相合。天神见之大喜。乃使二人结婚。二人格外亲睦。十个月后，一胎产三男。长子名 jcha－gk－mu，聪明俊秀，使之治理百姓，为官。次子名 jchagli－bimn，知通鬼灵，精于占卜，为巫师。三子名 Hsianë－lamu，勤于工艺，为工师。于是天下大治。由此三人与民女结婚后，乃有今世之人类。

傈僳民族的来历：远古的时候，有一聪明的木匠，能做种种木偶，毕妙毕肖，且能行动。那时宇宙间，荒无人类，除了他和他的妻及一个女儿外，并没有什么人，神匠以为这茫茫大地，倘再无人类繁殖起来，将成地老天荒。有一日神匠与其妻商量说："我现往山中削木偶，使之能行动，能言语，能饮食，且能生育，和自己的形状一样，虽你母女二人不能辨别，吾将以此传宇宙间之人种，以生以育。"其妻说："真有如此的神技么？"神匠说："我自有神术，所削之木偶，使与我的形象相同，任你母女来辨认，苟能从其中找出是我来，则我认输。"到第二日，女往山中其父所在地去送饭，乃见十三个人尽肖其父，竟不能辨出那个是她真父亲，同时自己也不能辨出那是木偶。乃把所带的食物分给十三人，归将各情告知其母。母说："你年纪小，所以不能认出汝父亲来，你父亲有一特征，吾自能辨出。"次日其妻去送饭，十三人都来取食，妻亦几乎不能辨，尽神匠和十二座木偶，一模一样，一丝一毫都相同。其妻急中生智，令十三人勿动。乃说："我带的饭，是给我丈夫的，不是给你们木偶的。"一面用此数语掩饰，一面细察十三人的面孔，见有一人，鼻上发出几点汗，知是其亲夫，乃上前搂着说："你能欺骗女儿，可是瞒不过老妻!"十二木偶乃退避山林中，与猿猴配，后产出各种人类。现在的傈僳，也是其中的一种，父是木偶，母是猿猴。因此他们喜欢树木，睡寝在木上，并以木纪年，小儿生时，即植一小松树，人死后，乃伐其本命树，察树之齿轮，以断其寿享若干。又在墓上搭以木板，以示纪念。

酒之来源：从前有一人，出猎山间，自言自语时，林中有回声，猎人以为遇鬼，步行前进时，路旁见一有盖的竹筒，拿起来闻，有臭味。猎人自言道："这不知是人尿，还是什么尿?"忽然听见回声道："这不是人尿，可以吃得。"猎人仍将竹筒放下。又一天到山上看下好的绊扣（猎具）去，路上又遇见了那竹筒，打开一闻，是香的。他因为口渴，就将这水吃了，吃下后睡倒，醒来天已将黑，于是连忙跑回家去。又一天上山看绊扣，仍又见竹筒横在路边，打开一看，其中有几块饼，他自言自语说："这又不知是什么?"回声道："人吃得，狗吃不得。"于是这人就把那几块饼，收在自己的伙食袋中，无意间，袋里着了水，回家后取出一闻，正是与那日吃的水一样味道。从此就有了酒。

罗斯、克金白兰恩《中缅交界的傈僳》第252—264页："在远古的时候，百姓触怒了天神，天神就选出一个种南瓜的人，告诉他说：'把这个葫芦种子拿去，种在地下，等它结果，现在你用不着种南瓜了。'这个人便照所吩咐的去做，他的葫芦一天天的长大，成为世上最大的葫芦，那时候，浓云密布，大雨不停的下起来，洪水升起，漫淹了世界。那个人带了他的妹子并且说：'我们把葫芦挖一个洞，躲在里面，以防被淹。'他俩在葫芦里很多天，忽上忽下，随水的涨落，后来飘流到一个有陆地的地方，把葫芦打开，他俩瞧见所有的生物都淹死完了，只剩得他俩，他们本身愿意结婚了，可是男子说'你是我的妹子，怎好结婚。'于是他俩商议说：'我们的生命，是被上天的葫芦从洪水里救出来，现在我们请求天神，他将为我们决定。'于是他们爬到山顶上，带着两个圆磨盘，一个有轴子塞在中心，另一个空着，他俩祝告道：如果空盘能和有轴的盘联合在一起，便是他们可以结婚的表示，于是他们把磨盘掷滚下山，当磨盘滚时，两个联在一起，到了山麓，于是他们在绒树之下结了婚，他们很繁衍生了几个儿子，当这些儿子长大成人后，分移出去，各人找着自己的地，后乃繁殖成各种人，但是其中有两个弟兄，彼此很相爱，他们在一起走去找地方，他们是猎人，是持弩弓的祖宗，兄以猴子为妻，其弟不知把猴子杀了，兄甚悲哀说‘你把我的妻子杀了。’于是弟乃预备些甜食物，请猴子们来吃，于是拿了其中的一个，兄甚喜悦，娶之为妻，但是其弟很怒，取弓将此猴射死，兄怒甚，将弟驱出家门，于是山神来安慰他说：‘不用悲伤，我送给你两个姑娘，你可娶以为妻。’两女子来，一个很美，一个平凡，弟乃很狡猾地用泥土涂在那个美的女子脸上，带着她们去见其兄说：‘看！我找着两个姑娘，随便你选要那个。’其兄乃娶平凡者，当其弟把那一个女子脸上的土洗去，其兄大怒，忿恨之余，将其弟推入一大洞中，而取美女为已妇，其弟在黑洞中一直往下走，后达到地下世界，一切与世上一样，有天有树，但是老虎很多，使他局促不安，于是取一树干，虎来便打，打死很多。有一蝙蝠同他说：‘你能杀死老虎，一定是个仙人，为什么还悲伤?’他答道：‘我是上边世界的人，被人驱逐到下面来。’于是蝙蝠打起精神预备把他背出地来，设如他不戏弄他。弟乃赞成，蝙蝠有九条尾巴，他握着其中的一个，渐次将要上出地来，因为他笑了一下，尾巴就从蝙蝠背落下去，其人亦几乎跌落，他又握住另外一条尾巴，因为九次违反预约，他笑了九次，九个尾巴都脱落了，只剩得一小块尻赘，他非常的恐惧，怕不能达到家。因此紧握住最后的尻赘，也不笑了。最后很平安地被带出地上。”

第四章　结　论

本文是傈僳民族志，其主要是将其族的文化的各方面客观地描写出来。至于由于其文化的事实上而引起的许多问题，如某一族的房屋建筑或交通工具的形态，来源及其与其他民族的房屋建筑或交通工具的关系，并各习俗之存在原因等等的研究，是民族学（Ethnologie）的范围。本文这个结论。实际上只是个摘要。

一、傈僳族在云南各土族中之位置与关系

我们的民族定义是这样："一个民族是一群人，有共同的文化上的性质，这些性质，是和其他的人群不同的。"本节所谓的傈僳民族在云南土族中之位置与关系，并不是指其族之文化的"高"或"低"，而是他的类属。即是说他属于那一个系统。这里我们要借语言上的结果来帮助的。根据语言来把傈僳分类的，最早是易尔斯（Eales）。见于1891年《缅甸人口报告调查》（Report on the Census of India of 1891）。他把Lishaw（即傈僳）放在藏缅系（Tibeto－Burman familz）的野人——那嘎组（Kachin－Naga group）。斯格德（G. Scott）以为"Lisaw……从语言比较上看，几乎使人自然的得到结论说，他和Lahu（倮黑）是相同的，或至少他也是和倮黑从一个族中或早或晚的分化出来的。"亨利公爵（Prince Henri de Or leans）以为傈僳与罗罗有密切关系。鼓维丝（H. R. Davies）把傈僳放在藏缅系的罗罗组。罗斯及克金白兰恩（Ross and Coggin Brown）的结论，也认为傈僳与罗罗有密切关系。佛瑞（O. Frazer）在《傈僳语言》一书中也将傈僳归人藏缅语系中。丁文江《爨文丛刊·序言》，将傈僳放在藏缅类的爨人部中。作者在怒江上游的碧罗雪山及高黎贡山各记350个单字，50句话。各字句均用收音机铅片收录下来，该片存历史语言研究所。将由专门语言的诸君整理之。但由我个人粗浅的语言知识，将所记的和戴维斯所记的傈僳及其他云南土族语言比较，也可证明傈僳是属于藏缅系的说法的正确。就是说和倮黑、罗罗、么些，窝尼是属于一个语言系统的。

上面是说语言方面。除了语言，从其他的文化分子上，也可以找出许多事实去证明傈僳的文化与其他藏缅语系诸族关系的密切，自然，在此文化分子的性质上，其流动性比较的大，特别是物质方面的东西。幸喜云南各土族，虽经长时期的杂居，因为环境对于隔离的适宜，就是说地形上和气候上区别的大，其混合程度尚不致使其原来文化形态尽失，同时其原属于一个族组的人群，虽经迁移与隔绝，尚存有不少的事实可以连贯起来；证明他们是同出一源。所谓原来文化形态是凡一民族，他的文化形态与其他民族的不同之点多。这“原来”，不是创造的意思。创造或产生问题，不在本文范围之内。

在第二章中曾提到我所调查的傈僳区域的地理环境，及其因此而将其原有文化有较完好地保存。又说到其族与汉族历史上的关系及与其他邻族居住之分布状况。在三章中，已将所能调查到的叙述出来。本节现将其族文化及生活上的特点，扼要提出，以与其他云南民族比较。但只限于普通一般现象。至于分门别类的比较研究，将来再说。简单几句话，傈僳文化及生活有以下数点可注意。

傈僳居住高山上，耕种是广种法，中国古书所谓的“刀耕火种”。一地连耕三数年，地力枯竭，便需另开新地。于是转辗迁移。农具为以木叉，于其梢包以铁片之刨为最普遍，其次为犁、锄。牛犁仅富有且人口较多之人家有之。农作物以荞麦、包谷为大宗。食具中，铁锅三脚架及陶器、盆瓮多购自汉商，竹筒、木碗为自制。用筷，每人随身携带。荞磨粉焙干成饼而食。米多以之酿酒。养蜂。房屋为长方形的支柱建筑，无窗，有火塘。无筑就的楼梯在而用一独木，上刻数痕以为磴，架于房门口以为上下之用。门无定向。材料用木、竹、石，无砖瓦。衣服用麻及羊皮为料。羊毛做成毡子，披在身上。着包头。无鞋，用裹腿。器具用竹、木、藤制作。运输物品用藤竹篓子。以肩板嵌于颈背，篓中物品以绳系于此板，绳穿过木板，顶于额间。无桥，用溜索及独木船或两独木船系于一起，无舵。家庭父系，可以多妻，但不多见。除同姓不婚。男女在未婚前社交自由，但婚姻由父母决定。已婚之妇与人交，妇与奸夫受罚，格杀勿论。可以离婚，再醮。人死无棺，土葬，坟上有暂时标记。无丧服。有酋长制度，土地人民为其所有。但其职权受么些土司节制。今改土归流，均归汉官受理。遗产（房屋、用具、衣服等）由子继承，女无权承受。无文字，传达用木刻。信人死后，及山、石、水、树均有灵（nê）。nê 多恶性。有巫师。疾病均归咎于灵作祟。请巫师杀牲畜禳除。牲血、鸡毛可以禳凶。于婚丧事项多用之。巫师父子相传。不传授弟子，但自悟。另有蛊巫，多女性为之。年、月、日以十二属计算。唱歌跳舞，多未婚男女为之。乐器之葫芦笙为最通行，作乐多男性。造形艺术不显著，衣服、用具编织物之花纹是几何式的。喜狩猎。有陷阱及其他猎具。此猎具亦即战争时之武器。最显著的是弩弓毒箭，半面鞘方头单刃的刀。其次是矛，有皮盔甲。

以上的述要，与作者所调查的其他云南土族，如么些、倮黑、窝尼、摆夷、曲子等族及其支族的文化习惯相比较，我们可以说：傈僳、倮黑、么些、窝尼，在其文化的整个的态谱上，是属于一个系统的。

二、傈僳族来源之推测

在云南的藏缅语系民族，除了极少数习惯于种水田的以外，几乎都是居住在高山地带。虽然有土地肥沃的平原，他们是避而不居，宁愿在贫瘠，但是凉爽的山巅。这是凡到过云南的，以及关于云南土族的记载上，都可以看到。他们的生活一切，也都是适应这种天然环境的表现。以地形而论，云南诸山脉实是西藏高原的余脉。地势是自北而南渐趋低下。藏缅族在云南的分布上，除了喜居高山而外，也是北方多于南方。而属于藏缅语系的傈僳族尤可表现这种状态。在垂直上，他的居住地带平均在二千公尺上下。区域上则北纬 26 度以北为数较多，以南则渐过稀少。有些因为人口增加和邻族压迫，不得已而迁移到低热带的傈僳，却因习惯不来，以致被疟病湿热气候所摧残而死亡。他们有句谚语说："如果你不怕饿，住在山头。如果你不怕死，住在低地。"由于上述的垂直和区域的分布以及他们生活的适应环境方向上去推测，傈僳族是从较高地带迁移而来，而现在因为内外压迫仍然是不断地向南迁移着。同时，他们有一个很普遍的传说，说他们是从一条河的源头迁到现居地带。这条河无论是怒江、澜沧江或伊洛瓦底江，他们的江源都是在西藏高原。

末了，我还要补充几句：本文是一九三四至一九三六年《云南民族调查报告》之一。但是一个民族的文化是包罗万象的，本文中自有不少的遗漏，希望以后能有机会补充或修正，同时也竭诚希望读者的指教。相片是作者自己照的。插图是赵至诚君绘制，今借此表示谢意。关于傈僳的体质已另著文发表。

一九三九，四，三。在昆明写完。

本书转载自国立中央研究院《历史语言研究所集刊》第十七、十八集，商务印书馆民国37年版

（本书系木玉璋同志提供）

云南傈傈族及贡山福贡
社会调查报告

西南民族学院图书馆　编

说　明

《云南傈僳族及贡山福贡社会调查报告》，是我馆收藏的解放前我国少数民族社会历史资料的一部分。其中包括《傈僳族社会历史调查报告》《贡山设治局调查报告》和《福贡设治局调查报告》。

《傈僳族社会历史调查》成稿于1945年左右。原稿署名"张征东"。该调查比较系统、全面地反映了当时怒江地区傈僳族的历史、地理、政治、经济、文化和风俗习惯，是研究傈僳族社会历史的珍贵原始材料。

《贡山设治局调查报告》《福贡设治局调查报告》。大约成稿于1945年，作者不详。它们比较翔实地记录了这两个地区当时社会的政治、经济、民族等状况，至今仍有一定的参考价值。

上述资料由于收藏日久，篇章散乱，残缺较多。我们在整理中力求恢复其原貌。主要做了下述工作：

一、为使其更为完整，对个别章节做了调整修补。《傈僳族社会历史调查报告》原稿第一章较略，我们用同期写成的较为详细的材料进行了补充。

二、原稿所用繁体字、异体字一律依《汉字简化字总表》《第一批异体字整理表》简化、统一，错别字径直改正，以便阅读。

三、原稿汉字数字今依习惯，当用阿拉伯数字的改用阿拉伯数字。

四、原稿用民国纪年，今在其后注明公元纪年。

五、对原稿重新标点。

六、原稿残缺字，能计数的，一律用虚缺号"□"表示，一字一号；无法计数的随文注明"下残若干字"。

由于作者受所处时代和观点限制，原稿不少地方对兄弟民族使用了蔑称；有些观点也不正确。为了保存存原貌，悉仍其旧，未作改动。

此稿在整理过程中得到我院科研处、学报编辑部的同志大力支持，在此谨致谢忱。

由于我们经验不足，学识水平不高，不当之处望读者批评教正。

西南民族学院图书馆

一九八五年十一月

傈僳族社会历史调查报告

第一章　民族名称

一、自　称

傈僳自称为傈僳，又自称为鲁庶扒，以上所称二语是傈僳族笼统自称之名词。查傈僳族，分为三大支系，各有自称之名词：其一为黑傈僳族，乃自称栗庶能，又自称“日尼那扒”。其二为白傈僳族，乃自称傈僳铺，又自称日“勇伯扒”。其三为花傈僳族，乃自称傈僳迦楞，又自称曰“楞梅扒”。

二、自译本族名称之意义

傈僳二字，为本族自称词之语根，在本族语文中，本义难于解释。其第二自称之鲁庶扒三字，可从本族语文中解释其意义：所谓“鲁”者，傈僳语“石”也；所谓“庶”者，傈僳语“生”也；所谓“扒”者、傈僳语“人”也。“鲁庶扒”三字，直译之则为“石生人”，□□□傈僳长居石岩之顶，而得其名也。“鲁庶”二字，么些族人也称本族（傈僳）之名词，于么些象形文字经典中常见之字，写作。在《毕扒果苏》及《措波萨》等书，或简写为字，或又写作字，意为傈僳打竹签卦也。

盖本族（傈僳）与么些族有密切之关系，其统治之土司、头人多系么些族；本族无文字，而么些族有原始象形文字，其记载于该族之经典者，系属可靠之名词。笔者研究么些经典有年，可以将二字，训诂其义：

“”字本为人戴石之形，读如（lǔ），鲁者，石也。故上为。下为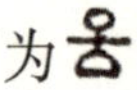，即取从石从人之义。假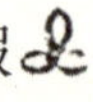字之声而附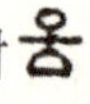之形，为形声字。字本骰子之形，上加三撇，读如庶。庶者，草也，假借解为生，为假借字，合组为则指人类（傈僳族），与本族语中所释之意义相同，故引之为证。

在本族之邻，除么些族外，尚有德钦之古宗族，维西之西番族及喇吗（嘛）族，兰坪之民家族，贡山之俅族，福贡之怒族，该六库语言互异，而均称傈僳族为鲁庶，于此可证（Iv－Isvy）之词，不唯本族之自称，亦系他族称彼之名词也。

黑傈僳自称为傈僳能。查本族（傈僳）语，“栗庶”等于傈僳；“能”等于黑也。“栗庶能”直译为傈僳黑。因本族（傈僳）语文法组织有异于汉文法：每为名词在前，形容词在后，“栗庶能”意即为黑傈僳也。于后又自称为“尼挪扒”。傈僳语中“尼挪”为维西，“扒”为人，盖指为驻维西之傈僳族也，并表明由维西傈僳族系分派之族类矣。

白傈僳自称为栗庶铺。查傈僳语，“铺”等于白，“栗粟铺”等于傈僳白，即白傈僳之义也。于后又自称“勇伯扒”。查傈僳族语，谓永胜为，（iy－lpy）也即指明由永胜傈僳族系中分派之支也。

花傈僳自称为栗庶迦楞。傈僳语，谓黑白相间者为“迦楞”，花之意也。“栗粟迦楞”意谓花傈僳也。于后又自称为楞梅扒。查傈僳语，称恩梅开江为“楞梅”。所谓楞梅扒者，盖指为住恩梅开江之傈僳族也。

三、汉族对本族之称谓

汉人称本族为傈僳，由于本族自称之二字之音译，而汉人向无一定之音标工具，乃随意就其音之相近者注之，竟有十种不同之字样，作：栗粟、力苏、力梦、傈僳、力些、傈傸、力梭、俚苏、傈僳等。

以上虽有种种不同之字样，然皆就其字之声母，凡汉字近于（l）字之音者注为：栗、力、傈、黎、俚、傈等六字，标其第一音；又将字（sū）之声母，凡汉字近于（s）字之音者，注为粟、苏、梦、僳、些、傸、梭等七字，用标第二音。然皆不出乎（lisū）二字之音也。

查本族傈僳之名称，载于汉人典籍者，不一而足。最先为唐樊绰之

《蛮书·名类第四》作“栗粟”。“栗粟二姓蛮……皆乌蛮、白蛮之种族……”。

宋、元二代史乘里未曾发现，或许笔者不注意及之。

其次又见于《木氏宦谱·木青传》作“力苏”：“万历二十五年，云龙洲力苏抢五井司提举皇盐作耗奉总兵官征南将军太师黔国公沐武靖昌祚及两台明文，亲领兵征进，杀获八（十）三级，蒙奖花牌表里。”

又其次见于明杨慎《南诏野史·南诏蛮夷种类》四十条作为“力些”：“力些，即傈僳，衣麻披毡，岩居穴处，利刀毒矢……以制服西番……”。

又见于清顾炎武《天下郡国利弊书·云南五》作：“力些，惟云龙洲有之，男囚首跣足，衣麻布直撒披以毡衫，以毳为带束其腰。妇女裹白麻布，善用弩，发无虚矢。每令其妇负小木盾径三四寸者前行，自发弩，中其盾，而妇无伤以此制服西番。”

又见清毛奇龄《云南蛮司志》也作“力些”：“澜沧卫有力些贼，每聚众杀人，烧庐舍。宣德初，招纲巴罕入贡，夺其贡物。”

又见于《续云南通志·南蛮志种人》作为“傈僳”：“傈僳相传楚庄蹻开滇时便有此种。无部落，居姚安、大理、永昌、（丽）江四府。其居六库山谷者为最悍，其居于赤石岩金江、边地与永江连界者，依树木岩穴，迁居无常。”

又见于清余庆远《维西见闻录·夷人篇》作为“栗粟”：“栗粟近城四川，康普、弓笼、奔子栏皆有之。男挽髻戴簪，编茅草为缨络缀于发端，黄铜勒束额，耳带铜环，优人衣旧则改削而售其富者衣之，常衣杂以麻布织，皮色尚黑，挎及膝、衣齐胯，腰裹白布。妇挽发束箍耳带大环，领盘衣，系裙曳袴，男女常跣。喜居岩峦绝顶，垦山而种，地瘠则去之，迁移无常。刈获则多酿为酒，昼夜沉酣，数日尽之。粒食罄，遂执劲弩药矢以猎，登危峰石壁，疾走如狡兔，妇从之亦然。获离兽，或烹或炙，对坐共食，虽猴猿亦炙食。凡烹，俟水一沸即食，不尽无归。餍，服采草根树皮食之。取山中草木为“和合药”，男女相悦，暗投其衣，遂奔而从，跬步不离。婚以牛聘，丧则弃尸，不敬佛而信鬼。借贷刻木为契，负约则延巫祝，置膏于釜，烈火熬沸，对誓置手膏内，不沃烂者为受诬。失物，令巫人卜之，其人也以此法明为。触忿则弩刃俱发，著毒矢处肉，辄自执刃剜去。性刚，很嗜杀，然么些头目、土官能治之。年奉头目麦黍共五升，新春必率而拜焉。栗粟种类在滇省夷中为最劣，维西者杂处于各夷中而受治于么些族犹较驯顺”。

又见于清《盐源志·种人》作为：“傈僳”“傈僳即栗粟，居于雅砻江谷之崇岭，为爨蛮之种族，刀耕火种，迁徙不常……。”

又见于清顾祖禹《读史方舆纪要》作“力梭”：“铁索箐在县西北，逶迤千里，山阿水限，溪径深险，夷人每聚于此恃险出没，剽掠几百余年。万历初，铁索箐力梭夷叛，抚臣邹应龙讨之，七十二村悉平”。

又见于克勒脱纳《云南地理考察报告》内有《关于栗粟种族之考源》作“黎苏”。“黎苏人，乃藏缅族之一支，彼等现在似尚继续向南迁移。其居地为高山，与住于山谷低处之掸人，恰成一个对照。”

又见于和锡光《中甸县志稿·种人》作为“俚苏”。“俚苏，即《通志》所称之傈僳也。居于金沙江畔之峻岭崇峰间，种荞麦而为食，织麻缕以为衣。喜猎，射则必中。性狡悍，好杀戮，惟敬畏么些头目。”

又见于《中央制定改正西南少数民族命名表》订本族之名为“傈僳”。

以上有书所载固有十种之不同，字样虽殊，读音则近，其实则指傈僳之一族而已。

四、本族对其他民族之关系

本族（傈僳）向无部落，迁移无定，与各夷族杂居，每因环境与其他族之关系。所以形成黑傈僳、白傈僳、花傈僳三支系。兹就该三族之如何形成一及与他谈之关系，分以下三项详述如下：

（一）黑傈僳与么些族发生关系

黑傈僳之社区，其中心地带在维西近城西山、康普、叶枝、工笼、奔子栏及金沙江上游中甸县属之江边境，丽江县属之鲁桥乡之高山上，其住地多与么些族接近。或通婚姻，或互相交易，彼以往来，联络情感，且本族（傈僳）最爱吸收么些族之文化，仿其俗习，循其礼教，甚而服饰也喜改为么些装束，学么些语言，能操么些语者极其普遍，并且统治本族（傈僳）之土司头目，多系么些族人。因此关系尤为密切，于无形中发生同化作用。吾人推其远因，在清嘉庆八年，傈匪恒乍绷叛乱，云贵总督觉罗琅玕讨平之，乃悉么些头人、土官能治服傈僳之情形，作善后之设施，即具奏折，奏请慎选头人，分路管束。查此次所委之头人、土官，俱系么些族选派。禾君相为中路之头人，管治维西属之舍根登、喇噶洛等寨，及丽江属之树苗、小甸等八处。又选派钱现、禾世昌二人为北路之正副头人，管制维西属之吉根、兔别多等十八处。又选派和畅、傅国相二人为南路之正副头人，管制丽江属之多依、卫达等九处。又选派和鸣皋、肖汉远为东路之正副头人，管制丽江属之鲁甸、独木村、栗地坪等八处。又选派扎安、杂其二人为澜沧江外之陇戛正副头人，管制江外陇戛、橄榄木等十一处。每处都设有么些头目，妥为约束管辖傈僳夷众，安辑地方。所以黑傈僳，依么些之政教，学么些族之俗习，熏熔陶冶，潜移默化，很有逐渐同化之可能。今举实例证明之：么些族于农历正月初，必举行“祭天”之礼，而在维西属、中甸属、丽江属之傈僳亦举行“祭天”之礼也。么些妇女服装，戴缁布髻，著长布袄，系麻布围腰；今傈僳妇女亦去其挽发束箍之头饰，而戴缁布髻也。去其短麻布对襟盘领衣，而着蓝布沃也；去其麻布短裙，而系麻布围腰也。傈僳之男人亦去其铜片勒额而戴瓜皮小帽也，去其麻布及膝之对襟衣，而着白布汗衣也。且农耕之工具多模仿“么些式”之形式而制造。盖不久将来必被么些族同化，因环境之关系而然。

（二）白傈僳族与汉族之关系

自傈僳族之社区，其中心地带在永胜之五郎河、蕨菜坪及宾川之感古山、姚安之铁索箐，保山之登埂、鲁掌、卯照、六库、老窝等土司地，与汉人错居。其统治之土司头目多系汉人。因有政教、俗习、贸易往来，有迫（密）切之关系，所以白傈僳族多能操汉语，尽量吸收汉人文化、婚丧、礼制，每喜仿汉人俗习。其住宅之大门贴春联、门神等物，其男女服饰亦多改为汉装，农具什物等亦模仿汉制。盖汉人文化水准高于傈僳之上，且汉人文化有潜移默化之伟功。因此，白傈僳族为汉族半同化之演进。是以白傈僳文化水准，较诸黑傈僳族进化，但白傈僳之性质染着汉化之奸诈，不如黑傈僳之诚朴也。此亦由于环境之关系而使然矣。

查白傈僳族固有特殊之言语，其语词中多参着汉语之名词，其原因乃白族之语言词句有限，不能表达其意见，又不能创出新语词，故借用汉人之语词，以补其缺陷而为易于表达意见之工具。所以形成白傈僳语之主因，也由于与汉人种种关系故也。且白傈僳族，除对本族讲白傈僳话外，其接触最多者为汉人。例如，有交涉诉讼之事，必申请汉人排解之；交易往来，必与汉人谈商之。自应学习汉语，为白傈僳族之切身需要也，盖白傈僳族在不久将来，必被汉人文化同化之可能。此无他，亦由环境之关系而然也。

（三）花傈僳与汉人发生关系

花傈僳之社区，其中心地带在腾冲之滇滩、古永、狼牙山、明光、鲁仰各寨及龙陵之平戛、六根、象达各地，亦与汉人杂处。其宰官、头目亦多系汉人。互相通婚为亲戚，互相交易为朋友，与汉人关系比白傈僳族尤为密切。农田耕种方法弃其刀耕火种之古老式，而采用灌溉稼穑也。其主因，由于气候温热、土地肥沃所致，受汉人农作影响而成。故花傈僳族之生活每仿效汉人为标准，于无形之中受着汉人之支配。故花傈僳知汉礼，能操汉语，在傈僳族中属较优秀、较前进之分子矣。花傈僳不唯能吸收汉文化且受西欧之基督教化。自英传教士傅能仁（J·O·FRAIER）用拉丁文发明傈僳字，译就傈僳语之《圣经》，始传受（授）于龙陵社区之傈僳，继续扩广到各处之傈僳寨后，向之无文字者，今则能记帐（账），写书牍，立契约也；向之无宗教者，今则祈祷上帝而忏罪恶也（此节关于宗教及文字问题俟于第四章《宗教及信仰》一文中详述，兹从略）。但其文化愈进步而其人性质愈虚伪。花傈僳族因环境之熏陶，一面吸收汉文化，一面又吸收基督教文化，既不能彻底了解汉文化，又不能明白基督真理，所以形成虚伪之流，远不如黑傈僳之自然浑厚。

以上三项所述，是为本族（傈僳）被文化较高之汉族及么些族与基督教之发生关系，而演进同化之情形矣。

至于俅子、怒子二族，又被本族（傈僳）所统治，而发生同化之关系。查知子罗上帕二设治局之傈僳，为怒子、俅子村落之伙头、排首、甲长等职，管理赋税及一切行政事项，所以俅人、怒人每有事务必与傈僳协商。其接触时间比较为多，有诉讼者，求傈僳头目排解之；有疾病者，必请傈僳“尼扒”禳除之。于无形之中，该怒、俅二族，已直隶于傈僳族之下也。是以怒人、俅人以种种之关系，有学习傈僳语之必要，而怒人、俅人亦多通傈僳语，以便互相沟通文化。所以傅能仁（J·O·FRAZER）所译成之傈僳文《新旧约全书》可以在怒人、俅人社区内传教，俅人、怒人能读傈僳文之《圣经》者，因能通傈僳语故也。此系傈僳族文化较俅人、怒人为高，而怒人、俅人又被傈僳同化也。且傈僳族每恃其强悍，压迫俅人、怒人，苛征暴敛，而俅、怒人民不敢反抗。倘傈僳族人或被怒、俅所戕害，则傈僳头目索其“尸骨钱粮”屡世不绝。现贡山毒（独）龙江之俅子，犹上纳嘉庆年间之尸骨钱粮。故俅、怒二族每畏惧傈僳族。此为环境势力之关系而演变成之公例矣。傈僳社区之东北部，为康藏属之古宗与西番，然古宗、西番，索号凶恶，而受制于傈僳。古宗虽勇猛，不敢南下而犯其境界，西番虽狡悍亦不敢西进而凌其民人。该二族常畏惧傈僳，盖有其毒矢也，并畏其善射也。傈僳自卫之武器，唯有硬弩与毒矢，然其射击也，百发百中，触之者立毙。所以傈僳能控制西番与古宗之作患。此则傈僳与其他族发生戎事之关系矣。

五、与汉族混合情形

在上节（二）（三）项中，白傈僳、花傈僳二族与汉人之发生关系，已曾详述其梗概。兹将本族（傈僳）与汉族混合情形，当详志于后。

自贡山、福贡、碧江、泸水等处设置设治局后，汉人来傈僳社区者日益众多。殖边军队之驻防，商贾行旅之往来，先后接踵而至，混合情形，日益复杂。或相互贸易，以通有无；或“打老干”，联为弟兄；或通婚姻，结为夫妇。寄居傈僳社区之汉人，就地学说傈僳话，而本族（傈僳）亦从汉人学汉语。言语间的隔阂，日渐沟通，感情上之联络，日益亲善。汉人子弟随傈僳而生活，傈僳妇女亦与汉人而歌舞。且各设治局区，推行普及教育运动，成立国民学校，勒令傈僳儿童入学读书，能识文字通文理者不乏其人。现在国立丽江师范学校中傈僳族之受业者，有窦桂生、和桂芳、木维修等三人，都识傈僳字，并识汉字，在校成绩，每列优等。从此汉、傈渐次混合，努力推行政教，通商惠工，奖励互相通婚者，则不难与汉人同化，团结而成国族主义。于是国防巩固，边患无虞也。

然傈僳秉性凶悍，汉人赋性奸诈，其混合也，两相不能持久。故每每混合之后，初以互相轻簿，继以互相嫉妨，终而互相交害，乃演出种种惨剧！凡汉人之到傈僳社区者，每欲逞其威势，压迫边民；而傈僳对于汉官与汉人，都认为可杀。每持其弩弓毒矢、快刀等武器，趁其酒醉，杀害汉官，俘虏汉人，大歌《造反曲》以为荣。

兹录《造反歌》之原音（略），并歌词意译附后：

我的鸡包戳进爱人的肚里，
你的屃儿紧紧地套住。
汉人的布就是我们的布呀！
汉人的米就是我们的米呀！
快把汉人的头颅杀得切萝卜似的切又切。

傈僳于酒醉饭饱之余，愤泄其夙怒夙怨，剑拔弩张，高歌造反曲，包围汉家营，大肆猖狂，逞其兽性，不忌汉人枪炮之厉害也，虽饮弹狼藉而死亦不顾（乱）矣。于是演成戎事之混合矣。查傈僳族之戎事混合情形，散见于志乘者不一而足。如毛奇龄《云南蛮司志》所载："浪（澜）沧卫，有力些贼，每聚众杀人，烧庐舍。宣德初，缅甸招纲巴罕夺其贡物，而射死其子……上命都督沐昂发鹤庆、顺宁土汉官兵分剿，二贼俱平之。"）

又载张履程《明黔宁王沐氏世袭事略》："正统元年，四川、会平、黎溪贼矣的诱合土寇底泊等，啸聚金沙江，晟遣弟昂除之。"（按：沐晟遣沐昂而立其功）

又载："宣德元年平浪（澜）沧（沧）力些等寇"（按：沐昂之功绩）

又载："万历元年，铁索箐力些夷叛，昌祚同巡抚邹应龙讨之，七十二村悉平。"（按：沐昌祚之功绩）

又载丽江《木氏宦谱·木青传》："万历二十年，云龙州力苏抢五井司提举皇盐作耗，奉总兵官征南将军太师黔国沐武靖公昌祚及两台明文亲率兵征进，杀获八十三级蒙将花牌表里。"

又载于《云南通志·秩官志二》："雍正七年，王仁率众投诚，授土把总后，从征傈匪有功，授临城土把总世袭。"

又载《秩官志·土司二》："雍正七年，夷目喃珠、工笼从征傈匪，以功赏给土千总准世袭。"

又载《铁官志·土司二》："雍正七年，王连带练从征傈匪阵亡，赏西路土把总。"

又载《秩官志·土司二》："乾隆七年，土人赵谟从证岩瓦傈匪，以功授浪江土把总世袭。"

又载师荔扉《滇系事略》："嘉靖四年已末，八月癸亥，维西力些藤鲊蜂（按：觉罗琅玕《王夷碑》作恒乍绷）纠众作乱，总督琅玕公驻剑川，集兵剿之，愈年始授首。余众就抚。”

又载《滇系》：“力些藤鲊蜂，知医药，所治病即愈，只博酒食，却钱币，诸夷咸相亲爱。驻防某千总赫以邪教，得赂方止，已非一次，继之者大有所欲。诱而系之空室。于是夷众愤怒，持械劫之去。驻防以作乱报，维西协付将即令千总以兵五十征，拒捕反斗，伤兵十余人，并杀千总，事遂未可已。夫朝廷设驻防，原为保民，乃以数千之生灵，数万之库帑，徒供末弁之一激，司其事者，盍亦反而自审哉!”

又载云贵总督觉罗琅玕《平夷碑记》（碑在石鼓江边）：“古有京观，所以示武功矣。嘉庆七年正月，维西傈匪恒乍绷勾结滋事，蔓延千有余里。余奉命督兵剿办，派拔（拨）将弁，分路搜捕。自七年二月至八年九月，始将逆首恒乍绷及其家属一并生擒，凌迟斩首，明正典刑。而各路领兵文武，于临阵击杀之外，斩获首级并将著名贼目及助逆颗（伙）党擒拿尽净。先后押解来营，于各处斩枭示众者，不下仁（两）千余人。蠢尔顽夷，生当圣世，胆敢于光天化日之下，共作不靖，骈首禽诛，固由自取；而目睹累累枯髑，以甚恻焉。事竣，命有司各就其地掩埋之：土冢岿然，盖以示戒，非以示武！爰记其事于后，使群夷能目而知警云。大清嘉庆八年，岁次癸亥九月×日立。”

又载陈宗海《丽江府志略》：“嘉庆七年壬戌，维西傈僳恒乍绷作乱，总督觉罗琅玕讨平之。恒乍绷，浪沧（澜沧）江外傈僳，幼学为端公，占卜疾病，人称为‘沙尼（活佛）’，在康普打鼓念经，夷众悦服。头人禾昆仁惧惑众，责而逐之。六年冬岁，欠大雪，众傈僳向康普古刹借粮，不允。恒乍绷逃，挟禾昆仁责逐之嫌，遂纠众抢劫。总督觉罗琅玕往剿，江内外傈僳纷纷投降，恒乍绷逃往江外，官兵分别撤留。七年冬，江内降夷复勾结恒乍绷劫掠各村寨，上命琅玕再往剿。八年九月擒恒乍绷斩之，并掘其祖墓，傈僳平。”

又载于《续云南通志·秩官制》：“嘉庆七年，禾良斗带营练从征康普傈匪，以功赏载（戴）蓝翎，世袭阿墩子土千总。”

又载《秩官二》：“嘉庆七年，桑上达从征康普夷傈僳，以功赏戴蓝翎，授阿墩子土把总世袭。”

又载于《维西县志稿》：“咸丰六年冬丙辰，县属傈民挖暑扒作乱。共济区江外小谷日，傈民挖暑扒为办金厂与汉人杨灿争讼，被诬，怨官府，乃降神聚众，以铲除不良政府为名，内外沧江夷民应之，来犯维城。至大坝心、腊普湾一带，官军抵御，剿办得力，两月而扑灭。杀首恶百余，绿营及团练队亡四十余人。”

又载于李根源《滇西兵要界务图注》：“左抚夷，茨竹隘土守备也。四川华阳籍，其祖左万象，永乐时从征，以功袭漕涧土都司。次子文伟，率弩手来防明光，乾隆间从征称杆有功，授世袭茨竹土把总，传至大雄。道光二十一年，剿平滇滩处傈僳之乱，征服傈僳野夷二百余寨，伐旧荣山里麻地之野夷，皆诚服，受大雄管理。群众称大雄：‘虎将军’。”

又载《维西县志稿》：“民国五年（1916）丙辰春正月，兰坪傈匪雀才保率众入寇，兰坪属石登村县佐詹盛全为禁烟，办理太辣，激成民变。江东西里傈人闻风而起，戕官据署，举傈匪雀才保为首，分道入寇。一股由兰坪人剑川，一股人维西出鹤庆、丽江。风声传来，中维游击队中队长张勋臣率队至拖别抵御。匪众兵单，退回。初十日，雀才保率众二千余人，自西山蜂拥而来。一股由树苗路至北箐道，一股由微子坡至城西脚。由北箐道东之贼匪，得邑之勇敢士卒并游击士兵于团龙山顶用大炮轰击，不敢进而退。南城脚来之股匪，又得团兵苟景春等用枪击毙，贼匪丧胆亦退。两处得利。匪退守日登一带。后数日，维西县长余斌查烟回衙，中维游击队长马贵堂率全队兵士亦到，乃进攻。在日登、维登一带共击毙匪人千余名。我邑阵亡游击士兵、民团十六人。”

又载张光宿先生《旧存档案》：“民国八年已未五月，石鼓傈民楚三扒，由三仙姑作乱。石鼓里民熊祥报称：‘傈僳匪类数百集于干于化羊场之地（三仙姑山上），将石支甲牛、马、羊子尽行抢去，甚是猖獗，民心惶惶。’丽江县政府派团防大队往剿，大战于红石岩下。不幸大队长和令德被匪击毙阵亡。六月，拖支张光宿率壮丁三百余搜索匪踪，生擒渠魁楚三扒并伊子三人、侄二人。查此次傈匪滋扰，当经先后令饬防堵剿抚兼施在案。现楚三扒、怒子扒均已擒获，仅饶喜扒一匪未获，……缉拿务获究办。查近日傈匪自行到石鼓投降受抚以及堵获后安抚者甚众，均各发给食米与包谷凭单，饬令回家，各安生业，勿再躲避游荡。……自行回家受抚无所有者若干，亦应呈明，以便一并筹给予种，免致饥寒无告，挺（铤）而走险。楚三扒讯明取供，电请正法，阿姑麻首级持往木取底悬示。其余各犯讯明，分别律办。”

又载《维西县志稿》：“民国九年庚申夏五月，哀署渴傈人密喜叛。哀署渴村傈人密喜同二三夷民在该村后山岩洞假观音菩萨降灵，谓‘夷人当兴，汉人当灭’。此间夷人纷纷赴会上香求佑，本无作乱之心。后，丽江县属三仙姑击散傈人，闻风来附，始酿成杀伤偏天阁村甲长曹嘉龄之事。政府乃派兵攻击，计杀男女三百人。正严行搜罗间，奉大理卫戍司令部电文：‘不得蔓引株连，妄杀无辜’电训，乃止痛剿。斯役也，维西县长屈之春，事先不派员查办，临时也不亲往弹压，使无辜夷民，死于枪林弹雨，或死于冤枉法庭。噫，可叹矣。”

又载缪梅一先生《沧怒丽江见闻录》：“知子罗、上怕（帕）两属，原系云南土司地，既有沧、怒两江之险，又有怒山之万峰重叠。该地傈僳怒子，自成部落，内地人士足迹罕到。人民秉性强悍不驯，常到沧江内地抢劫汉人民家；或外越俅江压迫怒子，强收粮税。前清光绪年间，因杀死游历之德国人于现在上帕所属之地方，以致引起外交，才派兵进剿。但是仍认怒江为蛮地，事后又置之不闻。直至辛亥革命成功，李根源派委任宗熙为怒、俅殖边正委员长，景绍武、何泽远为副委员。任、景两员率拓边队八十多（人）至丽江，分路并进。任率队四十名，由富川入上帕；景率兵四十名，由营盘街入知子罗。该地土人，聚众顽抗，不愿归顺，并以弓弩、毒箭，屡伤官兵，后来终以弓箭敌不过枪炮，才投降归服。从此以各队镇慑两地，经营拓殖，到民国五年，才将两地改为行政区域。而土人仇视汉人之心，终不能泯。民国六年，又聚众作乱，围攻公署。幸知子罗董委员早有防备，未致受害。此次平定以后，至今相安无事。”

又载《贡山志略》：“民国二十四年乙亥，福贡全属傈僳变乱。当日行政委员包维德苛政枉法，民不堪命。戕官之议，隐图欲发，惟事未成果，包委员即行交卸。继任者为施国英，卷土从（重）来，贪婪剥削，滥用私人，民苦于水深火热，于是祸肇萧墙，事遂不可已。结果施国英竟罹于难。然事非偶然尔。其来者渐乱至严重时期，而傈匪贪多务得，竟将官府财资，均分一空，掳去银元万余元、黄连千斤之巨款。旋奉马委员莅任，觊觎财资不置，严格询究傈夷，至是民怒沸腾，蠢尔蜂起，乃演成第二次变乱。傈匪等飞传‘木刻’之兵符，格杀汉人。先后扑袭贡山，与贡山傈民活动联络，希图联合战线，共灭汉人。所幸贡山新任局长张照鹏精于兵略，布策有方，防堵于腊早附近，亲身督战，匪未得逞。不久北路阿墩独立连队伍，叶枝土司王嘉禄土练来援，南路大理第一旅队伍不分星夜，拨来一营，碧江、兰坪、维西各县局常备队及民团，四路围攻，鏖战于怒江峡谷。是役也，傈僳与汉人之无辜伤亡者，经济财（产）之损失者不可数计，边民事变中之空前惨剧也”。

又载于《维西县志稿》：“民国二十六年丁丑，维西娃平箐、阿化洛傈僳别鲁事变。先是夷人射猎飞鼠，不幸射中同党，创伤喉咙，即毙命，亦来诉讼及官府。然此事欲盖弥彰，不能隐蔽，被舍根登乡长吴魁斗探悉，前来纠讼挑拨，惩罚黄牛七头，意图私囊中饱，缔造未能如愿。于是怂恿是非，潜害夷民。事之起也，缘傈米底一夷女，嫁至水巴洛，牵回一头瘦牛，系婚聘财礼，中途遇雪，至宜其底村，疲睡不行；夷众聚集屠牛，被诬约会造反之说，以为报复。众夷忿激，曾缉拿乡长，欲和解，未获。彼时夷众狂波，殊为猖獗，演成混战之局。愚顽之潜伏意识，众志成城，事变之导火线爆炸焉。互相杀害抢掳，焚烧庐舍，有不可向迩之势。官府发官往剿，始能克服。是役也，诬良为匪，逼民多事，事虽寝矣，而边民无谓之损失引人起无限之嗟叹。”

吾人从上面记载中，可深悉傈僳与汉人混合后，每演出戎事之惨变。推其因果，多由于为官宰之汉人，多示（是）贪婪赃污之辈，苛征暴敛，欺诈傈民，愈取愈求，不堪其命。而傈僳狡悍成性，杀戮为能，饮恨汉人之见欺，积忿汉人之凌辱，忌妒汉人之享受，习仇视汉人汉官，杀身分尸以为乐。且驻傈僳社区之汉军，以及贸易边地之汉商，多系奸诈之徒，自私自利，盘剥傈民，欺之侮之，用其种种伎俩而凌辱之，蹂躏之，戏弄之，俾傈民无以自容，无以自忍，无以自耐，饱受着诸多不平条件所压迫，是以傈僳自由之天赋，似有被汉人夺去，竞相谓曰：“汉人没有好的，乌鸦没有白的。”对于汉人之印象，有如是之恶劣焉。而汉人之与傈僳通婚者，结朋者，“打老干”者，初则亲密，继而松懈，久则欺侮，每每辜负傈人之诚挚及触犯傈人之忌禁，藐视傈人知识低劣，甚而奸其妻女，骗其财物，控制其生活。所以傈汉混合不久，汉人有轻蔑傈人之态；傈有痛击汉人之心。彼以恳直而受愚，此以骄（狡）诈而逞威；向之联为姻娅者，今则成寇仇矣；向之联为朋友者，今则成冤家矣。傈民固非久屈而不振者，亦非畏人而不敢动者，偶触其怒，该傈民成群结队，张其硬弩，上其毒矢，拔其快刀，趁其酒兴，逞其兽性，将围着汉家营，活捉生擒，剥其皮，分割其尸，以泄其不平，演成种种惨剧。此无他，来傈僳社区之汉官汉人，只知图利而混合，而不能作精神团结耳。倘汉人与傈我无尔诈，尔无我虞，互相联络情感，互相团结精神，边地之一切情形，谅解之，体恤之，亲善之，感化之，则傈僳胞虽曰顽冥、自必降服。孔子曰："言忠信，行笃敬，虽蛮貊之邦行矣。"傈胞之向化心情，服从政府，有十二万分之热情，每对汉人认为优秀民族，尊之敬之，奉戴之，信服之，如印地（第）安人之欢迎美国人也。今政府委任边地官吏，宜注意人选，具有良好道德，了解民族意识者，方可委任；则边地傈胞熙熙向化，能得优游于青天白日旗帜之下，而归化为国族矣。

六、独居之中心地带及分布地区

傈僳民族之中心分布地，多在云南西北部横断山脉中之高原与浪（澜）沧江、怒江、恩梅开江之峡谷地带中。在东经九十八度到九十九度三十分，北纬二十五度到二十七度三十分之间。住于云岭山、碧罗山、高黎贡山岩谷里，分属于维西、贡山、福贡、碧江、泸水、兰坪等县局。人口约十万余，自耕而食，自织而衣，竟不履城市，可谓为独居之中心地带。

其他散布于雅砻江、金沙江、恩梅开江及怒江、曲江、（澜）沧江下游之陕（峡）谷里之村落，亦复不少。兹就散布于雅砻江流域者，如四川之盐源、盐边、冕宁、会理等县之山谷高峻处有傈僳之村落。而散布于金江流域者，则中甸、丽江、宁蒗、永胜、华坪、宾川、大姚、元谋、武定、永仁等县局之江边峡谷高山上都有傈僳村落。在恩梅开江流域者，如滇缅北段未定界之江心坡及腾冲之古勇、狼牙山，登埂、滇滩、明光土司地，其住民多系傈僳。在怒江流域者，如腾冲、龙陵、镇康、路（潞）西、盈江、莲山、陇川、瑞丽等县局之高山峻岭，亦有傈僳村落。在浪沧江流域者，除中心独居地带之贡山、福贡、碧江、维西、兰坪等县局外，尚有剑川、洱源、漾濞、云龙、大理、蒙化、永昌、顺宁、浪沧等县均有傈僳山寨。

第二章　地理环境

一、地　位

（一）位置：傈僳居于云南西部、北部并滇康交界之县区内。

（二）面积：傈僳住地之面积甚难计算，因傈僳现已无独居之地带。现姑就地图上之比例尺将有傈僳居住地区之总面积约略计算，大致在十万平方公里以上，但实际由傈僳居住使用之土地面积，则难统计。

（三）疆域：云南境内有傈僳族居住之地区为宾川、大姚、元谋、武定、永仁、永胜、华坪、丽江、中甸、维西、兰坪、剑川、洱源、漾濞、云龙、顺宁、澜沧、腾冲、龙陵、镇康、宁蒗、潞西、盈西（江）、连山、陇山（川）、瑞丽、泸水、碧江、福贡、贡山等县区及滇缅北段未定界内毗连泸水、碧江、福贡、贡山等设治区者，又西康之冕宁、会理、盐边、盐源等县亦有傈僳居住。

二、地　形

（一）地势：傈僳居住之区域多地势高峻而少有平原沃野。各地海拔平均多在2000公尺以上。

（二）水流：傈僳分布地区内之主要水流为恩梅开江、金沙江、澜沧江、怒江及雅砻江五水，而沧、怒两江流域傈僳分布尤为密集。

（三）山脉：傈僳分布地区内之主要山脉为云岭、怒山及高黎贡山三脉。其他均属此三主脉之支脉。

（四）地质：傈僳住地多在滇康边地之山岳地带。其地层表面大部分为中生带之水成岩，以石灰岩为主，下为古生代之火成岩，以花岗岩、斑岩、闪绿岩为主。

（五）土壤：傈僳住地之土壤多欠肥沃。就吾人常见者，以砂土为多，亦有一部分填土。

三、气　候

（一）温度：傈僳居住地区之温度少有记载者。兹将新运总会第一边胞服务站及维西天主堂所作之维西县城温度记录择列于后，以供参考。县城海拔2350公尺，距最近之傈僳村落不及三十里。

1. 新生活运动促进总会第一边胞服务站（民国）三十二年（1943）十一月至三十三年（1944）十月所作之维西县城室内温度记录平均数（第一数为晨间六时之平均数，第二数为晚间七时之平均数，均按华氏表计算）。

（民国）三十二年十一月：43°～57°；十二月：38°～52°

（民国）三十三年一月：36°～50°，二月：43°～51°

三月：48°～57°，四月：55°～61°，六月：68°～72°，

七月：68°～71°，八月：65°～71°，九月：65.4°～68.6°，

十月：58.6°～62.7°

2. 维西天主教堂（民国）二十八年（1939）二月至二十九（1940年）三月所作之维西城室外最高最低温度记录（第一数为最高温度，第二数为最低温度）。

（民国）二十八年（1939）：二月：17°～1°，

三月：19°～2°，四月：18.5°～2°，五月：27°～6°，

六月：28°～15°，七月：27°～14°，八月：28°～14°，

九月：25°～11°，十月：22°～6°，十一月：21°～2°，

十二月：18°～（－1.5°）

（民国）二十九年（1940）：一月16°～（－1.5°），

二月：18°～0.5°，三月：18°～1°

以上系从摄氏表计算。

（二）雨量：傈僳住地之雨量材料现已阙如，故只得引用维西城及小维西村两处材料如次：

1. 维西城（民国）三十年（1941）各月雨量：

一月：3.5，二月，三月：41.3，四月：125.9，

五月：92，六月：233.8，七月：124.5，八月：289，

九月：53.4，十月：126.8，十一月：17.7，十二月：0，

全年共计 1158.9 公厘

2. 维西县城康弯乡之小维亚西村（民国）三十年 1941 全年雨量为 1104.7 公厘。上列二处均由天主堂纪录。

（三）风：沧怒两江流域每年十一月以迄翌年三、四月多为西、北风，四五月后转为东、南风。

（四）温度：此项材料现无法获得。

四、物　产

（一）动物：傈僳住地多山，故动物除家畜外多禽兽之属，如虎、豹、獐、鹿、麂、熊、山驴、马麓（鹿）、猿猴、獭、野牛、羚羊、麇（麋）鹿、兔、狐、豺、狼、飞鼠、鸱鸮、鹞（雕）、鹊、雀雉、鹧鸪、鹦鹉、鸽、鸠、孔雀、燕等。

（二）植物：

1. 农作物：（详本报告《经济生活》章）

2. 野生植物：傈僳住居地区内之野生植物有贝母、黑木耳、黄木耳，各种食用菌、当归、猪苓、茯苓、竹子参、竹叶菜等，至漆树、核桃树、竹子、黄连等栽种及野生者均有，或供药用，或供食用，或作建筑材料。

3. 森林：傈僳住地之森林之名目甚多，常见者为松树、栗树、杉树。

（三）矿产：傈僳住居地区内之矿产有金（金沙、澜沧、怒江、恩梅开江均可淘洗沙金，又西康冕宁县亦产金，云南中甸县之中江河亦有淘金者）、银（云南永胜、姚安等县产之）、铜（云南永胜、云龙等县多有出产）、铁（云南维西、福贡等县区产之）、汞（云南维西县产之）、云母（云南贡山设治区产之）、盐（云南剑川、兰坪均有井盐出产）、铅（云南永胜、姚安、兰坪等县及西康之会理均产之）、石墨（云南福贡设治区闻有蕴藏）。

第三章　历史传说

一、倮倮的创世传说

在洪荒之世，分为三个时代。第一代谓之“楚甫迦”。那时人身仅长五寸，所用器皿，锅如蛋壳大，碗如栗壳大。因人类气质渺小，不能做大事，亦不能抵抗大风、大雨、大雪，经此自然界的变异，不免冻饿死亡而灭绝，所以楚甫迦（af）时代仅为历史上的名词。

第二个时代谓之为“缪书缪休迦”。人类的身体，仅高一尺五寸许，矮小如野猴，采木实而食，掇树叶而衣，较楚甫迦时代稍有进步、然居无家室，不事稼穑，穴居而野处，不能御风雨，不能避寒暑，随生而随死。当时自然界灾异特多，天上发现九轮太阳，热不可耐；夜间发现七块月亮，冷不可当。而太阳照耀山川原野，晒得遍地生烟，草木蔬菜枯死。大旱三年，苦无食物，人民乃登山求食，向天神求雨，而天降霖霪，三年不止，山洪大暴发，横流天下，所以缪书缪休迦时代亦被洪水毁灭。

第三个时代为“汪恩行美迦”，是魔王汪恩行美主宰宇宙之时代。魔王身大无伦，所有人类织了三年之布尚能不裁魔王一件裤。魔王每餐吃七个大甑之饭还不能果其腹。人类既慑于魔威，不堪其命，乃潜逃入山中鼠匿岩穴，变为猿猴，所以汪恩行美迦时代，人类与猿同居。

迨至太古之世，经过了“楚甫迦”时代之大雪冰期，又经过了“缪书缪休迦”之大旱洪水之劫，又经过“汪恩行美迦”时代之魔慑人变猿之后，宇宙间已无人类矣。天下乌萨神（上帝）乃勒令“恩仪抛”天使降凡，去创造人类，特赐给南瓜子一粒。恩仪抛降临大地，将南瓜子种于园中。不久，瓜生出蔓，开花结实，大于车轮（约高丈余，围二丈余），瓜中每闻人语。天神恩仪抛俟其瓜熟，执神剑剖瓜之东面，有二鬼出（系倮倮族信鬼之鼻祖）；剖其南面，有二狼出（系倮倮部落恶兽之鼻祖）；剖其西面，有二蛇出（系倮倮部落毒物之鼻祖）；剖其北面，有二犬出（系倮倮部落猎犬之鼻祖）。恩仪抛再把南瓜从西向东划成两半，于北部之瓜瓤中有一男孩，于南部之瓜瓤中有一女孩。男名恩恒扒，女名恩恒嫲。二人生而能言，能行走，不哺乳而能采食果以为食，乃与瓜中所出之二狼二蛇二鬼二犬共同生活（所以傈僳族永远不能离开鬼之关系，蛇之关系，狼之关系，犬之关系），永远同住在一起。

恩恒扒兄妹不久长大成人，而男人无妻，女人无夫，观察宇宙之间，恨无可娶之女，亦无可嫁之夫。天神恩仪抛谕之曰："恩恒嫲、恩恒嬷，汝二人系天之骄子，现长大成人，可以结为夫妻。"二人闻之，不敢乱伦，拒之曰："吾二人是亲胞骨肉也，绝不可乱伦以致天愆。"恩仪抛天神释之曰："吾奉乌萨天神之命，使汝兄妹二人传天下之人种，是天意也，违天则不祥，汝兄妹无须尔，且余有石磨盘一副，上下各一。恩恒扒汝执上磨盘在箐之左，恩恒嫲汝执下磨盘在箐之右，二人同时将磨盘滚下，倘上下磨盘合而为一，则汝二人可以婚矣，否则可各行其志。"

恩恒兄妹乃依恩仪抛天神之命，各取磨盘在箐口往试之，果然上下磨盘合而为一。从此兄妹二人结为夫妇，一胎生三男：长名咱格紫猛，次子名咱哩比猛，季子名哓肯啦玛。三兄弟均聪明异常。后来长子咱格紫猛明断果敢，善于办事，为傈僳族之宰官。次子咱格比猛见机知微，善于占卜，为尼扒（巫者），季子哓肯啦玛多才多艺，善于建筑，为工师。三人同心协力，从事创造建设而成部落。

此传说录自碧罗山陇戛寨老尼扒口述。

系笔者在（民国）二十四年随中央民族考察团采访工作之报告稿。

二、本族来源传说

傈僳之创世传说与其本族来源传说不易划分，故特合并叙述。本报告共搜集有关傈僳创世及宗教来源之传说三则，前一则系在维西县境内澜沧江沿岸某傈僳村落中采访所得。

（一）太古的时候，有七对太阳，七对太阴，天地距离很近，热得非常难当。"别饶时"的族人就把太阳射伤，太阳没有出来，天便愈低，地便愈高。[①] 去去来来的人将要撞破脑袋的时节，有位造物的女神背着小孩说：

① "别饶时"为傈僳图腾之一，一意为"蜂"的氏族，现从姓丰。相传傈僳姓丰这族人因打过太阳，所以到现在，姓丰这族人很忌甩拿铁桑木做的弩弓，旁族的人都是用铁桑木做的弩弓。

“天也高些吧！地也低些吧！”这样，天也渐高了，地也渐低了。那时的大地上闹成一塌糊涂；人同鬼混，真伪不明；人声鬼语，莫能分辨。

当此时期，有兄弟二人开垦伐木，但他们今天的工作等到第二天早晨却仍旧恢复原状：土既填平，树已复原，好像没有工作一样。他们无可奈何，只得重新垦松砍伐，不料第三天早晨复将第二日之工作复原。他们非常惊异，终于决定埋伏起来，由暗中观察，见到一只黄鼠狼在结合着那砍伐的树木，松好的田土。他们向黄鼠狼盘问结合的原因，黄鼠狼说：“天翻地覆，洪水必来。”正想进一步的计较，忽然显现出来一个白发老人。长兄打了老人几巴掌，但是那老人却说：“你弟兄两站在我肩膀上。”兄站左，弟站右，马上地面裂开一缝，示以无须空费力，不久洪水就要降临。于是老人吩咐长兄将耕牛杀掉，剥皮为鼓，洪水来临时，匿身鼓内，并划开大孔用小绳塞之，将其拴系于树上；又吩咐其弟砍下一棵大树，中间挖空成为鼓形，洪水来时可以匿身，并嘱携往狗二只、鸡二只，一对铁锅，两扇簸箕，滤酒管一支。他们兄弟料定人类末日快到，照着吩咐的去做，并邀妹妹同坐。洪水来临，浩浩荡荡，长兄被洪水淹死了。

他们随波逐流，海角天涯，到外飘荡，后来用滤酒管向树外吸（水）。先试放一只狗出去，没有回来；后放一只鸡出去，也没有回来；知道被洪水淹没了。等到第二度向外边试吸时，已无水，晓得洪水已涸，将剩余的鸡狗先后放出，听到鸡啼狗叫，随即出来，人类已没有了。他们商量寻人类的踪迹，先将木梳折成两片，佩带于衣襟之内，又把铁棍截为二棍，各杖其一，以约定日后相会之证据。一溯江源，一顺江流，南北相背地巡行，终于人类的踪迹没有寻着个究竟，绕来绕去，绕至东西相向的两座山。兄在东山，妹在山西，相对地调情歌舞起来，相应地唱和着。男的说：“黑齿黑煞。”女的说：“要齿要煞。”结果好像兄妹破镜重圆了，世界上没有别的人了，拿出来木梳相合，铁杖相接，俱成一物了。

但是伦理上的兄妹怎么能作伉俪呢？于是商定以滚铁锅、簸箕来测天意。兄妹分在山之东西，滚放铁锅、簸箕，结果滚到沟底均一一结合了。这时候他们鹤发耄年，天荒地老，亦无如何，只得结为夫妇，于是誓愿种瓜。瓜子种后第一日叶已发绿，生出枝条来，第二日开出美丽的花，第三日结起肥硕的果，第四日果子长得像房子一样大。说也奇怪，他们走近瓜的时候，听到有喧嚣的声音而徘徊瞻顾，见不到人类的踪迹。日子一天天过去，喧嚣的声音一天一天地厉害，（让人）听得有点儿不耐烦。后来他们计划破这个大瓜。有一天，他们把这大瓜由中间劈成两半，从瓜中跳出傈僳、怒子、俅子、古宗、汉人等各色各样的人种来。由瓜里跳出来的时候，傈僳跳在最高处，所以喜居于山坡悬壁；汉人站在最矮处，所以乐于平原地带。而汉人穿棉布，古宗穿毛布，傈僳等穿麻布，均系破瓜时此一对老夫妇顺口指定。各色各样的人得到各色各样的名称和生活样法。最后的两人没有得到人类的名称，一为山神，一为水神。至于各人种姓氏之不同，系由于在瓜里跳出来的时候，各人所带的植物或动物不同，后来即以所带之动物作为其子孙之姓氏，于是姓氏繁衍，人种遍布。①

然而此时太阳还没有。人们去迎接，太阳不出来；猪去迎接，太阳不出来；公鸡去迎接，太阳说："不来了。"公鸡说："你出来的时候，开三道大门来迎你；回去的时候，开三道大门去送你；你若不信，可刊木刻与你。"②等到太阳来时，子夜冥冥，公鸡啼了三次，则渐渐至天明，到白天来，公鸡还是啼三次，才慢慢把黄昏告终。现在鸡冠上残留的缺刻即是表示不悔当初，矢守信义。

从此以后，太阳照遍了大地，发育万物，五谷丰盈，面粉满地。但是人们有了得天独厚的便宜，取用不竭的结果，渐至糟蹋五谷，拿面粉来擦屁股。造物的女神大怒，把五谷收回天上去了，一粒无存，再不愿给人间享乐，把满山遍壑的面粉诅咒成寒冻的白雪，叫人们穷饿饥荒。那个时候，狗是饿得饥肠辘辘，女神非常怜悯它，以菩萨之心，赐给稻谷一小穗，玉蜀黍一把。人们又把它繁殖起来，所以现在的五谷结的果实多如稻穗，玉蜀黍的果实细小而微，终没有初次赐予的丰硕，叫人奔波一世才能生活。③

（二）上古时候，曾有一度人烟稠密而生活资料丰美的时候，但是人的自私心很大。虽然天下把各种事准备得很完善，人们仍是争权夺利。世界变

① 傈僳族宗族存有图腾之遗迹。他们各种姓氏即由图腾演变而来，其详见于本报告之"社会组织"一章第二节。

② 木刻为傈僳宗族中通讯记事、交易、信贷、信约、传递命令等之一种标符。

③ 五谷是狗寻来之说，古宗、么些各宗族各有传说，故边民逢年过节必先以谷肉祀狗，平时忌食狗肉。

成残忍的地狱，人们的贫富很不均匀，势利（力）很不相等。因此天神为了消灭这无道的人群，改造世界起见，计划用洪水来淹没世界，另换些良心好的人来世界上生活。

洪水泛滥之前，人间有两兄妹，父母全已去世，只有他二人当家，素来良心非常公正，为人也很慈善。有一天，他们到山坡里的森林去工作，砍伐森林，备作农田。清晨起来，二人收拾刀斧到山上去，选择一块很肥沃的林地。二人用力地工作，砍伐了约一架牛工①范围的森林。日落西山，二人方归家。第二天为了想继续昨天的工作，早上吃过饭就到昨天去过的那座森林里。但是奇怪得很，昨日砍伐的树林完全复原了，与原来的模样并无半点不同。二人见了很稀奇，心想，莫非是什么鬼神在作弄？二人商量今天还是继续砍伐，看明天如何？于是照样工作了一天，还是日落方转去，今天砍的比昨天的区域还大得多。二人回到家中，谈到树木复原的问题很觉难解，又讨论到明天树木若再复怎么办，一夜都没睡觉。明天不待天亮就起来，二人匆匆忙忙做了些饭吃完之后，东方才是鱼肚白的时候，就起身到那块砍过的山地去。呀！昨天砍伐过的树木又复原了。二人瞪着眼，看着复原的树林，想不出解释的理由来，只是望着树木发呆。后来还是哥哥想出办法来，说道：“这样奇特的事自古以来未曾有过。我们两兄妹今天再砍伐一次，看看今夜如何复原法，今夜不回家等候在这里！”妹妹听见了哥哥的办法很好，立刻赞同。二人商议已定，又接着砍伐了像昨天那样大的一块山林，直到大地上收了金黄色的阳光为止。晚上二人商定躲避在一处岩洞里。于是二人将用具收拾好，走到岩洞里缩（躲）起来。夜间并无月色，在深黑的夜里，二人总是关心到所砍伐的树木怎样复原的事，总是躲在那里偷偷地看。等到半夜的时候，忽然看见从砍伐过的树林里跳出一只白鼠来，在已砍伐的树上跳来跳去。这已砍伐的树木自然直立起来，接着没有多少时候，将所砍伐的树复原了大部分。二人看来很是奇怪，并且有些胆怯起来。还是其兄胆量较大，他有无限怒（怨）恨。他想，这个小白鼠真可恶，于是提刀往前去想要把白鼠杀死，但是奇怪得很，白鼠好像人一样站了起来。

“双欺，请你不要杀我吧！我有话对你说。”白鼠竟会说起话来了，而

① 一架牛工为一年每日所能耕作之面积，约合三亩。

且还知道他的名字，真奇怪。双欺一时想不起怎样答复才好。

白鼠接着又说："我劝你，你不要在这里花费时间了。我告诉你，天神要收这世上无道的人群，不隔几十天就要放洪水淹没这世界。你现在还是回去准备躲避的地方，要不然你的生命真是难保。"双欺听了白鼠的这段话就去问它道："怎样准备法呢？"白鼠说："你去挖个地洞，要一间民房那样大。等你挖好后，里面安排要周密，房内分成三十九格……"双欺就问道："为什么要分成三十九格呢？"白鼠说："这次洪水期间，世界上的动物都要搬些到洞里去，以免将来绝种。"双欺听它说得有理，很受感动，而且相信洪水是一定要来的，于是便同妹妹转回家来，等第二天就动工，经过六七天的工作才把洞修好，然后照白鼠说的办法，把世界上的动物每一种搬一对去。后来他又不知道哪一天起洪水，自己真是怀疑，又到那山去找白鼠，那时候确又遇见白鼠了。这时白鼠说："你将洞造好了没有？"双欺很担心地回答："我们照你的话办了，世界上所有的动物每一种都搬进去了一对，但是还有别的吩咐没有？万望指教。"白鼠说："世界上的动物凡有益的就搬进去，没有益的就不要搬了。现在你再去准备七天七夜的饮食，越多越好。再过三天洪水就要来了。"说后回头就想走。双欺急忙跪在面前，哀求道："你既是这样救我们，请留下一个圣名，以作将来报答。"这时白鼠不得已说出自己的姓名："我是这里的山主（山神）。"说后便在一阵徐徐的风声中消失了。双欺方明白白鼠是神祇，自己就转去，急忙准备七天七夜的用品。经三天后，天色急变，雷风交加，大雨骤作，四山好似动摇。双欺已知洪水来到，即刻搬进洞里，将门紧紧闭了，躲在洞内，外面的一切都不知道。

这时候世界上洪水滔滔，汪洋一片，尽成泽国。多少百万居民全被淹死。洪水滚滚，淹没了高山峻岭，世界上万物都淹死了。

双欺、双杀两兄妹躲在洞里，不觉又是过了六七天，心中不知洪水平静了没有。第二天早上，他们放出一只乌鸦，看看洪水退了没有，但乌鸦出去后却未归来。他们很是担心，后来又放出一只喜鹊，隔了半天喜鹊衔树枝转来，两兄妹才知道外面的洪水已经平了，然后才出洞来。望望四面无人，世界已经变成了寂静的一片。二人看了真是有些难受，就商量要到各处去寻人，兄往南寻，妹往北找，经四五年的光阴，又相见于相邻的两座山顶上。兄在东山望见西山有一人往南走，高声呼道："阿里吗按？"西山的人答道：

"双杀。"接着西山的倒问一声:"怒里阿里瓜念数按?"[①] 东山的人答应道:"双欺"。二人方知世界上无人烟了,相遇后相谈别后数年中到达的地方。

兄说:"我达到南极山尽地绝的地方,一个人也没有了,因此转来找你,你可见人烟呢?"妹说:"我也到了北极山尽地绝之区,没有一个人相遇。"谈后方知世界上已无他人,只得兄妹结婚。二人商议,若天愿成此姻缘,兄背一扇磨,妹背一扇磨,一人往东山,一人往西山,从山顶上滚下来,到了坝子上合在一堆方能结婚。第二天照商定的办法去做,果然合在一起。因此二人想,这是天父旨意,兄妹只得结婚。后来生子女约十人,年纪约四五岁左右,但个个都是哑巴。兄妹二人真是奇怪。后来二人在田中种瓜,结得大瓜一个,大如住房。有一夜二人所生子女完全不见了。二人正在哭哭啼啼寻找时,却在那个大瓜旁边听见里边有声音。二人就商议道:"莫非子女都躲在里面?"于是准备大刀,要破此瓜,事先祷告天父,烧香磕头,求神保佑。后来开刀把瓜破了,就跳出五对男女来,衣服形形色色,各个式样不同,分为东西南北中五个方向。此后一传十,十传百,父传子,子传孙,乃演成日后世界不同民族。

(三)古时候有瓜撒瓜、此兄妹二人开得山地一块,撒上小米及天粟米种子。七天及十四天后曾往探视,均未见禾苗生出。只见野鸽及黄鼠狼各一对。第二十一日往视,仍未见禾苗生出,野鸽及黄鼠狼你来他往,瓜撒疑禾苗为此两物所啮食,拟以弓箭射杀之。但野鸽及黄鼠狼告瓜撒瓜此兄妹,洪水将于七日后降临,嘱彼二人早作准备。瓜撒、瓜此初拟挖地窖藏身。野鸽等告以应准备木排及食物。七日后洪水果来临。彼等全家移居木排,洪水漂浮未几,彼二人父母及姊妹均死去。一月后洪水退去,彼二人乃下木排住,世间人烟已绝迹,于是瓜撒、瓜此两人乃以手杖比量身长后,分向大江东西两岸寻找配偶。若干年后瓜撒在江东呼喊一声,江西有人答应。瓜撒渡江视之,乃为其妹。于是彼二人乃在江边构筑住房,计划成为夫妇,但恐天意不许,乃各持一簸箕分自东西两山滚下,不期此二簸箕竟合在一处。彼二人仍恐就此一事不足以觇天意,乃以弩弓射击插于碓尾上之针孔,亦中的,然彼二人终以兄妹结婚不合情理,故未同房。住定后,瓜此乃以所携之瓜种埋于

① "阿里吗按"意为"什么人","怒里阿里瓜念数按?"意为:"你是哪里人?"

屋旁。数旬后见所结瓜有一特大者，日夜增长至一人高、两人合抱粗时，其中有声音发出。历数昼夜后，瓜撒磨刀对天默祷，谓将以刀切瓜，如瓜中为鬼，则应杀死；若瓜中为人，则勿令伤之，祷毕，乃砍瓜为六瓣，见有六对男女分立六瓣中。其中衣黑长衫一对向东方走去，是为汉人祖先；向北方去之两对男女，一衣古宗装，是为古宗之祖先；一衣怒子装，是为怒子之祖先；穿花长衣向南方去者为倮倮之祖先；向西方走而以狭布遮下身者为俅子之祖先；又衣么些装（女子束围腰，背羊皮）都即为么些之祖先。倮倮之祖先生下阿得簸、阿得秀、阿得咩、阿得闸四子。长子与汉人祖先之长子争论何人应统治世界，最后商定以手杖两根插于地上，对天盟誓视明晨何人之手杖先开花，何人即应有统治世界之权。汉人祖先之子于天未明时往视，见阿得簸之手杖已开花，汉人祖先之子乃替换其位。天明阿得簸发现其开花之手杖地位移动，乃与汉人祖之子理论。但汉人强词夺理，终得统治世界之大权。

附补：人类来源传说

人类之祖先为兄弟两人，以垦山地为生。某次，彼二人开辟一块山地，但该地今日砍倒之树木，垦松之土地明日往视，已全部复原，如是者数日，兄弟均甚诧异。某晨，彼二人往地中工作时，见一老者立于地中。其兄以为老者作祟，乃欲以农具击之，弟未同意。老者乃告彼兄弟二人洪水将临，万物均将毁灭，嘱二人设法避之。兄弟二人乃叩请老者授与避难之方，老者教兄制一木船，洪水来临时登船避水；教弟缝一大皮囊，洪水来时坐于皮囊上避水。其后，洪水到来，木船不久颠覆，兄长淹毙；其弟坐于皮囊上随水浮沉，未遭灭顶，曾有数次被洪水漂浮至极高之空中，致曾触及天顶数次，最后漂到一极高之山峰上，此即天神住处。

此世界仅存之一人名“爷爷”，到达高峰着陆后因饥饿已极，故见一小屋即行进内，唯未见室内有人。“爷爷”乃自取室内可食之物充饥，食后乃退出，住于森林中。一日后复饥，乃进入该室觅食，此次被天神“乌撒”之幼女望见，“爷爷”去后，天女乃禀告其父。天神谓人世既尚有未被洪水淹死者，姑容其至吾家生活。于是此人第三次前来觅食时，天神“乌撒”乃出见，并留其共同食宿，唯天神欲测验此人之本能，故以各种难事令彼为之。

第一次，天神令其作一狩猎用之弓箭，并遣乌鸦随时前往窥探制法，报告天神。乌鸦第一次前往时，“爷爷”正以弦线在臂上缠绕，准备装置弦上，乌鸦乃以所见报告天神。第二次乌鸦前往窥探时，“爷爷”已将弓箭制毕。因见此乌鸦随时前来窥探，心中不悦，乃持弓控弦上箭，瞄准乌鸦射去，当即命中，并自射落之乌鸦腹中取出一段肠子，为弓弦中端，乃携所制之弓箭返回天神处复命。“爷爷”于洪水前曾为猎人，故作弓箭一事彼并不甚难。唯此次弓弦中加入乌鸦之肠子一段，故嗣后猎人一拉弓弦，乌鸦即飞去，盖其腹部有予（预）感也。

第二次天神命“爷爷”将全部山岭上撒布松、栗两树之籽种，并指定向阳处撒松树种，背阴处撒栗树种，并限于三日内完成，否则须受处罚。“爷爷”一筹莫展，焦虑异常，后乃请教于彼第二次觅食时所见之天女。天女乃教以可先以松栗二树种子分布（别）向阳及背阴处点种数株，以为示范，然后可持种子立于高峰上，令风依样吹散，并谓奉天神命为此，自可成功。“爷爷”乃如法行，果得完成，归报天神，天神查验无虚，乃免谴责。

第三次天神命“爷爷”将山上生长之树木一日砍倒。彼自忖无法办到，但又惧天神之刑罚。后天女知其甚窘后，乃教以先将山上现有之树木砍倒一二株，然后立于山巅上高呼：请奉天神之命，将山上所有之树木于一日内砍倒，尔等万物均应各尽其能，执行命命。凡能咬者应咬树子根，凡能推拉及鼓动风力者，均应一致努力，否则必遭天神最严厉之惩罚。“爷爷”依计而行，果得山上各物之助。于限期内完成任务，回陈天神。经天神查验无讹，乃免刑罚。

第四次天神命“爷爷”将上次砍倒之树一日复原。“爷爷”无法，复以所窘之事请教于天女。天女教以先以手扶一二株示范，然后命令山上有手足能扶持树干之生物齐来工作，即可成功。“爷爷”依计而行，果达所愿，复命天神后，乃免杀身之祸。

第五次天神命“爷爷”将山上所有之树烧去。“爷爷”无法。天女睹状，告以汝只需将树木烧起一株示范，然后命大风吹刮，自可将全山树木一律烧光。“爷爷”如法做去，果得成功，报告天神，查验无讹，乃免惩处。

第六次天神命“爷爷”于一日内取得两篓蜜蜂。“爷爷”因平素未见有蜂子飞翔，且一日之内觅取两篓也不易办到，故乃私向天女请教。天女告以此山之最高处有大树两株，每株树上有蜂窠，取之合为一篓。于是“爷爷”乃取竹篓两具请天神另派一人随彼出外觅取。彼照天女所示路线与位置寻去，果得蜂子两篓，归以呈送天神，复免罚惩。

第七次天神命“爷爷”于两岸削壁，中江急流之湍水中捉鱼一袋，并指定自是晚起，每晚须与天神同睡于江岸壁上守望。如遇有鱼游过，即应由“爷爷”跃如（入）江中捉取，并限三日捉足上数。“爷爷”以此得绝难做到，且自审性命难保，乃愁容满面，痛苦万状。天女睹情乃询明原委，告以可结网罟、系长绳投入江内，明晨提取，自可获所需之鱼。“爷爷”急如法秘密准备，先期将网投入江中，至晚乃与天神同至削壁守望。天神命“爷爷”睡于外缘，自居内层，盖准备于“爷爷”倦极入睡时顺手将之推入江中。“爷爷”窥之其意，乃趁天神倦困时轻身潜离，另以木柱一根置于天神身旁，“爷爷”乃至先前投网处提网，果得鱼一袋，翌日提鱼见天神复命。天神以为“爷爷”被推入江内仍捉得满袋江鱼确系奇才，盖不知此法系天女所授也。

第八次天神命“爷爷”撒种豆子，“爷爷”无法进行，后经天女提示彼可照撒松栗二树种子办理。“爷爷”恍悟，乃如法炮制，结果卒能于限期内将大量豆种撒完，请天神查验无讹，乃免其罪。

第九次天神命“爷爷”将上次所撒之豆种完全自地中收回，并限于日内完成。“爷爷”觉此事甚难，故忧愁万分。天女睹状，乃教之曰：“取大口袋一置于山谷低洼处，汝本人可立于山巅命凡保存豆种之土均应将豆种吐出，又令风将豆种吹至口袋中。”“爷爷”如法作去，果得收获满袋豆种归报天神后，天神计数，尚不敷三粒半豆，饬令“爷爷”觅还。“爷爷”无法，请计于天女。天女谓此三粒半豆种或系被班（斑）鸠所啄食，汝可以所制之弓箭至豆地附近觅射班（斑）鸠，剥其肠胃检查，或可获得。“爷爷”持弓箭至豆地附近巡视，果见有两只班（斑）鸠憩于树上，乃瞄准射之，均命中落地。“爷爷”剥其肠胃，发现豆种三粒半尚未消化，乃亟取归献天神，方告无罪。

天神经前述种种试验后甚嘉慰“爷爷”才智，故特以天女一人妻之（此天女即最初发现“爷爷”并随时指示其应付天神各种试验者）。另指定一山为彼等生活之园地。唯当时白菜及菜菔为天神处最珍贵美味之食物，故天神不愿将其籽种传人世，唯天女于手指缝中夹藏少许与其他蔬菜种子同时带到人间，后为天神发现，乃诅咒此二物“背时重如石，吃时淡如水”，故目前吾人所有之菜与菜菔远非天神原日所有者之珍奇美味。

数年后，天女与“爷爷”已生一子，唯天女思家心切，时思归回旧住，而“爷爷”因伉俪情深，苦苦劝留。天女无奈，乃于某晚以泥土照其本人形貌塑一人像，并吹气使活；塑成，其本人乃潜回天神处。因天女前生之子曾食此泥人乳汁，故以后世人身上仍常有泥土尘垢出现。

天女去后，“爷爷”与其子种植南瓜。某次有一瓜特别巨大。后父子将此瓜破开，中间跳出三童子，唯均是哑巴。经数月后，“爷爷”甚忧急，乃设法往访天神，后竟访到。“爷爷”乃请求天神使此三童子能言。天神告以汝应准备大瓜一个，中盛清水，另以五谷及肉类为祭品，祭祈天神。“爷爷”返回家中如法准备。临祭之时，天神变青蛙前往监视。祭毕，世上各种动物都来抢吃祭品。“爷爷”家中三童子饮尽瓜中智慧之水，其他各种动物嫉妒，乃来咬人。天神睹状，急将人挟于腋下保护，故人身上之毛虽被咬去，而头发幸庆保全。而以三童子饮过智慧水后即会讲话。

若干年后，三子均成人，“爷爷”乃教以至他山上，候晤女人，以便结成夫妻，分别营生。后三子各至山顶岔路上守候。其后长子遇一虎由山上向山下走，追之，变成汉装妇女，乃与之成婚，是汉族之祖先。次子遇一熊由山下沿山脉向高处走，追之变成藏装妇女，乃与之成婚，是为藏族之祖先。三子遇一蛇，追之变为傈僳装束之妇女，乃与之成婚，住于山坡上，是为傈僳之祖先。

三、与汉族及他族关系之传说

傈僳宗族中主要之传说指上述三则，[①] 故其与汉族及他族关系之传说请各看上节。其中重要之点为傈僳与汉族及他族同出一源，由此可证中华民族该为一整体。

---

① 各则传说中洪水泛滥，兄妹结婚及人来自瓜三点相同，故三传说可谓无大差异。

四、过去生活之环境传说

傈僳族过去生活之环境为山林地带，此事可就下列四点说明之：

（一）本章第一、二两节所举的三个传说中，对傈僳谋生活动均有叙述。吾人由其谋生活动中即可推知当时傈僳之生活环境。

（二）本报告《社会组织》章第二节第四目中所述傈僳之姓氏，来自山林之动物或植物者居多。

（三）傈僳传说其祖先与汉族之祖先相互约定以文字之发明决定平原沃野之主宰。傈僳发明文字，书于鹿皮上。结果被狗拖去，全功尽弃。汉人发明之文字书于简册上，乃被保留，故汉人获得平原沃野。而傈僳失败后无颜与汉人竞争，只得退至山林之地居住，从事刀耕火种的生活（刀耕火种详见本报告《经济生活》章第一节）。

此传说虽可说明傈僳山居之来历，但傈僳所以采用鹿皮作书，汉人所以采用简册作书之理由亦颇值得吾人思索。但无论本传说中傈僳汉人住地与其书写之用具，理论上之先后关系如何，吾人似可得知傈僳过去之生活环境确为山林地带。

（四）云南省维西县化普乡腊八山村周围三五十里内，均系山岭逶迤，林木深茂。该地傈僳居民传系由永胜县徙来。其祖先兄弟三人：一名虚吕包，一名拖得包，一名咩色平。三人每年来腊八村一带狩猎，收获甚多。某年彼等在露宿之火塘边试种天粟米一粒，次年狩猎过此，共收获三升之数。彼等见山地肥沃，遂徙居来此。其后彼等又巡猎至腊八村附近之施格登地方，试种麦子，收获也甚丰。拖得巴及咩色平两兄弟乃迁往居住。由是亦可见傈僳居住于山林地带而渐由狩猎进入农耕之生活。

傈僳过去生活环境传说，除前述外，笔者又访得维西县叶枝乡岩瓦洛村傈僳过去生活环境传说如次：

据该村居民凹士波君表示，初来岩瓦洛之傈僳虽发现该地可种谷物，然彼等仍从事于狩猎生活，并未遽行从事定居之农耕生活，直至最初前来之人在西康边境狩猎遇害后，其同伴方返回原住地，邀集另一族人偕同前来岩瓦洛村开垦以迄今日。

由此传说中，吾人可窥知傈僳原为狩猎之部族。

五、英雄故事

傈僳之英雄故事尚不多闻。兹将笔者于（民国）三十三年十一月在怒江流域之福贡设治区内所得英雄故事一则列后：

碧江设治区之俄笼村，古时有一人名阿国。鉴于当时怒江流域妖怪甚多，乃至东方之八堂村请莫比进怒江杀妖[①]，莫比到后先向南方杀去，到孟仲村有一大龙时常伤人。莫比用一根长草将龙头割下，除一大害。又前进到狄给村，遇他族酋长，乃到此以石刻分界[②]，由此转身北伐，莫比穿七件衣，束九条衣带并身藏九把利刀躺在某处山坡上装死。至第二夜，许多妖怪来莫比睡处翻弄，并以刀子将莫比衣服划破，肚上划了一条血痕，莫比此时一跃而起，用所藏九把利刀一阵乱砍，当时即杀死了不少妖怪；其后在怒江东西南岸且行且杀，又有若干妖怪逃往远方，永不归来；少数胆怯者且投江自尽。自是怒江乃太平，而南自狄给村北至贡山设治区达拉乡之双郎（怒江西岸）、义郎（怒江东岸）止，均归莫比管理，现其后人仍有居住福贡者。[③]

六、有盘古之传说否

傈僳之传说中最普遍者，为本章第一、二节所举之传说。至于盘古开天辟地之传说未曾闻及。但本章所述之创世及宗族来源，传说中曾有造物女神命令天地分离，或可比拟于古之传说。

七、有孔明之传说否

傈僳之居于金（沙江）、沧（江）、怒（江）三江上游者，多无孔明之传说。唯藤（腾）冲、龙陵边区及滇、缅（甸）北段未定界内之傈僳[④]则多视孔明为神明，呼孔明为“五布底”意为创作一切文物制度之圣人。又傈

---

① “莫比”原意为胡子，传闻此人系由丽江（金沙江流域）经兰坪（澜沧江流域）来怒江者。但八堂村（谐音）之确址已不易考。

② 传此石刻距福贡设治局所在之上帕村八日程，约在今泸水设治区内。

③ 福贡设治区章化村有一保长名叠肯者，自称系莫比之后裔。

④ 北纬二十五度三十五分以北（滕冲尖高山起）即为滇、缅（甸）北段未定界，界内人种复杂，傈僳住居于南部者较多。

傈江上往来溜渡之法[①]传为孔明南征明发明。

八、迁移路线之传说

傈僳迁移路线传说不一，但大多数均谓其祖先由内地徙来而渐次乃于边界者，如维西傈僳有传其祖先由永胜方面迁来者，宁蒗之傈僳有谓自武定、元谋等处迁来者，至于怒江流域之傈僳不谓其祖先由下游移来，即谓自金（沙江）、（澜）沧（江）两江沿岸移来，而求（俅）江流域之傈僳则系由怒江迁往。但也有与上述路线相反之传说，如宁蒗沿金沙江岸居住之傈僳有称来自维西者，但持此类传说者为数甚少，或为一、二特例耳。

① 溜渡法详见本报告《日常生活》章第四节。

第四章　宗教及信仰

一、神

（一）神之传说：倮倮主要历史传说，为本报告第三章第一、二两节所叙者。兹就其中与“神”有关之部分略加分析：

第一则传说中说造宇宙万物者为一女神，而山神、水神则与人类同一祖先而未获得人类之名号者。

第二则传说中说宇宙义（主）宰为天神，而山神则为指示人类祖先逃避洪水、使人类及动、植物不致灭绝者。

第三则传说中虽未明白提及，但瓜撒、瓜此之若干行为认为事前予（预）觇天意或默祷上天，故其意识中仍有一最高之主宰存在。

笔者除自第三章所叙之历史传说中加以分析外，并于（民国）三十四年（1945）十月二十四日邀维西叶枝乡岩瓦洛村倮倮凹士波君前来询问彼族中对神之一般传说。据彼称倮倮认为天地间最高之神为“乌撒”，居于世界最高之山峰上，管理世界万物，对之有生杀予夺、成毁损益之权（汉人通称此神为天神，本文也借用此名）。其余之山神、龙神、火神、家神均受“乌撒”管理，遵照“乌撒”之旨意，行使对万物之管理权。

“天神为无所不知，无所不能，独一无二，至高无上者，而其余各神之数目甚多，如火神家神每家都有；山神每一村或每一山有一个；龙神则凡较大之水源及河流均有，而由一大龙神统之。”

“天神有时会装死，装死时则某处山坡上忽现一块若有人耕过之山地，而地上有树之枝叶或饭碗发现，又有如坟状之凸起者，宽约五尺。天神之坟发现十三年后世间有灾难，人死甚多。”又据倮倮传说，旧历每月中如遇初十、十八之属龙日，下雨，则此雨必可延绵甚久，因此两日大龙神召集所有之小龙神开会；是此日大龙神家中之龙子龙孙可能趁机以降雨为戏而无所忌惮。又各龙神家中烧火之烟变为人间所用之水，人间烧火之烟又变为龙神所用之水，互相循环。

以上所述者为傈僳原有之神。至其与汉族接近之傈僳则其信仰已有转变，如怒江、澜沧江沿岸之傈僳，亦有少数信仰观音、孔明或孔子者。至于有西洋传教士活动之区域，傈僳改信上帝者更属常见。

（二）神之种类、性质及阶段：傈僳所奉之神共有五种，以天神地位最高，权力最大。下为山神、火神、龙神、家神四种，承天神之命分管理宇宙一部分事物之责。此四种神彼此间地位平等，互不统属，唯龙神之上有一大龙神总管各龙神。

（三）神相：傈僳传说中的神相彼此不一：天神形象为一老者，但亦会变为其他动植物之形象；山神也具人相；龙神初为一鸟所生之蛋，继变为蛇，又变为龙，但亦可变为人形；至大龙神形如雕状；火神形如金塑之小佛相（像），常在火中出现。

（四）神之威力：

1. 天神：总统宇宙万物。

2. 山神：司世上人口数量与生活资料彼此间之调适。如人口数量超过地上生活资料所能供应时，则减少人口，反之增加人口；又对动植物也有管理之权；因傈僳为山居部族，其生活资料均赖山林植物、动物供给，故乃由山神管理“人与物”间之调适。

3. 火神：管理世间所需用之火（有如汉人之灶神）。

4. 龙神：管理世间所需用之水。举凡饮水及江河均属之，而大龙神则司雷雨，并管所有之小龙神。

5. 家神：管理每家人口、牲畜并各种器物与其家运之兴替（有如汉人供奉之祖先所具之权威。）

（五）神与人之关系：神与人之关系有下述三种：

1. 神保佑人：神在普通情形下为保佑人者。如人类所需之各种生活资料均由天神供给，分由各神管理之。而人之行为，如顺从天神所制定的原则与标准，并对诸神保持定时之祭祀与相当之诚敬，则神为人之保佑者。

2. 神处罚人：人之行为若违背神之意旨或不保持对神之定时祭祀与应有之诚敬时，则神可处罚人。其情节重大者天神可命他神收回此人、此家、此部族或全人类（如本报告第三章第一节各则历史传说中所称者）；情节较轻，则可予人以疾病、贫穷或财物之损失，如家中污秽而将火神之眼遮盖，而使死后尚未投生之鬼将火神所保管之火种偷来焚烧房屋。

3. 人变为神：倮倮传说，远古有弟兄俩，哥哥出外打仗已久不归，后经父母逐之，遂为山神。又家神也为人所变，人死后如经天神指定其变为某家家神时，即将原有之家神调回，由此人前往接充。

（六）神与鬼之关系：倮倮认为神与鬼无直接之统属关系，即鬼之行为并非为神所授意，亦非神能限制者（其详请参阅本章第二节）。

（七）祀神节令及时刻：

1. 天神：祭祀天神在每年旧历十一月，因其时田地中之各物均已成熟，而村人也较清闲，且蚊蝇灭迹，祭祀时可保洁净。日子由村人决定，自清晨五更时即起祭。

2. 山神：每年分二次祭祀，一在旧历正月，一在七月，[①] 日期不限定，祭祀时在晨间举行。

3. 龙神：无一定之祭祀时节，由村人或某家人之需要而自定。[②]

4. 火神：每日进餐时均向火神贡献，故无定时祭祀。

5. 家神：同火神，但亦可由每家特选其家中人员属象（相）最多之日，或家长生日属象（相）祭祀之，至于月份则不拘。

（八）祀神地点及庙宇形式：

1. 天神：祭天神在村中空地或附近山坡上行之，无庙宇供奉。

2. 山神：在村旁之山坡举行之。

3. 龙神：在村中或村旁取水处行之。

4. 火神：在家中行之。

5. 家神：在家中行之。

各神均无庙宇，往时常祭祀天神、山神、龙神之处或取石块、树木为标志，以之作神位。有以花纸、白纸贴房壁上表示神或祖先之神像者。家神是否即为其家之祖先精灵所变，倮倮未能说明。但人死后能变为家神，则已于（五）3 中加以说明。

（九）祀神之形式：

---

① 祭山神有谓在旧历六月二十五日，即俗称火把节时行之者，想系各地习俗不同所致。

② 龙神、火神、家神祭祀时间并不完全固定，如某家有人患病，经宗教师指定应祭祀某神时，可由此家人单独订期祭之。

1. 天神：祭天神费用较大，故多由一家以上联合行之。祭品以中间盛水之大南瓜为主①，五谷、肉类、酒、茶等亦需要，其他家中所能找到之任何洁净物均可作为祭品。盖天神为万物之创造者，是祭礼时如能多有供品，自可邀其喜悦。而各类供品中，傈僳尤以得自土司家中者为珍贵，祭典由宗师主持之。此人前三日沐浴斋戒并停食一日，又须更换新衣（如无新衣者应将旧衣洗净）。祭典于清晨即开始，由宗师念经。经中述天神创造万物之详细经过，并各物事后之演变与近况，末述感谢之意；并谓以不腆之物请天神收纳，尚祈继续赐福，使祭者粮食丰收，身体健康，家用无匮，至此次各种祭品来自何处亦一并叙出。经甚长，快者黄昏时方能念毕，慢者须至二更时方毕。念经为献祭之主要仪式。当日所用之祭品仍可由祭者食用。②

2. 山神：祭山神多合村联合举行。维西县叶枝乡（沿澜沧江）之傈僳祭时以肉五碗（猪羊或鸡之肉均可），饭五碗（米饭或其谷物所做之饭不拘），酒一瓶行之，仍由宗教师主持祭礼，念经感谢山神之保佑并其各种恩惠，求以更多之动植物赐予祭者。③

3. 龙神：傈僳对龙神之祭祀多由合村合祭，以求龙王降雨、止雨或供给彼等饮用之水。祭品也为酒、茶、肉、饭之类。宗教师主持祭典，仍不外念经、供献等项。

4. 火神：祭祀火神于每饭时举行或以盛饭菜之碗上举示意，或将菜少许丢入火中示意，而无特定的形式。

5. 家神：平时即于每餐时敬献示意，特选之祭祀日则以酒、茶、饭、菜为祭品而供献之。

除上述之祭祀外，如遇某家有人患病而经宗师指出系某种神作祟时，可

---

① 南瓜为人类所由出之物。而中间盛水，则因人饮用南瓜中之智慧水后方会说话（详见第二章《创世传说》并本族来源的传说）。

② 斋戒时禁食烟酒及腐臭肉类。

③ 除上述祭山神之仪式外，有谓傈僳家中正房墙壁上所贴之白纸及每次获动物时以其角、脑盖、颊骨参差挂于墙上，且逢狭时以酒肉祭祷，均系对山神之一种表示。而每年旧历六月二十五日祭山神时，则在附近之山坡上举行。祭坛以松树一株，系以白纸细条，杀绵羊一只，放生公鸡一只。由宗教师主持祭献典礼。祭后即开始封山，不准刀斧加诸山林；盖此时如砍山林，则将引起天候之剧变，而影响农作物之收获。待秋收以后再开祭。维西县叶枝乡一带于旧历五月初或四月尾插秧时封山，秀穗时开山。

单独举行祭祀仪式，其祭品由宗教师规定。

兹试举维西化普乡第八保腊噶洛村一带所通行之祀神仪式于后，唯其中所举神之种类与前列者略有不同，其有关传说、性质、神相及威力等则未得知。

1. 祭黑山神：剪用一纸人，纸耳环一双，红绵纸旗二面，白绵纸旗二面，竹筛子一面，野灯草缀成二个太阳式之波圈，插于筛子边缘上；竹子一根，顶端劈成四瓣，加一十字木片，其上置一鸡蛋；小木片三块，上面以炭涂绘，形式如图1；面人一，荞饼六，弹奏之口琴一幅，酒、茶、米、盐各少许，鱼一尾，另备香柱（难）；送鬼之巫者，吹叶子；杀猪鸡各一。“尼扒”得一部分，余皆煮食。

图1

2. 祭白山神：用一棵松树，系一白纸、细条，小木片三块，鸡蛋一，米一碗，酒二碗，盐、谷花少许，杀一只鸡。

3. 祭土地神：用三根竹竿，顶端劈破，中夹白纸三条，形式如图2。青杠栗树枝三根，小木碗十二个，筷子十二双，小木片十二块，弩箭六堆。桠枝三根一排，列成六排，共十八根，削（竹）竿十八根，三根缀成一排，如是者六排。土瓶一，酒，滤竿一，装成吸酒状。一根木杆顶端系以草瓣。米一升，小锅之底部盛水，上覆一木碗，杀猪以祭。

图2

4. 祭水神：用一棵松树系白纸条，小木片三块，面蛙、面蛇各一，荞饼六，米、酒、盐、茶、谷花少许，杀鸡一只。

5. 祭大路神：用青杠、栗树枝二根，带有钩刺之竿三节，小树桠三枝，木碗三，木勺一，锅一，水桶一，盐少许，杀猪一只。

6. 祭小路神：用青杠、栗树六枝插成一排，荞饼六个，筷子六双，各插于饼上。

7. 祭血神：用木刀二，染鸡血，弓箭各一，其形式如图3；削木杆二根，插于路之上下；所用之鸡，女人可食，男人忌食；另以松明洒香面驱鬼。

8. 祭家神：用青杠、栗树枝六根，木碗六，盐碗一，以木两片卜之。白纸条捻子一把，由“尼扒”摇之；锄头一把，挖鬼住所；锅一，杀一只猪。

9. 祭鸡神：用面人一，红、白绵纸旗各三面，小木片三副，其形式如图4。木房一间，养饼六，茶、盐、米、谷花少许，香柱（炷）数根，杀猪鸡各一。

10. 祭天蛊：（得此毒者腹部肿胀）祭时用青杠、栗树一枝，一柱（炷）香，杀一只鸡。

以上所举者，为一般较普通之鬼神，其他不知者尚有。各神中以黑山神的地位最高，权威最大。

二、鬼

（一）鬼为何物（观念）：倮倮认为每人之寿限均系天神所定，故人满其寿限死去，则其灵魂即经天神收去或指示其变神（如本章第一节七目中所述者），或指示其另行投生为人，或指示其投生为牲畜。但遇寿限未到即行死去者，则其灵魂至阴间时，尚不能转世，而阴间生活甚苦，衣、食、住等均有困难，故乃自由行动，设法解决生活问题，是乃发生祟人致病之事，故宗教师或被害者家人，只需以食物或鬼所需用之物祭之，即可禳除，其情形略似应付乞丐然。又有谓鬼未得投生前害人，为觅取替身以求早日投生者；又有谓鬼出祟人系亲热之表示，故凡与此鬼生前相熟之人，易被鬼祟弄。

（二）种类及形貌：鬼之种类甚多，可以其致死原因分之①，亦可以其所在之地点分之②。据称鬼有人形无实体，故宗教师虽可见其如人形，但鬼撞于人体上，人不自觉，而人以手触鬼，亦无所感。

（三）鬼的活动领域：鬼在阴间无安定生活之可能，③ 故鬼多到人世活动。但鬼之形状一般不易见之，而鬼无实体，即宗教师亦不能触觉之，故其

① 有依致死原因而分鬼为跌死鬼、吊死鬼、淹死鬼者。

② 维西叶枝乡之倮倮谓宗教师或村中之绅士、头人死后可变为路鬼［有称为路神者，见本章第一节第（8）目中末段］。

③ 阴间有专司灵魂投生之官，灵魂变神亦迅速进行，故一时不能投生之鬼，无法生活。

活动之领域，实际为非阳非阴界。

（四）除鬼仪式及方法：若干地区之倮倮对数种鬼神不能加以详细之分辨，盖因鬼神皆能治病也。如本章第一节（九）中末段所述之祭神除病法中之路神、血神、鸡神，有认为其为鬼者，如属于此种，则可照前之法禳除之。其他之鬼祟人后，亦均可由宗教师禳除之，其法不一，除以酒饭、牲畜祭送外，兼有以下数法①：

1. 有将犁头（亦可用锄头，下同）烧红，口中含起在病人房中及家中跑动，实行驱逐者。

2. 有将犁头烧红以脚踩后，又将脚置于病人之患部熨抚者。

3. 有将核桃油置于锅中加热，待其沸腾时以手伸入（据谓不致熨伤）然后取出抚摸病人者。

4. 有将核桃油会同酒加热，待其于锅内燃烧时，双手放入搓揉，再以手洗面后跳叫驱鬼，并以手抚摸病人者。

三、灵魂与来世说

倮倮认为人均有灵魂，而此灵魂系属永存不灭者。人死后灵魂即至阴间，由阴间之官吏查询此人寿限是否届满，如已届满则按此人生前之行为，并遵照天神意旨（详下章），分别使其变神，仍投生为人或改投牲畜。属于第一种情形者为奖励办法；至于第二种情形者，大致为不奖不惩之办法；至于第三种情形，则属于惩戒，盖因此人生前行为不正，如倮倮谓欠人债者，死后变牛马等。又某倮倮告笔者云：人临死时，如以墨笔皆或其他颜色作符号或文字于身体上，则日后投生之人体上，仍可出现相同之符号与文字。

四、其他冥秘界之说

笔者于维西叶枝乡工作时，遇一倮倮自称某次因贫病交迫曾到过阴间，但因路口之阴官谓其寿限未满，嘱其反（返）阳，故彼略识阴间之情形。据谓到阴间之关口时见有如右图5之黑屋一间。隐约间见其中立有一人。而

---

① 本目所述之法均系指事后禳除，至倮倮事先预防，多以鸡蛋壳置放门口或房内墙缝间。

距此屋不远之处为天神所在。关口后有道路数条，灵魂经由不同之道路，即得变神，投生人，投生牲畜不同之结果。黑屋中人可与天神通话，俾可照天神之意分别指示阳寿届满之灵魂应走之道路；至阳寿之未满者，则不得进入关口，任意走动，故遇此等人之灵魂到达时，多属行退维谷，生活艰难，乃被迫返回阳世，祟人致病，以图获得若干酒饭及用具，等待寿限之届满。

五、宗教师

（一）人选：傈僳语言，南北部所用者稍异，故宗教师之名称，南北亦不同：南部称“香通”，北部称“尼扒”，但维西县叶枝乡傈僳中除“尼扒”外，兼有“多巴”[①]。此辈人物之产生并非由于世袭或选举，亦无任何限制。“尼扒”自谓系于神明启示，神灵灌注；能见鬼怪，并知禳除之法。后遇村中病人，如能连续医痊数人，即成为公众承认的宗教师。至于“多巴”则系有志于此者，从师学习而成。“尼扒”或“多巴”均以男子充之。

（二）权威：“尼扒”在傈僳社会中占重要地位，举凡婚姻、丧葬、疾病、占卜、除鬼、喊魂，均求教于“尼扒”，且“尼扒”中有会杀魂者，可致人死命（请参阅本章最后之附录），故“尼扒”可谓系操生杀之大权，具极高之权威，而与傈僳生活有密切之关系者，至于有“多巴”之处，则祀神（特别对天神及山神之祭祀），均由“多巴”任之，而看鬼杀魂之事，则由“尼扒”任之。

（三）技术的传习：傈僳中“尼扒”自称系得神明启示，神灵灌注而有超人之见识与能力者，故无法从事技术的传习。至“多巴”则可从事技术的传习。但因傈僳无文字，是“多巴”做法事颂念之经咒，均凭强记，故学习“多巴”甚费时，往往可达六七年之久，但为“尼扒”者，因系得自顿悟[②]，是其并非随时可以见鬼作法，故有经数年后，其原日之技术即消失者。有一月中只一二日最灵

① 澜沧江及怒江流域之傈僳住地，可以北纬二十六度为南北之分界。傈僳人数北部较南部为多，故本报告中多以“尼扒”代表傈僳之宗教师。北部傈僳语中称鬼为“尼”“扒”，在此处作人字解。“尼扒”即能与鬼神相通之人，担负祈神禳鬼之事。而“多巴”一名，在他处仅么些社区中有之。故笔者怀疑傈僳之有“多巴”，系习自么些。

② 傈僳为“尼扒”者，据谓事先有三日“眼见”。在此时期内，阴间、阳间，千山万岭外各种事物均能看见，任何障碍均不能阻遮彼之视线。此时期内，彼不思欲食，且眼前之山川房屋均已不可见，故其行动反需家人照料，以免彼失脚或碰壁而致死伤。

验者（俗谓每月初一、十五“尼扒”作法较灵）。至“多巴”则不然，因其技术系经过传习之阶段，是一经习得，即不易忘却。

（四）典籍：傈僳之“尼扒”“多巴”均无典籍。

（五）宗教师特有之文字：傈僳之宗教师无特有之文字。

（六）符咒避邪物等：傈僳宗教师所用之主要避邪物为农耕用的铁锄头及犁头，至核桃油、酥油等煮沸后亦为“尼扒”常用之物，至符咒甚少用，仅其做法事有若干禳鬼之词句耳。

（七）占卜之种类及方法：傈僳宗教师占卜之种类及方法，就笔者所已知者，约有下列数种：

1. 海贝卜：以白色或黄色（代表金银）两海贝置于手中，丢入一木碗内，视其排列形状以得问题之答案，或判定病人致病之原因与去病之方法。此法傈僳“多巴”多用之[①]。

2. 鸡蛋卜：傈僳患病时，请“尼扒”至家中，取一鸡蛋打破，将蛋内容倾倒于一盛清水之碗内，“尼扒”即根据蛋白、蛋黄及胚盘在清水中漂游

---

① 占卜用之海贝共计两枚，其正反两面之形状分别如图所示：甲 乙两海贝掷得甲甲（谓全白课“掷得乙乙（）谓全黑课、掷得甲乙（）谓黑白相间之课。至于各课之吉凶如下述：

（甲甲）呈三次者，主病，不利；

呈三次（乙乙）者，主男不利，女大利；

吴第三次（甲乙）者，大顺大吉：

第一次呈（甲甲），第二次呈（乙乙），第三次呈（甲乙）者，大吉；

第一次呈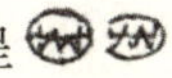（甲甲），第二次呈（甲甲），第三次呈（乙乙）者，大吉；

第一次呈（乙乙），第二次呈（乙乙），第三次呈（甲甲）者，大顺；

第一次呈（乙乙），第二次呈（甲乙），第三次呈（乙乙）者，大顺；

第一次呈（乙乙），第二次吴（甲甲），第三次呈（甲乙）者，大顺；

第一次呈（甲乙），第二次呈（乙乙），第三次呈（甲甲）者，大利。

的情形，而占之病人致病的原因及去病方法[①]。

3. 白纸卜：病者以白纸一张、折叠后枕于头下，翌日晨由家人持住“尼扒”处。“尼扒”将纸展示后，即能道出病者家境、病因及去病方法。

4. 手卜：傈僳患病，请“尼扒”前来诊视时，“尼扒”以自身左手拇指与中指伸开时的距离，量自身右手肘弯至指尖之距离，反复为之，而以左手中指指间与右手中指指间相互超过之情形（即视左和指尖超过右手指尖，抑右手指尖超过左手指尖）并计其相互超过之次数与先后，以决定病人致病之由与去病之法。

5. 米麦卜：用米或用麦（方法同）六颗，清水一碗，先祝告说：如此病为某某神（或鬼）所扰，则以米六颗分为三次丢入水中后，其沉浮之情形当一致。祝告毕，即分三次丢两米入水内，视三次沉浮之情形同一次中两米彼此间沉浮之情形是否一致；如一致，则断定病人为某神（或鬼）所扰，否则另卜或改用他法占卜。

6. 以地支十二属占卜：居住于澜沧江流域之傈僳，现已习用以地支十二属记时，故遇有若干需选择时间之行为，亦常于事先由宗教师或其他会以地支推算者代彼决定之。

（八）迷信费用：傈僳请宗教师为其占卜、决疑、祈神、禳鬼、医病、救魂等所付之报酬不一，且多属实物，如米、肉、茶、盐、酒或其他粮食、牲畜，要视邀请者之家境，事件之性质等而决定。至于每次法事所需用之物品，则由邀请者准备。除饮食物品外，多为纸张、香柱（炷）之属。就目前物价大致估计，则每次法事最少需滇铸银币[②]一元。

六、放　蛊

放蛊在傈僳社区中不如杀魂（详本节附录）之普遍，然傈僳亦深忌之，

---

① 有谓卜者先于水碗四周设置标志，分别表示不同之鬼神，然后视蛋黄上胚盘之所指，以定作祟之鬼神。

② 边地通行之硬币，每枚重三钱六分，称“半开”作银币五角，与法币兑换率高低不等。民国三十四年（1945 年）八月十五日，日本投降前云南□（丽）江、维西、德钦、贡山、福贡等县区每元滇铸银币（即两个“半开”）可换国币二千五百元至三千元。抗战结束后，物价跌落，银币之对换率亦低，每元于三十四年十月中仅仅能换得法币五百元左右。是年年底，又涨至一千元左右。

兹述有关各事如次：

（一）蛊之种类：蛊之种类据笔者所知共有六种，即天蛊、蛇蛊、虫蛊、蟆蛊、蜈蚣蛊、猫蛊、树叶蛊。又澜沧江流域之汉人，多称蛊为“药”，称中蛊为“着药”，故傈僳亦有称蛊为药者。

（二）放蛊之人：放蛊之人，男女皆有，且世代相传，而以妇女业此者为多。

（三）除蛊方法：中蛊之原因不一，故除蛊之方法亦有多种：

1. 呕吐：放蛊者多利用饮食之际，使他人中蛊。若中蛊者嗅及烟油之味，即为中毒之证，急宜设法呕出所食之物，并问同席者当时之年月日即可避免。

2. 服药：中蛊后可服解药。凡有蛊之处，均有解药出售者。其制法则秘不告人。

3. 祭禳：此法对中蛊者用之。据谓祭时用青杠栗树枝一根，一柱（炷）香及一只鸡。

4. 捉蛊：傈僳中蛊后，有谓可请宗教师将蛊捉住，现出原形，然后将其投于沸腾之油锅中，如此中蛊者可得救，而养蛊之人则飞奔前来毙命。

5. 滚鸡蛋：中蛊者之家人，以鸡蛋煮熟后，放于病人身上滚之，滚之后剥开视之，则蛋黄已变黑色，如此连续滚数日，至蛋黄不变色时，即为蛊已去净。

6. 洗蛊：患者家人请宗教师将手放于沸腾食油中，然后用手抚摸病人全身，谓之洗蛊，亦可得痊愈。

（四）关于蛊之传说

1. 养蛊者于端午节日捕毒虫百种，置器皿中，使其自相残食，最后剩余之一种即能为蛊。

2. 养蛊者所畜之蛊，或置于衣服中，或置于头发间，可于饮食时放蛊，或以指将蛊弹出，又或用手抚摸人身，使被抚摸者中蛊。

3. 蛊之原形有时可显露，此时放蛊者急速说出一物之名，则蛊可变为该物，而由放蛊者加以藏。

4. 天蛊系自天空中落下，专为害小孩者，故黄昏时小孩忌在院落中随地坐卧或靠壁行走。中此蛊者日渐瘦弱，枯干且复可变瞎。其他各蛊中之者，头痛、腹泻、脚瘫、手软、背痛，日久可全身浮肿。中蛊后一星期上列病状即发作。

5. 如系由饮食中蛊者，则当时因在何种食物中得蛊，病人即嗜食此物。

6. 有传养蛊者（无蛊除外），系将所养之物置于土陶器皿中，以五色线绕红布盖之，每日以唾涎饲之，经年余后，即可成蛊。

7. 养蛊之家，可“经吃经用”，但因其名誉不好，社会批评太坏，村邻亲朋且不愿与之发生婚姻关系，故虽可生财，亦有损失。

8. 养蛊者如欲将所养之蛊放出，则可请宗教师送出之，但须以其家中珍贵之物品陪同抛掷之，多将蛊及作物以包袱包之，丢于荒野或路旁。如他人贪图钱财而捡取，则捡之者即得蛊；如捡之者不欲养之；则以私人之财货陪同抛掷之。

9. 欲预防与养蛊者同席饮食中蛊，则可于同席时一面问年、月、日、时，一面将筷子颠倒使用，即可防止中蛊。

（五）信仰蛊之程度：傈僳对放蛊者甚为畏惧，亦甚信仰，对有养蛊嫌疑之家，多所忌避。

七、预　兆

（一）相貌类：维西澜沧江居住之傈僳对相貌所表示之预兆，约有以下各种说法。

1. 痣之部位：

（1）前额正中有痣最好；

（2）鼻梁根部有痣，一生平稳；

（3）鼻尖有痣，命苦；

（4）眼下有痣，一生气愤多；

2. 耳之大小：

（1）耳大能下垂近肩者最好；

（2）耳小者为怪人；

3. 髭须有无及长短；

（1）有须无髭者命不好；

（2）髭长者寿长，且生活无困难；

4. 手纹：男子看左手，女子看右手

(1) 拇指部分之手掌上纵纹数目兆子女多寡；

(2) 开口于食指与中指中间之一条横纹（~）兆人生奔波与否；

(3) 拇指与食指中间之一条纵纹（∫）兆家财之有无及聚散。

（二）禽兽活动类

1. 老鸦惊人急叫，兆死人；喜鹊啼、兆有财喜；

2. 公鸡啼不依时，兆将有火灾，应加防范；

3. 母鸡啼兆死人或其他凶事；

4. 母牛难产，兆主人家父（母）将死：

5. 遇虎兆家人死：

6. 旧历年过后，闻斑鸠先叫，兆年丰、地方清平；

7. 旧历年过后，闻绿斑鸠先叫，兆年成不好。

（三）天象类

1. 太阳周围有黄晕，则午前天晴，午后将下雨：

2. 流星较长，且连续发现者，则世间将有兵灾。

3. 流星较短且非连续者，则兆火灾。

4. 较长之流星落于何方者，则该处将有疫症。

5. 天空有一大星与月亮接近，且同一方向进行一月以上者，兆兵灾。

6. 天空有一大星在月亮前进者，为吉兆。

7. 天空中有一大星在月亮后行进者为凶兆（将有大风或战争）。

8. 星宿出没依时，部位正常者，兆世间清平。

（四）梦

梦，倮语称为“俄密孔”，谓系魂来附托，梦中事物各有征兆。兹就访问所得之四十八个梦之解释录之如下：

1. 梦狗来咬，征口舌；

2. 梦狼来咬，征镣铐传讯；

3. 梦虎来咬，征诉讼；

4. 梦打石头，征涉钱财事；

5. 梦熊来咬，征疾病；

6. 梦鹰，征遇杀魂（杀魂之意义，参考《宗教与信仰》）；

7. 梦下雪，征凶祸死亡；
8. 梦鸡、雀、鸟，征凶祸出血；
9. 梦牛角触人，征家神找病；
10. 梦银钱，征精神衰弱；
11. 梦杠抬木材，征抬送死人；
12. 梦风吹下雨，征哭；
13. 梦大便，征沮丧、懊气；
14. 梦树果熟烂，征伤心流泪；
15. 梦洪水蛟发，征凶祸大事（边民认为洪水系蛟作祟）；
16. 梦蛆，征得蛊；
17. 梦攀援树木跌落，征年岁长大；
18. 梦猫、猴子来屋，征小儿肚泻；
19. 梦蛇，征妇女怀孕；
20. 梦刀、剪，征遇见孕妇；
21. 梦镰刀、锄头，征孕妇生女；
22. 梦柴刀、犁头，征孕妇生男；
23. 梦过河，征生病；
24. 梦蜂王，征生病；
25. 梦包谷子，征儿女出痧；
26. 梦出门归家，征音信到来；
27. 梦猪来屋，征汉人来家；
28. 梦羊来屋，征傈僳客来；
29. 梦结婚，征家人死亡：
30. 梦唱山歌小曲，征遇丧主哭：
31. 梦出兵交战，征好友死亡：
32. 梦放倒绿叶树木，征富者死亡：
33. 梦放倒干枯树木，征贫者死亡；
34. 梦树倒于何方，彼方必有死亡：
35. 梦放羊上山，征天晴；
36. 梦放羊下山，征下雨：

37. 梦新鲜土堆，征农作丰收；

38. 梦扫空落叶，征年成不好；

39. 梦落牙齿，征儿女死亡；

40. 梦日没月落，征妇女死亡；

41. 梦跳锅庄在前①，征抬埋死葬；

42. 梦跳锅庄在后，征村邻人死；

43. 梦划船过桥，征村丧埋葬；

44. 梦金子，征掘圹（埋棺村（材）之穴）；

45. 梦破衣鞋袜，征吃肉；

46. 梦送丧，征猎获兽肉；

47. 梦拾落胡桃，征丧事吃肉；

48. 梦背捡石头，征进财得钱；

49. 梦白发家神，兆灾难；

50. 梦黑发家神，兆平安。

（五）人事活动

1. 眼皮跳，兆快乐；下眼皮跳，兆痛苦；

2. 眼皮三日连跳，兆下雨；

3. 眼皮一月连跳，兆亲戚或家中人主要分子将死一人；

4. 耳朵热一时，兆有人论其是非，热一日兆将下雪；

5. 肩肘跳均兆儿辈病。左方兆子，右方兆女；

6. 右上臂跳兆经常可获利；

7. 晨起出门遇三背水，兆到处下雨；

8. 出外遇一桶水及任何货篓，则沿途吃喝无忧；

9. 出外遇一人负一空篓子，或仅以绳索搭于肩上，则此次出外，一无所得。

10. 出外遇空身人手置于后，则见之者心可宽乐。

11. 出门求财时如遇蛇类由路下向上爬，财即落空；遇蛇由路上向下爬，财即获得。

---

① “跳锅庄”为边民娱乐之一，详见本报告《社交与娱乐》章。

12. 三人出门，遇蛇由三人中穿过，则三人中必死一人。
13. 见蛇吃雀，见之者数月必死；如能将蛇杀死，则见之者延至数年后方死；
14. 见蛇爬树，则见之者家中死一人；
15. 见蛇食蚱蜢，见之者死；
16. 出门跌倒或被石头碰着，则此人将犯过失；
17. 房屋内若壁上蜘蛛绕满一圈，则此家必须死一人。

八、佛教或基督教之影响

傈僳之信佛教者，南部较多，盖与摆夷杂居或邻居故也，北部未受佛教影响。基督教因多数西洋传教士长期之努力，是在傈僳社区中已渐普遍。即使南部原信佛教之傈僳社区，亦多改信基督教矣。基督教对彼等发生之影响可谓甚大。其日常生活中之衣服已较前整洁，食时必祈祷上帝，住处亦较为整洁；因传教士常来之故。房中原日供奉家神之位置也改悬耶苏（酥）、马利亚之像或其他圣经故事。星期休息并作礼拜，过复活节、圣诞节，取消原有之各种鬼神随祭祀、信仰，改变其婚丧仪式，保持诚实的习惯，服从传教士的意旨，放弃烟酒之嗜好等，均其荦荦大者，虽此种影响好者较多，但也不免因此而发生许多问题，盖边地之传教士多外人；故边民因信奉基督教，也无形养成对外人尊崇及服从之习惯。尝见边地县区中有地方行政官所不能召集之群众，解决事端，教士能召集之、解决之，故教徒渐有“教民”之称。然此种现象之养成，自不能尽责外人，吾地方政府及非教徒，亦有应反省警惕者。①

附录：杀魂

傈僳社会中对杀魂之信仰与畏惧尤甚于放蛊。兹将新运总会第一边胞服务站助理事和源盛君所记录维西县化普乡第八保喇噶洛村之一杀魂案附录于此，以作参考。

---

① 笔者姑举一例，以概其余。云南西北边区某设治局长串同地方劣绅胁迫人民种烟。该区内所有信教人民因囿于教义，未即附和；于是，凡是遇上级机关派员前往查烟时，种烟之官绅即怀疑该区内之教士及“教民”为告密者，并声言如有因查烟而发生之人命财物之损失时，“教民”责无旁贷，致使教会、教徒与地方官署劣绅、莠民之间发生隔阂。信教者对地方政府及官之命令、即不乐听从，类此之事，国人应深自反省。

傈僳民族最畏惧者为杀魂，最信仰者为“尼扒”（傈僳之宗教师称“尼扒”）无论男女老少，遇到杀魂，十有八九不及营救而罹难。余于民国三十三年（1944）八月，奉命前往维西县澜沧江西岸之喇噶洛村工作。该处系纯粹之傈僳村落，共计101户。余到后，常闻彼等叙及村内杀魂之事件，云昔罹难者，已有十余人之众，闻之悚然。余于是询问杀魂术是否人人可能。彼等谓为“尼扒”者，始有杀魂之技术，如是，则人人可得而被杀，复何方法而解救，岂不惧哉！然，“解铃还需系铃人”，是故“尼扒”杀魂，仍可请另一“尼扒”解救。此种神奇事颇欲得知其详，不料是年十月下旬，忽然发生一起杀魂案。兹将其经过详情，一一叙述以作研究傈僳社会之参考。

维西化普乡第八保因辖地比较广，故一保长之下，尚有总甲长二，每一总甲长下，有甲长三人或四人。喇噶洛为第八保下总甲之中心地，除辖古咱、喇马洛二甲外，另喇噶洛有甲长二人，皆系“尼扒”，言行跋扈，类似土豪，一名宗俄扒（乳名克早），一名俄美扒（乳名哇贝）。前者只杀魂，不替人禳鬼；后者只禳鬼而不杀魂。总甲长名尔恒扒（乳名咱退），为人坦白，颇懂事理。一日，各头人咸集饮酒，酩酊大醉。先是保长二人因舍根登保国民学校教员吴深霸占第八保学粮而不尽教学之责，再四赴维城控诉，用村中公积之谷子数斗作伙食开支。是日此喇噶洛二甲长提出异议，总甲长咱退乃正声厉言道：“汝二人为公不前，在甲下审理民事，吃酒杀鸡，好不痛快！”于是二甲长想立刻动武殴打，所幸旁人劝解。但此二人已怀恨在心，时思报复，伺机而动。十月二十九日，咱退妇人在园中挖芋头，不幸胫间被伤一锄，伤口颇重，即日躺床不起。待至三十日夜晚，宗俄扒将咱退妇人之魂摄去，在多岔路口压住，放出所畜（蓄）养之神物：鹰、狗各一，暗中前来咬伤咽喉；片时不省人事，眼眶陷落，手足冰冷。斯时家人声泪俱下，悲痛异常，当由亲友分头请“尼扒”医魂。“尼扒”吴纽等皆至，看病结果，俱言系宗俄扒摄魂，魂已压于岔路口一节木头下面，急去抛撇，自可转愈[①]。其家人如言而行，不久咱退妇人生魂转回，眼泪汪汪，渐省人事，亦云幸矣！

次日家人将此事报告保长、甲长。保长派迟牢扒一人，咱退派金泽扒一

① “尼扒”行邪术，摄他人之灵魂后，多将其压于山野之木石碎块或树木枝叶下，至看病“尼扒”则利用病者头下所置之白纸，加以研究。其详可参阅本章第五节（七）目。

人，宗俄扒派害富扒一人，哇贝派哇贝扒一人，“尼扒”吴纽派吴纽扒一人，分为二组，相互监视。一组赴兰坪之维登乡红岩村念吴“尼扒”处，一组赴维属化普乡第七保松坡村饶恩扒“尼扒”处，共看杀魂者之身家情况，所畜（蓄）神物。两处看来之结果，殊途同归，言合一辄，未有出入之处，至是俄宗扒乃自认是实，愿受裁判。延至十一月十二日，此事开始商谈。十三日闻知杀魂事件渐有头绪，被告前来请余代写具结纸。余欣然应允，因欲知傈僳杀魂之哑谜也。十四日，原被告点收损害财物，头人村民，宰猪饮酒，大开团宴。十五日探询被告宗俄扒财物之损失超过滇省银币壹百元。以当时兑换率计算，每元银币换国币壹百元，综合国币壹万元以上，亦云巨矣。

十一月十六日，记录红岩村、松坡看魂经过之口供，旋唤宗俄扒对质，全然默认符合。兹将口供录之如次：

记录人：××× 地址：喇噶洛村新范民众学校

原　告：咱退　被告：宗俄扒

列席人：熊五博、哇贝、迟牢扒、金泽扒、哇贝扒、害富扒、吴纽扒、普得扒并原、被告亲友十余人。

甲：报告看魂经过

一赴红岩看魂人迟牢扒、金泽扒、害富扒报告谓：“前往兰坪维登乡红岩村念吴‘尼扒’处看魂时，念吴说，杀魂之“尼扒”是在被杀魂者之东北方，居于村北，有三条路，上、下两路，皆为通行大路，中路可达‘尼扒’家。杀魂原因，系因公事口角数语。住宅情形：坡下正房一间，门向南。房下面有桃（树）两颗（棵），现叶落枝空，一颗（棵）枝桠依垂屋上。门口前面有猪圈二间。坡上稍偏南有房子三间，右间口向南，无门板，近日内无豢养牲畜。中间有许多人杂居（按：内有古咱村来民校之学生五人，宜其底村来民校之学生七人寄宿——笔者注）左间与中间有一过道，两门相对，左间是牛羊圈。房屋背面有高大之梨树一株。屋之西南数十步有接水槽二，下槽已坏。‘尼扒’是一个左脸上有小疤痕，颈间有癣，家中有女子三人，有外来者一，男子二人，一大一小，大者杀魂。其所畜神物是古宗一人，饿老鹰一只，白颈黄狗一只。家中牲畜有黑狗一只、黄牛六条（内牯子二条，小牛二条，其中一条额白）、黄母牛一条、尾白、紫黄母牛一条，母猪一口，已生三窠，数目多少说不出，山羊六只，二只白羊，一只未在家（按系怒江傈僳买去

——笔者注)，在家之五只山羊中，尚有白羊一只。”

二赴松坡看魂人哇贝扒、吴纽扒报告词全与前面符合，未有出入，故不再重录。

乙：被告宗俄扒供：以上二组看魂之报告自认是实，一无虚谎，无庸再供云云。

余于是日将口供录毕，代写具结纸一张，兹录于后：

立具结文约人宗俄扒，系喇噶洛村内居住，自行邪蛊之术，无端摄杀生魂，历有年所，前亦有案。日前与咱退稍生口角，心情不甘，乃趁咱退妇人胫间受伤之隙，摄杀生魂，几至毙命；幸分头请各处“尼扒”医魂，始行转佳，而得保生。村众前来究办，自招认实，改过自新。今愿具结到咱退名下，赔偿损害费大洋三十元；其调解办理各情，另立村约详开；日后在本村范围内，再不敢行邪蛊之术，摄杀生魂，将来如有发现，自愿受惩。人心不古、恐口难凭，别无虚谎情事，甘愿具结是实。

立具结人约人：宗俄扒（押）

凭保中证人：俄美扒（押）

代字人：×××（押）

中华民国三十三年（阴）十月初一日

此次杀魂案之处理，村众甚为关怀。事后每户出银币五角积存咱退处，作为日后应付杀魂，制裁杀魂者之用。今后如有同样事件发生，照此数再积。被告所出之费用，原告所得者为黄牛一条，作价银币三十元；母牛一条，作价银币十二元；小牛一条，作价银币五元。另以十元作村内教育基金，七元作该保公费。猪一头，作价银币十二元，村众宰吃。此外“尼扒”[①] 看魂费、膳食费，酒茶招待费，甲中老民调解费，一一计算，略含银

① 杀魂“尼扒”所畜（蓄）养之神物，即其行邪术之代表者与执行者。各“尼扒”所畜（蓄）养者不尽相同，常人不易见，唯“尼扒”及被害者可得见。此处有古宗一人，系因滇西北边区各部族中，以古宗最强悍，故有此说。杀魂“尼扒”畜（蓄）养之神物据云有鹰、鹞、蛇、猴子、鸱鸮、童子、喜鹊、白鸽等数种。前五种均害人，而以蛇、猴为最，受其害者不易生还。后三种不多害人，而为“尼扒”执行其任务。

币四十元。以上综计略合银币一百三十元，案件结束以后，化普乡乡长捕风捉影，以为有隙可乘，于十二月七日驰抵该村；因见新运总会边胞服务站之办事处驻此，难以大肆勒索；唯既到之后，心仍不甘，次日暗中将充作教育基金之银币十元，全数磕榨而去。彼等傈胞，望洋兴叹，颓丧不置。[①]

① 傈傈传说，魂救出后可由“尼扒”喊回病人家中而进入一水杯中。其形状或如树叶，或如树枝，或如蜘蛛，或如他物。他人也可见及。“尼扒”将其取在手中念咒语后，将其放还病人身上，抚摸数次后，该物即不见，病者也皆痊。

第五章　社会组织

一、家庭组织

（一）家庭大小：傈僳家庭大小，拟分两方面叙述：第一，就家庭中共同生活之人数而言，则据笔者在维西沿澜沧江之傈僳社区及贡山沿怒江之傈僳社区，访问观察之所得，并参以与傈僳接近之汉人、么些人之意见，佥认傈僳每一家庭中共同生活之人口，平均在5.5到6人之间①；第二，就家庭中共同生活各人之关系而言，则傈僳家庭中共同生活之人员，多系直系亲属而绝少旁系同居，换言之，即少同堂共居之家庭。

（二）亲属关系及其在家庭中之地位：傈僳家庭中亲属关系多甚良好，男女老幼，咸相亲爱。其在家庭中之地位，以父母为高，而父亲更为全家之长，操持大权。但如三代或三代以上之亲属同居，则在家庭中之地位，虽以年长辈高者为尚，但家庭中实际之事权，则以负责全家生计之壮年男子为大。

（三）家庭中之分工情况：傈僳家庭中分工情形约如下述：

1. 开辟山地，耕种耘获及砍柴背重，服役奉公，贸迁有无之事。多由男子任之；

2. 纺麻织布，养猪喂鸡，缝衣煮饭，生育儿女，整理园圃，汲取用水，舂榨食油②之事，多由妇女为之；

3. 割草拾粪，放牧牲畜，助理杂务之事，多由儿童任之。

此为其分工之大概情形，但有时视家庭中各项事务之繁简，各人之经常工作，亦可有暂时之变动，以收争取时间或集中力量之效。

（四）亲属家之称呼：傈僳亲属间之称谓，主要者如下（［］中汉字为注音，与原字之义未必有关）：称父母为：［阿爸、阿妈］；称祖父母为：［阿罢、阿牙］；称曾祖父母曰：［阿罢平、阿牙平］；称伯父母曰：［阿五

① 近年来，傈僳社区因兵役等关系，家庭规模日益缩小。据本报告第十一章第三节补加材料，平均每家之人数低于上列数字一倍者，但笔者认为该项材料所代表之情形并不普遍。

② 傈僳食油多由核桃及漆树子榨取。核桃置于碓中舂后，将硬壳筛去，核桃肉续舂成饼，然后置锅中熬之，油自出。漆油则由漆树子舂之，去核后熬油。除以上二油外，猪油甚难获得。

扒、阿五妈]；称叔父母曰：[阿五、阿友]；呼儿曰：[饶（饶字音近国音字母中之日（r）音，下同）]；呼女曰：[米]；孙男曰：[利罢]；孙女曰：[利妈]；兄弟曰：[腻饶]；姊妹曰：[腻妈]；一般男女之称谓，男性群曰：[饶罢饶]；女性群曰：[饶米饶]；丈夫曰：[饶古]；妻子曰：[饶米吃]；哥哥曰：[阿夷]；嫂嫂曰：[妈牢]；弟弟曰：[腻咱]；弟妇称同妹妹；姊姊曰：[阿姊]；姊夫曰：[妹五]；妹妹曰：[腻妈]；妹夫称同姊夫；儿女相婚配之父母互称：[木夫扒、木夫妈]；外祖父母称呼与祖父母同；称岳父曰：[饶母姨扒]；岳母称：[饶母夷妈]；称舅父曰：[阿五]（如叔父）；舅母曰：[阿腻]；甥男曰：[少饶]；甥女曰：[少妈]；侄子与侄女同称：[色]；姑父母与舅父母同称；姨父母与叔父母同称。

（五）命名：傈僳初生婴儿命名，按旧日制度，生男则取与父名有关之名，生女则取与母名有关之名。今此种习俗已渐泯灭。怒江沿岸傈僳，普通对儿女之长幼次序皆有固定之名称。男孩依次序称阿普、阿豆、阿肯、阿此、阿滴、阿革、阿比、阿育、阿匹、阿供；女孩依次称阿娜、阿腻、阿差、阿杜、阿吝、阿打、阿耻、阿更、阿哭、阿义，与内地称儿女之次序为老大、老二、老三、老四、老五、老六、老七、老八、老九、老十之意义相近，唯其特点为男女次序之名称各殊。如果一对夫妻之子或女超过十人以上，则男孩以篾图、牵布表十一、十二，女孩以筑枯、筑也表十一、十二。“篾图”“牵布”皆系箭包，代表男子之狩猎；“筑枯”、“筑也”意为绩麻，代表女性之纺织。傈僳家庭中之原始分工，由此男女孩童次序之名称中可以表示出来。至于居住澜沧江江沿岸之傈僳，亦有采用上述称谓者。但由怒江徙入者，或常与怒江傈僳往来者为限。原住澜沧江流域者或由内地其他县区徙入者，采用以上称谓者较少。

傈僳初生婴儿命名，大致以生时之情形而定，试举以下数例，即可见其一斑：

乳名　取义

饶妥　婴孩生时长大

害簸　婴孩生时属鼠日，生时其父出外未归

娃撒　婴孩生时，家人带回三条鱼来

篾碌　婴孩生时，眼睛很圆

耍米　婴孩生时于麦子成熟之时

擦拖　婴孩生时，家人自市上买得筒盐一块归来

耍保　婴孩生时，家人正在炒包谷，故乃以包谷爆炸之声为婴儿名

聂雅薄　婴孩生时，其父自山中猎鸟归来

阿拿洛　婴孩生时，犬吠

黑扒色　民国二十四年（1935 年）福贡设治区傈僳发生变乱，捕杀汉人。维西叶枝乡某傈僳适于此时诞生，乃以“杀汉人”为名

傈僳未成年之男女，多称其乳名。既届成年则另有喜名，即结婚时所得之名。喜名之取得，多由订婚或结婚时，男家送往女家之财礼而定（参阅第六章四节注[①]），间也有取决于结婚时之气候或其他情形者。决定喜名之权，多操于结婚者之长辈或媒人手中。又夫妻之喜名相同，唯于名后分加“扒”“妈”二字，以示区别。此时之“扒”可有二义：一示结婚之男子业经成人，二示结婚后应有子女，以符合家庭之定义。在子女未出生之前，姑以订婚或结婚时男家送往女家之财礼中一物为名，而称此男子为该物之“父”（“扒”之另一义为父，参阅下文），称其妻为该物之“母”。待子女出生后，父母又以子女为名加“扒”“妈”为名。

兹将新运总会第一边胞服务站在维西化普乡第六保腊八山村调查所得之二十八对夫妻之喜名列后，以供参考：

喜	名
叶尸扒（妈）	杀猪送礼
叶崩扒（妈）	抬猪送礼
叶切扒（妈）	背猪送礼，中途滑跌
叶更扒（妈）	赶猪送礼
叶咩扒（妈）	背猪送礼
叶路扒（妈）	猪肉丰餐
叶几扒（妈）	猪肉称过
叶彪扒（妈）	扛猪送礼
吃彪扒（妈）	扛羊送礼

① 傈僳之喜名通常均不超过两音，故若仅就此两音之意义观之，未必得其喜名之来由。本目之“取义”部分，多系经关系人解释后而得知者。

吃巴扒（妈）	换小羊，送大羊
吃花扒（妈）	借羊送礼
吃几扒（妈）	羊肉称过
吃切扒（妈）	背羊送礼，中途滑跌
金卑扒（妈）	酒不满瓶
金咩扒（妈）	背酒送礼
金树扒（妈）	新人家中，酒瓶甚多
普花扒（妈）	借银送礼
普思扒（妈）	挑选银子送礼
娃古扒（妈）	婚期下雪
娃扫扒（妈）	婚期下雪
隆切扒（妈）	馈送饭豆，中途滑跌
拉私扒（妈）	送牛两条，退回一条
拉滋扒（妈）	女已许字，抢来成婚
脱更扒（妈）	结婚时贺礼受骗
逆弩扒（妈）	夫妻恩爱
丘松扒（妈）	以米送礼
俄松扒（妈）	以菜蔬送礼
俄咩扒（妈）	背蔬菜送礼

以上所列之喜名，以猪取义者八，以羊取义者五，以酒取义者三，以银取义者二，以雪取义者二，以饭豆取义者一，以牛取义者一，以抢婚取义者一，以欺谎取义者一，以恩爱取义者一，以米取义者一，以蔬菜取义者二。傈僳名之样式尚多，此不过略举数义而已。

夫妻生育子女后，子女即以上法取得乳名。而此时为父母者，多以头生子（或女）之乳名加“扒”“妈”二字为名，意为“某某”之父母，至此，其喜名即不多称。如婚后无子女，则仍以其喜名称呼之。可见傈僳社会中，也认为男女婚后，即应有子女。在子女未出生前，姑以婚礼或婚时其他事物中选择一种，而以新郎、新妇为此物之“扒”“妈”[①]

（六）承继及遗产处置：傈僳家庭中，共同生活之人数不多。女孩稍长，或以之嫁作童养媳，或即与他人正式结婚。而男孩子成人时，亦必为之结婚成家，使其独立生活[②]。结婚时，父母即将家产分赐一部分，至于未成人之幼子，则仍与父母共同生活。故父母死后，所有已婚弟兄分剩之产业，多归幼子享用[③]。至如家中无子则以女招赘，享受遗产，若子女全无，则由其兄弟辈或其他亲人处置。

（七）生儿育女之信仰及禁忌：傈僳对生育儿女，仍系顺应自然造化，故殊少禁忌。如男女婚后久而无育，则请“尼扒”卜卦问故，或请医买药。若仍无效验，则或认为系命该如此，或由男子另行纳妾。至于其对生男生女，不甚重视，盖傈僳女子之劳作能力与其对家庭之贡献，并不在男子之下也。生育时，由村中较有经验之妇女帮忙接生。脐带以刀剪或竹皮割断，婴儿以涡水洗涤。产褥期间，母猪肉不食，产妇休息三五日后即恢复工作。产褥期间，也无滋补之饮食享用。小儿满月、周岁之礼，在傈僳家庭中未闻举行。

（八）女子的地位：傈僳女子之地位可谓与男子相等。盖既无若干束缚女子言行之礼教，亦无特种戕斫女子身体之习俗（如束胸、缠足等）。故傈僳妇女，无论在意识上及体力上均可与男子相比拟。吾人于傈僳社区中旅行，或至傈僳家庭中借宿时，每见傈僳妇女态度大方，坦然无私，对待陌生之男子，亦少忸怩羞涩之态。此种事实，当可表示傈僳妇女在其社会中地位之自由。

（九）双生子之处置：傈僳家庭中，双生子事属鲜见；有之，傈僳对之也不以为不祥而加以残害，仍照常抚育。

二、氏族关系

（一）领域：傈僳部族中，虽有氏族团体存在，但其遗留之特征现已甚少。就其领域而言，则各氏族并不聚于一处，或一距离不太远之区域，且因

---

① “扒”“妈”二字之意义可有多种。“扒”字可作为“人种”“男子”“成人”“父亲”之通称。“妈”字可作为“女子”“母亲”之通称。但“扒”“妈”二字就笔者访问所得以作“父”“母”解者较普遍与恰当。

② 傈僳成年子弟分居情形，近年更有明显之趋势。请参阅本报告第十三章六节。

③ 幼子结婚后，父母即与幼子同居。此时家庭之财产，或全为幼子享用，或予以重新分配。

经过多次之迁徙，是目前渐成各氏族混居之状态。至于每氏族之人数，也因族中分子分散之故，未能知其详。但各族中之分子，却无脱离其本族加入他族之权，且现时各族分子所耕之土地，虽可与他族之分子所耕之土地发生买卖及租当关系，但各人仍能记忆某块土地原为某某族人者，现为某某族人买得或租得或当得。

（二）族长与统治权：倮倮各氏族因住地分散之故，是现今各族中无族长。而原日族长之统治权现已为保、甲长所代替。

（三）本氏族与各家之关系：本氏族与各家之关系目前除共戴一姓外，已无其他之表示。

（四）有无图腾遗迹：倮倮部族中现存之图腾遗迹，就笔者所知者，仅余共同之族称（即姓）一项。兹列表于下：

图腾原名	解　释	从　姓
刮饶时	荞的氏族	乔[①]
施饶时	草的氏族	曹
俄饶时	菜的氏族	蔡
挖饶时	鱼的氏族	余
害饶时	鼠的氏族	楚
别饶时	蜂的氏族	丰
五饶时	熊的氏族	熊
育饶时	羊的氏族	杨
拉饶时	獐的氏族	张
牢饶时	虎的氏族	虎[②]
蘖饶时	雀的氏族	屈
耻饶时	麂的氏族	金
古饶时	星的氏族	古[③]

① 本表之各种从姓，多系取与汉语解释之意义，彼此音相近而为汉人习用之姓，用之，如荞之与乔、草之与曹等是。

② 牢饶时从姓虎，但也有发现改从姓和者，因么些多姓和。

③ “古饶时”意译为“星的氏族”，甚属费解，故有人谓此族人之祖先系观星相之术士，故应译为“卜的氏族”，确否待考。至其从姓古，则系就“古饶”一音中取用。

饶利时	麦的氏族	李[①]
要饶时	窃的氏族	麦
怒饶时	豆的氏族	窦
莫比时	胡的氏族	胡
倪饶时	霜的氏族	霜

目前：各氏族中之分子可互相通婚，对其族姓所指示之物也无禁忌。至于各氏族取得其姓之来由，则或谓系得自天神所赐予或规定其祖先之事物，或竟谓自古即有此姓，而不知其来由。

（五）有无械斗及其他氏族之冲突：傈僳性刚嗜杀。故传闻旧日傈僳社会中，凶杀械斗之事常有发生。双方亲友及同氏族人之相互助阵，形成敌对之战团，待至一方有人员伤，则由双方之妇女出面调停，判定曲直，商议善后赔偿。事件了结时，双方饮酒和好。但民国以来，因沿边各县区多已设治，汉人前往者渐多；数十年来，管理导化之结果，此种械斗及氏族间冲突之事实已无发现。惟年老之傈僳仍有此类传说，故可知以前械斗及氏族间之冲突曾经存在。

（六）有无公共财产：傈僳各氏族中，现无公共财产，因其氏族团体，已日渐解体。

（七）集会的机会与场所：傈僳集会的机会不多。盖祈神禳鬼及过年节，多系以家为单位而举行。如有需亲友或村人协商之事，也多在当事人之家中、村中、路旁或门前之空地上、水漕（塘）附近或较大之房屋内集商。至专为一氏族之事而集会者，可谓绝无仅有。

三、政治组织

（一）村寨大小：傈僳因住居山坡，受地形及耕地限制，是其村寨无过大者。就笔者在沧、怒两江沿岸傈僳社区所见者，每一傈僳村落，多只三数十户，较大者亦不过百户左右，至十户以下之村落也常遇见。

（二）保、甲长裁判的力量：傈僳村落中，旧日之寨头称“别色”，汉语称“火头”，系由当地居民选任或由所属之土司委任，奉上行下。除负责

① 饶利时族人之祖先，相传父子为窃。某次，其子被捕，主人紧握其发辫不放，子急告其父。其父曰：“汝颊巴尚未被抓，彼奈汝何！”主人闻声慌张，图抓颊巴，其子乘间逃脱幸免。如此族人称做“窃的氏族”。从姓“李”谅由“饶利”之“利”字变音而得。

传达命令，征解赋款外，对村民纠纷及村中发生之事件也有权制裁处理。近年来，傈僳村寨中也有保、甲长之设置。其人选也以傈僳为多，尤以甲长为然。其权力也颇大。盖其所办理之事项为政府所规定者，故其执行之权力也为政府赋予。人民如不遵守其制裁，彼可请求上级机关强制执行，并可罚锾或限制其身体自由，借对村民增加其权威。

（三）自卫：傈僳村寨中自卫武器，多为其狩猎之弓箭[①]，间有少数火铳，如笔者在维西属沿澜沧江之傈僳村落中，即曾发现。至新式之枪枝，仅滇缅北段未定界内受英（国）人管治之傈僳，间或有之。凡村中有警，全村成年男子闻吹牛角或其他音响信号后，均须持自有武器出外警戒，从事防御或攻击。

（四）旧式村约或乡约：傈僳自以农耕为主要之谋生技术。而有聚居与比较安定之生活后，其社区中即有若干维持公众安全与福利之信约。唯因傈僳原无文字，故其社区中之信约为“不成文文法者”，与汉人社会中旧式之村约或乡约略有不同。傈僳之村约，主要为自卫办法之规定。盖其居处偏，随时有遭遇外人抢劫或伤害、凌辱之可能，故每一村落之住民，多规定有遇警自卫办法。闻特定之信号后，村中男子约应持武器出外担任警戒、搜寻、战斗或追击之任务。其次，如对“尼扒”杀魂之禁止，也可列入村约[②]普通傈僳村落遇有须公众遵守之事，多于公众集会时加以宣布。日后遇违犯者，由村中老民予以裁处，一则尊其齿德，二则旧日会议宣布之事，唯年老者方能记忆。

其他如偷盗他人物品及狩猎越出范围，或奸淫案件，均系于发生此等事例后，由村中保甲长与老民村众等公议，防止再度发生及处罚办法，而形成该村村约之一部分。[③]

（五）诉讼：傈僳彼此间之诉讼事件，较小者由地方保甲长或村中先民

① 傈僳有药矢一种。清余庆远之《维西闻见录》记之颇详。其言谓：“药矢，弩所用也，矢及镞皆削竹而成，扎篾为羽。镞沾水裹药，约采自乌头曝而研末者。猎中禽兽入皮肤，飞者昏而坠，老者麻林而僵。”按：乌头即草乌头部，性最毒。俗传遇血即可命伤者中毒毙命而有“见血封喉”之称。

② 此事可参阅本报告《宗教与信仰》章附录。该村因遇有民众学校之教员在，故乃将该次杀魂案件之经过及处置办法以汉字书作村约。

③ 如维西叶技乡若西洛村规定，犯偷者一两次，赔赃物并予以口头警告，第三次送往官署究办。又，凡打猎超过该家或该族山林之范围时，如有所获，应以一半分与山林之原主。又维西化普乡腊八山，村则规定凡与他人之妻通奸者，罚奸夫银币五十元作村中公益事。

予以调处[①]，案情则报请所属土司（如该处尚有土司时）、乡公所或县政府、设治局审理。傈僳因知识及财力关系，诉讼多至县政府为止，绝少上诉者，故实际仅达第一审即止。

傈僳诉讼事件除由村中头人、老民代为和解者，其金钱损失较轻外，若经由乡公所或设治局及县政府审理，则傈僳原、被告之痛苦与损失，实一言难尽，如请人写状纸之费用，乡丁政警传案之旅费与招待、到达受审处所，因延宕而需用之伙食等开支，县府收发处及审案时之各种陋规用费。审判时又或因言语关系，或因审判官受贿舞弊，或因他人从中播弄，致多未能作公正合理、深惬民心之判决与执行；而败诉者所出之大批罚款，多卷入地方官之私囊。故傈僳向地方政府起诉时，均抱无穷之怀疑与恐惧。至若傈僳因不堪汉土官吏之压榨敲磕，无从控诉，或虽经控诉而未得上峰之公正处理时，甚或激成事变而招致政府及边民大量生命及财产之损失。[②]

（六）土司权力：元、明、清三代，滇边傈僳多归当地土司管辖。因政府对边地鞭长莫及，故土司之权力甚大。边民之贡赋、诉讼、抚绥、教化，均由土司办理之。有清中叶以来，因改土归流者渐多，故土司之权渐削减。就傈僳分布之地区而言，因滇缅边界失地很多，故一部分原由土司管理之土地及人民，现归英人攫夺，另行设官治理。而沧、怒两江沿岸傈僳居住之地

① 傈僳村落中之头人，傈语称为“别色”，汉人称为火头，即今之保甲长。另村中之绅耆俗称“老民”。普通都有调处诉讼之权责。今试举怒江沿岸傈僳之诉讼情形如次：

怒江沿岸傈僳诉讼时多无状纸。原、被告由村中头人或所属土司或彼等信服之绅老传讯前来。两造各以一碗酒、一只鸡致献，于是原告蹲左、被告踞右，先由原告取长寸许之竹片若干节，逐条诉陈理由。原告诉毕，复由被告诉陈理由。中席之判事者，倾耳静听，待两造诉毕，判词已成竹在胸；于是乃按是非情理，予以判行。罚金分交胜诉者或地方公益事业。两造服判后，不仇视，不嫉妒，转而相互吃“和气酒”。此种办法乡公所或设治局间也采用。本目正文中所述之傈僳诉讼之痛苦，凡汉化较深及汉官权力较大之区域均存在。惟遇边官清廉者，此种痛苦可稍减轻。

② 维西自逊清雍正七年（公元1729年）设治以米，县属傈僳因受汉土官吏之压榨敲磕，无从控诉，或虽经控诉而未得上峰之公正处理，而激成之“傈僳造反”（普通汉人如此称谓，本报告用“傈僳事变”代之）在十次以上，可谓史不胜书。其近者如民国三十四年（。1945）春，维西化普乡之傈僳对该乡乡长、保长之劣迹，屡向县政府及民政厅派遣之政务督导员控诉。且几酿事变。又如怒江流域之福贡设治区局曾于民国二十四年（1935）发生一次大规模之傈僳事变，戕害设治局局长施国英，变乱经年。汉傈死伤甚多，后经邻属分别派兵剿办，始告平息。至于因土官压榨敲磕而起之事变，为例也多，不及一一列举。

区，因民（国）元（年）以来，政府多划为行政区（现名设治区）是旧之土官势力也渐减弱。今维西境内土司势力较大之处，为叶枝乡及奔栏乡。盖政府对该处土司未予以有力之制裁。今土司之名虽无，然多次畀予其他名义，致使彼等有所依恃。怒江流域自泸水设治区起，南至腾龙边区之土司，仍保有若干特权，如受理诉讼，征收赋税等。又如云龙、兰坪一部分乡镇长由土司兼任，故彼等可借名保留一部分权力，成为换汤不换药之局面。至其他县区，则土司之势力已日渐就微。

（七）各种秘密会社：傈僳未闻有何种秘密会社。

（八）政治性的集会：近年以来，傈僳因与外界接触较多，见识增加，且因兵役粮款之负担增重，故遇有与公众有关之事，亦多由地方头人召集人民集会，以便宣布真象（相），商论办法，推选人员，筹集款项，至于其他政治性之集会，则未多见。

第六章 婚 姻

一、选择婚姻手续

（一）年龄：傈僳选择婚姻之年龄极无一定。盖居住于沧、怒两江上流之傈僳多有采用童养媳制度者，有男女往往于十岁以前均已订婚，旋即结婚，而待成人后再行同房。南部各县区之傈僳则盛行自由恋爱，故其选择婚姻对象之年龄，必在春机发陈期间。

（二）媒人

1. 人选：傈僳婚姻无论系由父母自幼代为选择，或系由双方自由恋爱而相契者，均须经过媒人从中说合，并行正式之聘礼，方可订婚。是媒人在傈僳社会中之作用甚为重大。但为媒者，并无严格之限制，大抵熟悉双方情形，并为两家信任之男人，均可充作媒人。

2. 数目：媒人通常为二人，取其成双之意，唯只一人时也有。

3. 酬报：傈僳对媒人之酬报殊为轻微，普通仅酒一瓶或茶数筒[①]而已，也有由求婚一方请彼吃饭一次，作为酬谢者。盖“做媒”，在傈僳社会中，可视为一种互助行为，而非以此为职业也。

二、是否可自由恋爱

傈僳社会中，男女接触极为自由，各种男女间之界限与束缚均少存在，故男女年事稍长，自由恋爱之事极为常见。即幼时订婚而未结婚之男女仍可自由恋爱，而请媒人为之解除旧日婚约，由退婚者将聘礼退还[②]。至已婚之

---

① 沧、怒两江流域傈僳所用之茶多成饼状，每七饼（一饼称一元）装一筒，以笋叶、篾条包扎之。三十筒称一担，六担或七担成一驮，为一骡马所能驮载之量。此种包装，盖为便利交通不便区域中之运输与携带也。今各地傈僳饮茶者不多，盖计量及携带均较不便。

② 如男子另有新欢而退婚者，则除牺牲已送之聘礼外，并应另出银钱或实物，赔偿女家之名誉损失。如女家退婚时，则照男方原送之聘礼加倍偿还。

男女，仍有自由恋爱之情形[1]，故傈僳社会中可谓婚前婚后之限制均少。

三、订婚手续

傈僳订婚时无论系由父母代为选择之对象或原男女自由恋爱相契者，均央媒人携酒一瓶至女家求婚。如女家允诺，媒人即请女家尝定酒；若女家不愿，则原酒退还。[2] 定酒尝后，男方另以布一件、酒一瓶以为纳采。此后由男方邀请亲友、族人宣布订婚，并由媒人前往商定聘礼数目。也有订婚前由媒人按男女生日属象算定吉日订婚者。

四、结婚手续

傈僳男女方行订婚后，即可进一步磋商结婚时期。由媒人按男女生日属相，算定吉日结婚，选定后通知两家亲友。结婚时，男家准备酒肉食米蔬菜，以备宴客。迎亲时，男家请人前往接亲，并于同日事前由媒人或家人带往酒一瓶。至牛、羊、猪、粮食、银子、器物等则随意选送。如订婚时之聘礼尚未交清，则此时应继续送交。新娘出阁时，女家也吃喜酒，跳锅庄，[3] 然后由接亲者迎往男家。送亲之男女数十人络绎相随。至男家则除欢宴之外，尚饮酒跳舞，狂欢一日或三日（视其家境而定）。结婚时并无叩拜祖先、长辈、叩谢宾客之俗。有时于结婚时刊一木刻，以作凭证。如新夫妇尚未成年，则婚礼过后新娘即住于夫家。待成年以后始与夫同房，并另行分居。婚礼毕亲友归时，男家分赠每人猪肉一块。日后新夫妇独立生活时，则当日曾享用此肉者，按其与新夫妇关系之亲疏，赠以器皿、家畜、粮食等，以助新家庭之成立。若为成人结婚，则多先将住房及用具备妥，而亲友来贺

---

① 维西县化普乡第六保之腊八山村，傈僳“有黑扒”“挖佳酒”交互与对方之妻奸恋，“有黑扒”且与“挖佳酒”之妻私生一子。民国三十三年（1944）农历正月，双方同意将妻子互换、另行组织新家庭、此为傈僳自由恋爱极端之事耶。

② 有谓媒人至女家求婚时，如女家拒绝，则日后该女与其他男子结婚时，应自所受聘礼中抽出牛一条交与原来求婚之家作为遮羞钱。又闻维西康普乡之傈僳，若彼此间发生口角，而日后两家儿女相互婚配时，则议婚时男家应另出三两银子与女家，以示道歉。又遇不同辈之亲属互相婚配时，则男家也应另付女家三两银子（合滇币四元半），作以遮羞钱。

③ 跳锅庄详情，请参阅本报告第十章第二节。

者，亦多以实物或银钱[①]为礼。新婚之夕，新房桌上置水酒各一碗，由媒人及送亲者饮之。此时由男家送与新娘头巾一幅，并为新人取喜名。[②]

五、送　礼

结婚时，男方迎亲者除酒外，余可任意选送。至亲友来参加婚礼时，如新婚夫妇尚未成年，虽结婚而不同房时，则亲友之贺礼，多延至彼等独立生活时方行送往。若结婚者已届成年，则亲友可酌送银钱或实物，详情参阅上节。

六、聘　礼

倮倮订婚时之聘礼，由媒人居间议定。以牛为计算单位，牛之条数寻常为二至四，亦有多至六、七条者。中分活牛（也称湿牛）、干牛两种。前者指黄牛；后者系以铁锅、铁三脚架、布、酒、铜瓢、兽皮等作抵，值价者可作活牛一条。聘礼若于订婚后不能付清，则于结婚时或结婚后补纳；有时甚至拖延甚久，而为儿孙代为偿还者；更有新夫妇生有女儿后又还嫁外婆家，以清夙债者。

七、妆　奁

倮倮女子出阁无妆奁，随嫁仅有随身之衣服及一二常用之物品携至夫家。

八、结婚日期

倮倮对结婚日期之选择远不如汉人认真，而仅由媒人或会卜卦者占之。占得吉日或生日属相相合之日，即可结婚。

九、婚后情况

倮倮结婚，如非双方尚未成年，即行同房，并无不落家之情形。

十、入赘情况

倮倮家庭中如无男孩，则为其女招婚，以资侍奉父母，继承遗产，但遇儿女

---

① 汉化较深之倮倮或位于县城附近银钱流通便利之处，倮倮结婚时也有送银钱者。

② 有谓喜名系于男家迎亲前夕。在女家，由父母提公鸡一只交与媒人，二媒人中。一人持刀，一人抱鸡，由持刀者命一喜名，同时将鸡杀死，割下鸡头烹后同食。

均无或有子夭折，则以他人之子入居己家，作为己子，为之婚配，以为螟蛉。

十一、离婚情形及手续

傈僳离婚者不多，盖其父子兄弟间之感情既较疏远（男女婚后即与家人分居，可为例证），则家庭之乐趣，只有于夫妻生活中获得之。就此情形，又可以说明傈僳家庭中夫死妻多改嫁，妻死夫多另娶一事之理由。至如夫妻不和而致离婚时，则其手续当视当时情形而定，若双方情愿如此，则男婚女嫁问题极为简单。[①] 否则，如系女方提议离婚，或与他人恋爱、私奔者，则由女方新结交之男子于当时或事后加一倍或两倍赔偿原日订婚之聘礼，至若男子无端遗弃其妻，亦须酌给赡费。

十二、私生子情形

傈僳男女，不重贞节，故私生子在彼等视之并不为奇。虽为数未必甚多，但既生之后，则多仍养育，如维西化普乡喇噶洛村一未婚女子所养之子，仍安然健在。闻他处遇有私生子时，亦视为寻常，乐于抚养。

十三、是否有节制生育

傈僳男女间之性行为多系顺应自然之造化，生理之要求，故未闻有节制生育之事实。

十四、结婚年龄

傈僳因有“童养媳”及成人结婚两种，故结婚年龄甚不一定，但通常女子年龄每较男子为长。位于金、沧两江流域之傈僳，则结婚年龄较晚，通常男子以十六、十八、二十、二十二、二十四，女子以十六、十八、二十为多，以偶数为原则，忌奇数年龄结婚。

十五、婚姻之距离

傈僳婚姻血统之距离不甚讲求，故其远近不一。试举所知血统甚近而结

① 参阅本章第二节

婚之数例如次：

（一）维西化普乡腊八山村，有舅甥二人，分娶姊妹二人为妻者。

（二）维西化普乡喇噶洛村，有舅父与甥女结婚生子者。

（三）同上村，有某家姨表叔之女与姨表侄女之子婚配者。

至僳僳与汉族或么些族结婚者亦有，但多系僳僳以女妻之。

僳僳因住居山坡地带，与外间交通不便，故其婚姻在地理上的距离，也少有超过两三日程者。[①]

十六、平均每对夫妇所生子女数

僳僳在家庭中与家庭外之性行为甚为紊乱，且婚姻血统上之距离也不讲求，故每对夫妇所生子女为数不多。据新运总会第一边胞服务站工作人员在维西县化普乡腊八山村调查该村三十七对夫妇中，所生子女无超过七人者，现存子女无超过五人者。平均每家现存子女三人。已死子女数均占所生子女数百分之十五至二十五。[②]

---

① 壮年男子一日所能步行之山路，以百里为限。

② 此数系笔者根据少数事例推算而得者，如某夫妇共生子女七人，死一人，则为百分之十五；共生子女五人，死一人，则为百分之二十；共生子女四人，死一人，则为百分之二十五。唯因询问家庭不多，故未必准确。

第七章　丧　葬

一、治丧各种仪式

傈僳人死气绝，掬以冷水注口以受气。若系小康之家，或用银器置口中，于是将死人眼睛捏合，以便关闭，停尸于木板或篾席之上，缝麻布被窝一幅盖之，请“尼扒”开山引路，嘱去阴间。舀一碗水，将鸡溺毙一只（男用公鸡，女用母鸡）置于胸部，以资镇压。另制一竹帚，置于鸡上，备作驱逐苍蝇之用。生者忌与死者肉体接触。死者面部，由“尼扒”以白纸掩蔽，亲友世谊，前来吊丧者，每携白纸一张，依次掩蔽死者面部，[①] 并以酒祭奠。旁人则执礼赞曰：“某亲友来献酒”，即揭开面部白纸，以酒灌注于口。

人死，殉葬面袋，内分两隔，一放生面，一放炒面。炒面之锅，设于门前，日未出须炒尽，日出则舂之。死者无子，则以女替之。舂碓时，面向外，背向臼。筛面则以直系儿孙之媳行之。门前锅中，留贮温水以备洗尸，但常用之锅，则应忌用。

洗尸后，穿衣服。所穿之衣为新衣，抑仍穿其生时之衣，视其家境而定。穿衣后孤（哀）子女均须绕灵，男死九巡，女死七巡。死者在家停尸之时间短促。家境清寒者，即日抬埋。小康之家或停留一二日后，由家人或亲友以猪、牛、羊致祭。由“尼扒”告死者携去，祭后复将各物杀死，以头之一半陈于灵前，余件以炒面锅煮之餉客。

二、出殡仪式

出殡时，“尼扒”发矢三，始启灵运行。“尼扒”在先开路，驱鬼、念咒语，并与送丧之男子各取所佩之刀弩在空中舞动示威，发引至墓地。怒江流域之傈僳赴葬则尸不出户，必经破竹垣、穿墙窬抬出。

---

① 相传以前某家死一子，家人因思念之故。日必于仿佛之间见其形容，后全家均死绝。是后各家遇有死者，均以白纸盖死者面部，以隔绝阴阳两界而免阴魂缠绕。至以酒祭奠之原因或系因傈僳嗜酒之故。

三、殡葬仪式

墓地之选择，傈僳并无定则，大致于其住处不远之地择定之。旧俗选圹穴时，以粗如拇指，长约一尺五寸之栗棍三根，两端削尖，以手丢往七、八尺以外之地。如此三，栗棍均能直立，则即以该处为圹穴；否则，另行选定。待死尸到达择定之墓穴时，先由“尼扒”掘二锄，头尾各一，然后由亲友掘成圹穴，左右头尾各置木板一，将死者尸板畀入，上覆以板，即成棺材状；或以大树挖空为之。尸体入后，掩土瘗埋成丘。

镇灵之死鸡，掘圹之锄头（去柄），由“尼扒”弃之。以鸡与锄之方向，[①] 兆其吉凶；头向外则谓魂已消逝；头向内则谓魂尚纠缠。锄则多为“尼扒”拣去。如死者家中需用，则以价取赎。

四、坟墓情形方向及挂清情形

傈僳坟墓形式为长方形或椭圆形。至坟墓方向似不计较。惟傈僳多居山坡上，是死者之头枕于较高之一方，脚则置于较低之一方。故位于江东之傈僳，死者以头东足西，住于江西之傈僳，死者头西脚东。葬竣，视死者为男为女，分用九块板砍九刀或七块板砍七刀盖坟。坟上栽一棵芦草。子孙家事发达与否，并墓地风水好坏，看芦草荣枯而定。除以木板盖坟外，有于坟上建木架如屋者，也有取石板架盖于坟之两边及顶面，另于顶面下以石板垒成空格，将男女生前习用之物放入，以代悬挂。死者所用之什物，如烟袋（内盛烟叶少许）、碗筷、酒茶器皿、弩矢、柴刀统置于麻袋内，由孝子负挈至坟地，挂于新冢之侧。女则除弩矢、柴刀外，他如镰刀、竹箩、纺机上另件等，也加入若干，挂于坟侧或坟后[②]。亲友致祭之牛羊，除于灵前祭奠者食外，剩余残骨，仍携往坟上挂之。

葬后，儿女将归，“尼扒”以青松、苦蒿之属，蘸以酒水，洒于头上，代以戴帽、头巾。儿女持杖排列，吞声饮泣、插杖而回。夜间儿女扎火把前

---

① 锄头与鸡头方向之内外，以其与“尼扒”并死者家人立视之方向同背而定。

② 傈僳之坟旁多立木杆，将死者生前所用各物装入竹器中，悬挂其上，也有将木杆立于坟后者。如坟上搭有木架，则将各物放于竹器中，挂于木架上，不再立杆。至于坟上架石板屋者。多将死人生前所用各物放于石屋前端顶面下之空格内。

往暖坟，以慰灵魂之寂寞，如是者三夜。

五、汉化情况如何

倮倮死后之祭奠、沐浴、更衣、殉葬，请宗教师作法事，土葬均有与汉人相似之处。但此等仪式在倮倮社会行使之久暂，尚不知悉，故吾人目前尚难骤谓系受汉人影响。

六、男女老幼有无区别

倮倮死人男女之分别已见上述，如死后镇灵之鸡，男用公鸡，女用母鸡；绕灵男九巡，女七巡；盖板男九块，女七块；坟侧悬挂之什物亦有不同等均是。至幼年人死后不开吊，又幼年死后无为其服丧者，此其分别之荦荦大也。

七、宗教师所用之咒语

倮倮丧葬时，“尼扒”所用咒语之内容，系指示死者灵魂至阴间之路，嘱其早日投生转世，俾可少受阴间痛苦，并勿祟害活人。至其语句，未获记录译注。

八、送　礼

倮倮遇亲友有丧事，多以实物或银钱馈送，以助丧家之费用，兼示悼念死者之意。通常以茶、酒、米粮、牛、羊、猪、鸡为多。如家中无上述之物，则间以银钱赠送。丧家受亲友之礼后，多加记录，以为日后遇机酬还之根据。

九、孝　歌

倮倮遇有丧事，亲友来吊问者，于丧家跳唱。但此时所唱歌词之意为安慰死者家属，谓死人虽可恸，但既已死去，即无法追回，而凡人皆有死故宜达观乐命。至殡殓时亲友之送丧执绋，则仅哭泣，不唱挽歌。

十、孝服及除孝

倮倮死人未闻有服孝者，仅子女遇父母或其他长辈故去时，将所戴之帽或头巾取下，头发不结辫，以示哀悼。同辈中死则年幼者为年长者去帽，但不散发。年长者对年幼者则不服丧。服丧之期普通为死后三日及开吊时三日。

十一、祭灵纪念之日期、仪式及费用

倮倮祭灵最初者，系于葬后三日内行之（参阅本章第三节）。除祭灵外，并宴请亲友。

葬后数月或一年以后，另择期开吊。开吊时因消耗之酒、肉、菜、米较多，有非丧家所能于短期内储备者，故开吊亦可延至数年后，且可为一个以上之死人同时开吊。

开吊在家中举行，由宗教师将死者之灵魂召回，享用祭品。

第八章　经济生活

一、农耕技术

傈僳之农耕技术，有“刀耕火种”与“犁耕”两种，分别施行于生地与熟地上，但以后者较为进步。“刀耕火种”[①] 用于生地上，即选未曾开垦之山坡，将坡内之树木以刀砍倒，仍存放于原地，任其干朽，待冬末春初，纵火烧之，再经一番人工挖锄，将土质垦松。烧焦之枝叶灰烬及腐烂之树叶与泥土混合，然后撒播荞子之属。怒江沿岸可点播旱稻。山坡往往很陡，故用竹帚或树枝扫平泥土覆盖种子。作物自然发育滋长。犁耕用于熟地上较平坦之地。生地开荒多年后，树根、草莽、杂石障碍皆清理完毕，于是可双牛犁耕。顺山坡高低，按畦分丘，随地之上下，将整块犁尽，并用锄头扒平，轮栽各种农作物，以此为犁耕制。平地或水边之田，亦多用犁耕法。

二、农具之形式与制造

傈僳所用之农具，最普通者为犁及锄两种，所列各物多系向附近城市中或街子上[②]购买或至铁匠处订做[③]。至伐木砍柴所用之铁刀，亦依上法获得。

三、耕地大小

傈僳耕地大小，殊不一定，盖其开辟山地，时或栽种一年后使之休息一、二年再为种植。又因傈僳各家人口多寡不一，故其能垦种之土地亩数亦大不相同，平均每户以二十亩为多。

---

① 挖土地时，除用铁制之锄头外，亦有用傈僳特有三方头柴刀或烧坚了的树叉为之者，此为更原始之法。

② 街子即边民每一定时日前往货（贸）易之处，犹他处之场集也。

③ 傈僳社区中为铁匠者，多为汉人与么些人。

四、耕地种类

傈僳之耕地分山地（俗称火山地）、干地及水田三种。前者即本章第一节所称之生地，用刀耕火种法耕作。后者为经整理之山地及位于平原上之耕地但灌溉不便者。再者为水旁灌溉较便，可种水稻之地。

五、主要农作物

傈僳农作物之种类较多，但以杂粮为主。大致住居于山坡地带者，春季农作物为大小麦、豌豆、燕麦、青稞、[1] 洋芋等。秋季农作物为玉蜀黍（俗称包谷）、小米、黍子、荞子[2]（分甜荞子苦荞子两种）、天粟米、鸡脚稗[3]、“巴戛”[4]、芋头[5]等。至其居住于江边地带者，如怒江流域之傈僳则多不种春季作物，而秋季作物除包谷、荞子外，兼种水稻及旱稻。至其主要作物则为麦、包谷、荞子三种。

鸡脚稗类似黍子，穗分五瓣，形如鸡脚，故名。

“巴戛”为秋季农作物之一种。茎叶略似麦类，果实外层为灰色，略较麦粒为圆。怒江流域福贡设治区干地有种之者。“巴戛”为当地名称，汉名为何，未能考得。

六、农副付产

怒江沿岸居住之傈僳除栽种食用粮食外，兼有利用农闲于江边沙土地带栽种落花生者，收获后即至附近城市及街子上求售。又有栽种食用姜与甘蔗者，但为数不多。除直接以原品求售外，未闻加以改制者。又龙陵境内之傈

---

① 青稞为麦类之一，果实较小麦为大，星紫黄色。青稞之作为炒面，称为“糌巴”（粑），为边民旅行时之一种干粮。

② 甜荞与苦荞虽系就果实磨面后之味而分，但甜荞茎叶色红，杆细叶小，故外形也可分之。天粟米茎叶有红、青两色，果实有黑、白、黄三种。茎烧后以水浸之，为边民常用之发面及洗用之碱水。

③ 鸡脚稗类似黍子，穗分五瓣，形如鸡脚，故名。

④ “巴戛”为秋季农作物之一种。茶叶略似麦类，果实外层为灰色，略较麦粒为圆，怒江流域福贡设治区之干地有种之者，“巴夏”为当地名称，汉名为何，未能考得。

⑤ 至芋头与春季农作物之洋芋（马铃薯），虽可作菜，但通常边民亦多以之为主要食物。盖边民应付各种赋款及其他开支，多以粮食缴纳，或变卖之，故不能以所得之粮食尽作食用也。

僳有种植大竹，每年运售竹笋者。至种麻、织布并种植核桃及漆树以取食核桃及漆子油，兼出售木漆，也为各地傈僳之普通作业。

各处傈僳除从事农业外，兼从事于狩猎及挖取药材，以所得之兽皮、熊胆、麝香、鹿茸、鹿尾、贝母、黄连、香菌、木耳等出售之，以补日用之不足。因本章无适当节目，故特以之作为傈僳农耕外之副业，于此一并述之。

七、租佃制度

傈僳住处偏僻，土地贫瘠，故土地权集中事例尚不普遍。在山地尚无人垦种之处，傈僳可自由开垦。既垦成后，即属已有。故傈僳社区中，多属“耕者有其田”。但沧、怒两江之沿岸，有土司及喇嘛寺及汉人之处，情形则略有不同。盖有土司之地区，在理论上区内所有之土地及附着于土地之一切物产，均为土司之财产，故傈僳耕地应向土司缴纳山租[①]。如傈僳领种土司直接使用之田地，则由地主出种子，佃户出劳力，收获按成分划。沧、怒两江之喇嘛寺，也多为大地主，盖旧日维西、贡山等地均置土司羁縻，所有土地均操于土司之手，而以上两地喇嘛寺，则为土司所捐建，皆附有大量之田产。维西阑经寺对其佃户要求之租额，系按种子数目计算。如发谷种一升，则收租一斗；发一斗者，收租一石，成一与十之比例。至汉、僳杂居之地，则汉人利用高利贷及复利计算法，逐渐将土地所有权转入其手，而其收租成数，则高低不一，与前术土司和地主情形相同。然就常见事例言，则地主或向佃户规定每亩地应纳之租粮，或由地主出种子，收获时先将种子归还地主，余粮按对成平分，或六成归佃户，四成归地主。至于傈僳因经汉人高利贷剥削，或因一时需款将耕地典当与汉人或么些者，则由当入者出种子，而于收获时先将种子收回，再将余粮平分。[②]

八、佃户之额外服役或义务

佃户对地主除耕地纳租之关系外，通常遇地主家有婚丧事时，均有前往帮忙之义务（仅由地主供给伙食）。至遇政府规定因土地而征收若干款物，

① 土司之山租系按户计算，如维西叶枝乡方面，每一土司之百姓年纳春粮（麦子）二斗，秋粮（包谷或荞子）二斗。此辈傈僳所耕之山地，未经清丈，故上项山租即为土司私人收入。

② 规定之标准，多系就一亩田地所能出产之平均量，由双方平分。前述阑经寺即系用此法。

如抗战时期的征实、征购、征借及各种之赋税等，亦多由地主直接或间接转嫁于佃户。他如遇有公务员役及军队过境时之伕马输送，也多由各地之么些人、傈僳佃户任之。

九、币　制

纯粹之傈僳社区中，遇有交易，多系以物易物。其后因与汉人、么些人交易，且需缴纳公款，故采用钱币。初采用滇省铸造之二角镍币及半圆银币两种，而以铜钱为辅佐。后因滇缅边界被英人强占，且滇边居民有赴印缅服役或经商者[①]，故怒江沿岸各设治区之傈僳尚行使印币（RUPee）。民国二十七年（1938）镇府边地推行法币后，傈僳虽迫行使法币，但以彼等智识简单，易受欺骗，且法币价值于抗战时期甚欠稳定，故居住于沧、怒两江流域绝大多数之傈僳仍绝对信仰滇铸之半圆银币[②]。至二角之银币及铜钱因停铸已久，且物价高涨，交易需款数目较巨，至现已不存于市场矣！现时傈僳交易，以两为单位，一两曰："提罗"，一元曰："提扁"，五角曰："提赔"，大概重三钱六分之半圆银币三枚（合一元五角）为一"提罗"。如果买一条牛，价为"此赋罗"（十二两）。若以元为单位计之，则合银币拾捌元。

十、度量衡

傈僳长度少有用尺寸计算者。普通多以两手平伸，其间之距离称为一攀，俗字也有作拿字者，约合普通五尺，布匹交易以攀数计算。计算里程之长短则如汉人。重量也无标准之器。唯内地通行之十六两秤已见普通（遍），使用。容量则有两种器物，一为筒，每筒三碗。碗为普通饮食之土

---

① 滇边之开钦（又称山头）傈僳等人有自愿或经英人招往印度服兵役者。至边民前往坎底及密支那贸易者也多。

② 法币推行之初，边民不肖官绅、地痞、流氓以边民愚昧乃乘机取巧，致使边民对法币之印象甚坏。闻维西推行法币之初，上项人员与将药品仿单或纸烟壳抵充钞票，欺骗傈僳。待发觉后，彼等已无踪迹，傈僳只有忍痛呼天。彼时维西各地设关卡，没收现金，明暗俱有。行旅之人，对现金分文难以携带。当时由福贡等远处来维西出售山货之傈僳既恐现金被私行没收，而不兑给钞票，而在城中所卖之黄连、贝母、皮货尽得一盘钞票，真伪又难辨识，故多数傈僳回到澜沧江边时，即将钞票完全焚去，并发誓："今后永不再来!"故今日傈僳社区中，仍以现金为主。

磁碗，量米、盐、酒、油等多用之。一为升，每升二筒。升以上以十进计：十升曰斗，十斗曰石。

十一、场　集

傈僳每隔一定之日期集合于一特定之地点而交易之。“街子”[①] 到处均有。兹举维西、兰坪、贡山、福贡四县区傈僳常往交易之街子如次：上述四县区汉傈交易之街子共计四个，均在兰坪县境，沿澜沧江岸，自北而南为：维登街、中盘街、石登街、营盘街。各街街期除营盘街逢六赶街，一月三次外，其余各街每月两次。街期由石登递推而上，每月初一、十五为石登街期，初三、十七为中盘街期，初五、十九为维登街期[②]。至各街交易之物品，名目繁多。傈僳至街子上求售之物品则有牛羊皮[③]、各种兽皮、落花生、姜、黄连、贝母、金子、核桃油、漆子油、柴、炭、漆、蜂蜡及竹器、麻布等，而汉人或么些人前往出售之物品，则有牛、羊、茶、酒、盐、棉布、瓷器、锄头、犁头、玻璃料珠、假银、假玉之饰物，祭祀禳鬼用之香纸、玻璃或铜制之烟咀、汉人之药品、打火用之火镰及燧石等。至附近村民，则在街子上摆设食摊、茶摊或出售肉类、蔬菜、水果，也有无业浪人乘机摆赌者。以上各种人均以所有易其所无，而维持各“街子”之繁荣。

十二、借贷制度及合会

傈僳社会中之借贷制度与合会，均有存在，兹分列如下：

（一）借贷制度：傈僳因住地贫瘠，且以近八年来物价高贵，负担增加。其原有之收入不敷支出时，则以赊借补救，唯赊借须付利息。故实际上赊借办法为边民“饮鸩止渴”，无可奈何之举动。傈僳赊借之对象为汉商及么些商人。虽也有向其所属之土司赊借者，但沧、怒两江流域之土司，也多系上述之两种人充任。又各地之西洋传教士为维持其自身生活及雇工之一部

① 滇省各地称场集为街子，边地亦然。

② 各街街期之距离，多为两街间相隔之日程。又上列各街于旧历十月中旬以后，往往因怒山为雪所阻丽中断。若f街期至翌年旧历三月间又再恢复。

③ 傈僳之牛羊贩自汉人，以作农耕及订婚时聘礼之用。但牛羊杀食后之皮革，傈僳少有用之者，故仍售与汉人或么些人。

分费用起见，亦多照当地习惯贷予傈僳。至傈僳相互之间借贷，为数较少，盖有余力作债权人者不多也。

傈僳赊借之种类，分银钱、货物与粮食三种，而以粮食偿还之。兹分类加以叙述：

1. 银钱：傈僳平素赊借银钱之事例较少，盖其日常需用之物或可自行生产，或者以物易物。唯遇彼等缴纳派款一时家中无物可卖，或有物无人买时，则向他人赊借银钱。在普通形情下，或傈僳彼此间借贷时，则借银币□□元[1]，归还粮食一斗，并可分春粮（麦子、豌豆）、秋粮（包谷、荞子）两次交还。但遇借方需款紧迫或贷方心地狠毒时，则可订为借款一元，还粮二斗。此项借款如系于春间借，则多于秋收后偿还；如系于秋冬时借，则多于明年春粮成熟时偿还。若以收获时之粮价计算，则以银钱借贷之利率约为50%～100%。

2. 粮食：傈僳赊借粮食多在旧历十二月及春季二、三月间：前者多借稻谷，盖傈僳少水田及可种旱稻之地；故向汉人借谷舂米，以作过年之需；后者盖因去年之收获已用完（食用、还账，并缴纳正赋及苛派。请参阅本章第七、八两节），故借粮以作食用所需，其利率普通为48%～50%，多以借粮后半年所获粮食偿还，又傈僳习俗以麦子、豌豆、黄豆为双粮，即借此三种以他种粮食归还者，则应照约定数加40%～50%计算。如借他种粮食而以此三种粮食归还者，则本利应照约定数减40%～50%计算。但借贷粮食计算利率之标准并不固定，可视借贷双方讲价能力并还粮时距离之远近与所还粮食之种类而稍有变动。维西县叶枝乡及共济乡，汉商贷与傈僳款物之利率有达100%以上者，但在此种情况下，赊借者多系无可奈何，忍痛应允而冀图尽量拖延偿还之时间。贷放者为贪图高利而甘冒若干风险，故维西沿沧江一带之汉商有“借者图拖。贷者图多”之说。至于借者如不能按时偿还，或照复利计算（利率不定，但较初次赊借之利率为低），或由贷放者到期至赊借者家中任取若干物品作为利息，故而明年仍照原价偿还。故借贷两方时多争执，往往可延至一、二十年仍未清楚彼此之间的债务关系。汉人及么些商人或当地土司既生活于斯，即靠剥削傈僳生存，每年收清欠债固佳，但如只能收回部分利息而不能收回本钱者，因可年年收账，实际对彼等也无

① □□为原稿脱字号，下同。此处据上下文意，□处为“一”字——整理者。

大损。而傈僳贫民只得得过且过，能拖便拖，家中如无余粮而又不得不还无法再拖时，则只得本月还清旧账，下月又借新账，或今日了清甲家债务，明日乙家又成债权。在此贫困交迫、朝不保夕情形下生活之边民，除苟延残喘外，其他一切均谈不上。

3. 货物：傈僳所需用之货物，除以粮食、山货现时交易外，间有以粮食赊借者。在此以前彼等需用之三脚架、铁锅、棉布，均有向汉人、么些商人赊借者。近年来因物价高涨，傈僳生活程度日趋降低。故赊借以上物品者渐少。而贷放者也恐日后难以收回，故也不多贷放此类物品。至此类物品借贷之办法，系将该物折价，然后以粮食归还。其利率略同本章（一）中所述或可稍低。盖货物折价时可能已赚一部分矣。现今傈僳常向汉人、么些商人或土司赊借之货物为盐、茶、酒、肉①四种。肉分腊肉及鲜肉两种。傈僳多于谷物栽种或收割前赊借，以备农忙时款待“委工”② 之用。酒也如是，过年节及婚丧时消耗尤大，但能自酿者例外。盐、茶则为日用所需，赊借不限时期。偿还标准为借茶一筒，于半年内还粮食八升至一斗（指普通之粮食，双粮酌减。参阅本目二，下同）。盐一斗还粮八升。鲜肉一斤还粮八升。腊肉一斤还粮一斗。酒一碗约还粮食一升二合至一升五合。

4. 其他：傈僳普遍借银钱、粮食或货物后，多以粮食偿还。但有时也可由借贷双方同意后，以核桃油、漆油等偿还。其利率由双方按照贷还两物之价值，加20～40%。但如赊借者无他物可还，而对所借之物（款）需用迫切时，则利率可达70%以上，但为例较少，且有拖欠之虑。又在战前山货价昂而滇缅北段未定界内产金旺盛，有所谓放药账及金账者。即傈僳向他人借用现款或货物一批，允于数月或半年后归还贝母（俗称小药）或金子若干者。届期如不能挖获，则多流落他处，未敢返回。又傈僳借贷粮食，到期无法偿还或事先自知无法偿还时，亦有向债权人商洽以工抵还者。大约帮工一日，抵还粮食一升五合至两升，而由主人予以一餐之供应。尚有一种借贷制度称“放烟账”者，通行于种植鸦片之地区内。即于每次种烟之前，

① 傈僳虽养猪，但以饲料缺乏，故只长骨骼而少肥胖者，俗称“架子猪”。故多售与汉人或么些商人。彼辈买得后以粮食及酒糟饲之，可速肥胖，然后又以猪肉转贷傈僳。

② 傈僳或其他边民于播种或收获时，如因人工不敷，可请邻人帮忙。除招待酒食外，可不付工资。他日此家遇他家农忙时再帮还。俗称为人情相委，上文中之“委工”本此。

由商人或地方官绅以三、四筒饼茶[①]换生烟一两之标准，借茶与种烟之人民，而于收烟时收回烟土。此为傈僳或其他种边民借贷制度中最奇特之一种，其利率达100%左右。

（二）合会。傈僳社会中之合会制度亦有存在，但每一合会参加之人数多寡并不一定，每次集会中间相隔时间之久暂也不定。但因傈僳家中并非随时备有现款（盖其现款收入有季节性之限制，因出售山货，卖工均有定时），且每年粮食之收获也有定时，故其每次集会多为半年或一年。合会开始成立时，会员均集中一处，议定每人每次应出款粮数目，并抽签决定第一次享用款粮之人选。届时由各会员将款物送至中签者家中，由彼招待餐粮并抽签决定下次享用款粮之人选。但此时第一次中签之人即无抽签之权，后亦同。也有每一合会第一次邀集会员招待餐食，由发起人负责，而该此会员缴纳之款粮也有（由）此人享用者，但会员之信用也由彼保证。

会员到期如未能缴纳款粮者，应事先去中签者家中声明本年粮食欠佳，或有意外支出而不按期缴纳，甘愿付息，延期缴还而由双方商定延期归还之时期及利率。

十三、家　畜

位居于澜沧江流域之傈僳，每家均有少数黄牛、山羊、绵羊、猪、鸡之属，其每种数目由一、二只至十余只不等。养马者极少。至畜有成群之绵羊者，一村多至四、五户。傈僳住地附近之山坡多辟作耕地，故除供作制造肥料之一部分家畜外，殊少大规模之畜牧事业。至怒江沿岸住居之傈僳，因气候较热，农作物之多施肥，故家畜除牛、猪、鸡外，殊少他物。每年耕地中之农作物收获后，多将各物之茎叶以火焚之，以充肥料，家畜之饲料反不顾及。

十四、手工业

傈僳手工业有织麻、竹工、羊毛、织棉等四种，中以织麻、竹工最为普遍。怒江流域之傈僳最为擅长。生产品多销售于沧江一带。羊毛与织棉，多系澜沧流域之傈僳为之。

---

① 饼茶详见本报告第六章第一节第二目（3）中注①

傈僳主要之衣服原料为麻布，故彼族妇女中，无论老小，绩麻、纺麻、织麻之技术均擅长。竹工多由男子为之。其日常家用之箩筐、篓、篮筐、筛箕、笠之属，以及精巧之篾盒皆编织甚工。羊毛工男女各有为之者。女子纺成毛线，织成带子裹腰，以为美观。男子则弹羊毛成絮，做成毡帽、披毡、垫毡、裹腿之类。但因傈僳社区中羊毛缺乏之故，未能多事制造。是此项工业多见于澜沧江流域之傈僳社区中。至织棉一项，出品颇少，仅澜沧江沿岸之傈僳妇女，利用其种植之棉花，纺织成少数棉织品而已。

十五、工资及雇佣关系

纯粹傈僳社区中之雇佣关系较少，盖彼等遇有非一人或一家人之力所能于短期内完成之工作，多以人情相委之法互相帮忙。但在傈僳与汉人或么些人混居之处，则有雇佣之事例出现。如为农作或建筑而雇之帮工，则多以粮食计算工资。普通供应一餐饭另给粮食两升至三升，约合滇币二角至三角，或以此标准照当时市价折付茶、盐。又傈僳为人背负货物或行李，至他处者，则每人每日可得工资银币五角至七角，伙食系由彼等自备；但此数亦非固定者，要视当时之供求关系及天气等情形而定。

十六、一般家庭经济情况

傈僳因所居土地硗簿（薄），物产不丰，益以边官、土司及各种商人之重剥削，故一般傈僳家庭之经济情况，原已难期充裕；抗战以来，因山货出产销路阻滞，人民负担较前骤增，故傈僳之家庭经济乃完全破产。既不能量出为入，更不能量入为出；唯有苟延残喘于苛赋杂款之下，呻吟辗转于有出无入之中，遂致家庭经济日渐困迫，生活标准愈趋降低，甚至衣不蔽羞，食难赓续，房必漏雨，行须负重①，而使目睹其生活现状者，辄生人间如世之感，亦云惨矣。本节欲就一般傈僳家庭每年收支之大概情形，作一对照之叙述。

傈僳主要收入为粮食，但一年收获十余石粮食者，已算富有之家。普通均在十石以下，故仅勉敷全家食用。但因纳租、还账关系，也常有绝粮之

---

① 本处所谓之行须负重，指傈僳利用农隙为商人背运货物而言。边民行不得乘，已属不幸，今空身步行，仍不可得，实令人感慨无既矣！

虞，而以草根、野物果腹。至食物中不得油盐及肉类者，更属比比皆是。傈僳之另一财产为家畜。通常每户养有山羊十只，黄牛两三头，猪五、六口，鸡六、七只。至成群之绵羊，则富有之家方畜有之。唯家畜繁殖有限，利益轻微。如遇瘟役（疫）流行，复可相继传染死亡。故其最大经济价值，亦不过以其粪便作为肥料而已。他如春季入山采寻香菌、黑木耳、黄木耳、羊肚菌；秋季榨取核桃油、漆子油；或趁农事余暇，入山打猎，获得若干兽皮（如飞鼠皮、火狐皮、獭皮、熊皮、山驴皮、野牛皮、麂皮、獐皮、岩羊皮等）；或偶然取得一、二熊胆、麝香；虽可作为傈僳农耕家畜外之收入，但因彼等缺乏经商能力，每受汉商愚弄（如大秤、小秤等）；且以山货价格较前大跌，不及战前十分之一，故上述收入对傈僳家庭经济并无多大补益。且因赊借盐、米、酒、肉之故，若干山货亦只敷还账之需。

吾人试再就傈僳一年中之支出而言，则各种正赋杂款及公务员役地方土司之苛派勒索[①]名目繁多，已至无法统计。现举维西县化普乡第八保可考之傈僳负担数目，以见一斑。此项材料系据新生活运动促进总会第一边胞服务站助理干事和源盛君所作之调查报告，兹录原文如次：

“维西县化普乡第八保，孤悬澜沧江之西岸，纯系傈僳居住。乡保行政人员及县府所派员役，皆视为可资榨取之殖民地，故大肆威力，乱发其财。各种额外搕索压榨之事例甚多，碍难一一计算。现只据可靠之卷宗，将民国三十二年（1943）十一月至三十三年（1944）九月止，各项派款名称与该保员负担款数，胪列于下：

派款名称	负担款数（以国币计）
建国储蓄[②]	7836.6 元
同上	250 元
折征军骡	32750 元

① 傈僳家庭每年之收支甚不一定，尤以支出为然。如维西县某土司于（民国）三十三年（1944）秋间，因与邻属人民发生冲突，结果彼竟摊派所属傈僳人民（约八百户）银币八千余元，以当时兑换率折算，较之维西全县（民国）三十三年（1944）度田赋折征数尤多。而其他私行摊派之款为数尚多。故傈僳之实际负担实难计算。

② 本表所列各项，因系兼跨两年者，故遇有追加时，可能名目相同外，兼可因不同年度而重复之项目。本文重在分析傈僳家庭在一定时间内之负担，故不详加区分。

房　损 鞋袜贷金 禁烟督员旅费	1000 元县训新员生副食费 200 元
县财政费 财务清册费、伤兵之友费	2000 元（用房捐项）
食盐公卖店基金	5994 元
县立中学基金	10000 元
卫生院药品费	1770 元
烟、酒、牲屠税	15000 元
节约建国储蓄	3550 元
化普乡中学校办公费	1221 元
* 出租（教育基金）[①]	35.3 市斗
县救国公债	2600 元
* 军米推销	3 公石
军米折价	24240 元
保卫队用具	6000 元
保卫队付会费	1000 元
房捐	11000 元
化普乡田赋征收分处量器费	750 元
* 保卫队伙食	2.2 公石
军米折价（追加者）	3080 元
化普乡中学校补助费	1250 元
房捐	6327 元
运输团新兵二名验兵费	16000 元
* 德钦游击支队食米	15 市斗
* 阿墩独立连食米	1500 市斤
运输团新兵送兵费	20000 元

① 化普乡原日土司已失势，故山租划归教育基金，请参阅本章第七节注。

＊山租[①]马料[②]	40.4市斗
＊修仓费	60.4市斗
＊乡丁费　每月	70碗
＊乡丁粮　每月	20.25市斗
乡丁盐	66市斤
烟、酒、牲屠税	银币181斤（按调查时之兑换率折合法币54300元）

以上有"＊"号者之负担项目，未便估价。

兹统计（民国）三十二年（1943）十一月至（民国）三十三年（1944）年九月止之十一个月，可计算之数为二十四万四千二百一十八元六角。以该保一百零一户人口计算，每户已负担国币二千四百一十八元。若加上各项军米、杂粮、山租马料、积谷、田赋、县级公粮、乡丁、政警之旅费、草鞋费、公差人员之招待费、旅费，及乡、保长之无端压榨则吾人估计该保每户每月平均之负担数，当在国币壹千元以上，其他家庭中之消耗尚不与焉。"

---

① 山租注见前。马料原系与山租一并解交土司者。即：马料本系傈僳佃户遇土司或土司家人到来收山租时所供彼等马匹食用者，其后则将之并入山租，作为必纳之一种正赋，且其数量也经确定。每一年佃户将之与山租一并送人土司家中。目前有笼统称山租。也有以山租马料并称者。

② 山租马料为土司管治时代之负担。民国十九年（1930）年后，凡清丈土地，均照纳政府规定之田赋。凡未经清丈之土地而土司权势已衰之处，原日土司之山租马料即乡地方教育基金。而人民虽不直接上纳与上司，但旧有之负担并未减除。又有若干地方，因土司势力仍未铲除，故其收取之山租马料或捐助当地学校一部分（如维西康普乡之土司是）或竟完全自用（如维西叶枝乡之土司是）。

又土司之山租，除粮食外，兼有他物。如维西县叶枝乡之土司认羊群所吃之草亦系彼之山岭上生长，故每二十只羊以上之畜户，年需上纳一只羊与土司。又每年每户傈僳应背烧柴一捆至土司家，以农历六月二十五日及十二月二十五日为背柴期。各地傈僳可视交通及农作情形，酌定送柴日期，但实际各地已有规定。如维西康普乡住于澜沧江西岸之傈僳，以江水关系，多于冬季运送烧柴至土司家。

又土司区内山上猎获之野物，例须以其皮革或其他部分（如熊之胆、鹿之茸、麝之脐香、马鹿之蹄筋等是）呈送土司，似也可视作山租，但属临时性者。

又有以一斤半肉或一元饼茶强迫傈僳于秋收时还粮二斗者，此为土司另一种压榨边民之手段。

第九章　傈僳的日常生活

一、衣　服

傈僳之衣服原料主要为麻布。而麻布之原料为大麻，系自行栽种。大麻刈割后将麻皮撕去，麻皮经揉梳，去其滓渣，即成纯净之韧皮。妇女利用余暇，或于走路时将其绩成麻线，待秋冬之季，将绩成之麻线，理制成束，经碱水煮漂晒干后，复纺成线，是时即可在简单织机上，织成麻布。其法将麻线分别绕于织机之两端，交互联接线头，而组成经线。经线互衔之交缝间，用一竹篦前后推移，纬线则从经线间以梭左右投递，两脚互相踩踏，使相邻之两经线交互上下，纬线与经线之错综关系也随之递换。如是即织成五寸余宽之麻布，为每一家庭中之衣服原料。

麻布纯系白色，有时采购青棉线，组成纬线，织成条花之麻布。刺绣图案少有擅长，因傈僳居地贫瘠，生活艰苦，故无暇针黹之生活。傈僳刺绣并不普遍，间有懂得刺绣者，也只懂得刺绣最简单之花纹如、※※※等花纹。又于织布时间以他色棉线（此有色棉线均从汉人手中买得）加人组成图案，此处图案均为简单……（原稿下残若干字——整理者）。

二、食　物

傈僳之食物，以包谷为大宗，荞麦、黍子、小米、高梁（粱）、鸡脚稗、天栗（粟）米、大小麦、青棵（稞）、燕麦、大豆等为次。蔬菜以芋头、洋芋为大宗，麦：白菜、南瓜、冬瓜、甜瓜、黄瓜、萝卜、莱菔、辣椒、山药等也有，但对园艺多不重视，盖其居处之地使然。食油以胡桃油、漆油为主，猪油少用。盐则难得常食。食物不善烹饪。以稀粥、面汤、面片为多，皆系以包谷、荞麦等面于汤锅中煮食，也会做面饼、米饭之类。妇女也有善做豆腐者。食肉则水沸即食，故多半生半熟。牛、羊、猪、鸡死后多时，仍然剖食。常见怒江之傈僳遇江中漂来之死牛泊于滩上，仍割裂分尸，归而煮食。汉人前往经商者遇牛死，则将肉卖于傈僳，皮则自取，傈僳犹乐于从。至傈僳食肉时，分割甚匀，心肺五脏，头蹄四脚，有若干人即分若干分。①

酒之消耗，为傈僳宗族中最大之损失。粮食不善储存，故常见傈僳地区中，人民泰半穷困，朝无晚炊之柴，粮无隔日之备，早晚磨碓之声不绝于耳，但皆随舂随食，不作积蓄。或又煮吃瓜豆，炒、烧包谷，佐以冷水；时而煮吃洋芋或芋头，就算一餐。傈僳知储蓄者，为数寥寥，而“粮食成熟，刈割，则多酿为酒。昼夜沉酣，数日尽之。粮食罄，遂执劲弩药矢以猎。登危峰壁石，疾走如狡兔，妇从之亦然。获禽兽或烹或炙，对坐共食。虽猿猴亦炙食。凡烹俟水一沸即食，不尽无归餍，复采草木皮食之”。（余庆远《维西闻见录》）此种情形吾人常能获见。每观傈僳酒酣，东歪西倒，即少女之流，亦不知羞耻。昏昏迷迷，彳亍颠扑，牵幼扶老，为状可悯。

烟在傈僳宗族中，为唯一之兴奋剂。盖彼等常居于交通不变（便）之山谷中，见闻较少，心情寂寞，故常以草烟安慰精神。又傈僳于工作疲痨（劳）或暇时谈天之际，也常以草烟提神助兴，是无论男女老幼，均有烟斗烟袋随身。彼等所吸之烟草有二：一为兰花烟，味辛而涩；一为大叶烟，味性较和平，均系自行栽培。

三、住　居

傈僳住居情形：兹就沧、怒两江所见者，分别加以说明。

澜沧江流域之傈僳住地接近么些，易受外间文化之影响，其生活样法已略有改变。怒江流域地处偏僻，天险阻蔽，少与外人往来，傈僳原有之文化形态保持较多。

澜沧江流域之傈僳住在云岭、怒山及其支脉间之山坡上。村舍系零星分布。房屋构造纯用木料。其法将适当长度之圆木头尾两端，锯成 C = ɔ 状，交叉叠成六尺余高之长方形木屋一间。普通傈僳住房分三间，一间在左，一间在右，中间开大门；左右两间相向各开一侧门以通中间。又中间之后墙用木板或篾席，将左右两间连贯一起。因木板长度不敷三间房屋之墙，两座叠木套上骑马柱，把中梁架住，椽子系住，以木板盖之。此为最普通之三间住

① 禁忌，沿（澜）沧江流域居住之傈僳，目前对死后腐臭之动物肉、脏，渐不食用。

房。至傈僳用一间式三间式或整院式，则以穷富及需要而定，此类房屋名为“木楞房”。板屋内外均不涂泥灰，着地而居，地上亦不加铺饰。

怒江流域因产竹较多，故住屋之建筑材料以竹子为大宗。傈僳建屋先就拟建房屋之大小，估计所需用材料之数量，请村邻戚友，分别负担找寻，此系人情往来，互相帮助。造屋之日主人准备水酒①，所有能出力之村邻戚友，分工合作。‘先将木柱（或竹竿）依式竖立，然后在距地约四尺高之处，依屋内欲分之间数，组成若干交叉之木格，交叉处以篾皮箍系，上铺篾席，形成地板。竹屋四壁及屋内每间之际，亦借木柱或竹竿之助，以篾席张被屋顶，履茅草，俗名“茅草屋”。竹屋竹垣，此屋特点为居处不着地。

傈僳住屋，人畜同居。住“木楞屋”者，牲畜多在住房左右；“茅草屋”者，则家畜豢养其下，粪尿交流，臊臭难闻。加以傈僳家中不洒扫，杂物乱陈，蚤虱遍地，故旅客初至其地，借宿多不习惯。然比较言之，茅屋较木楞房为佳。

傈僳房内每间有一火塘，一架铁三角（穷者以石代之）。火塘除供煮饭，烹茶外，兼资取暖。普通一家人同住一间。待儿女婚嫁后，则另建住房。男女不分尊卑，宿于火塘之左右。“木楞房”中，因无地板，躺于木板或草席上。“茅草房”中，则多直接睡于篾席上。但傈僳衣被单薄，故不分寒暑，多于晚间睡觉烧火取暖。冬日或雨季柴多潮湿，故烧时烟大难忍，又烧柴燃尽即灭，故冬夜傈僳须随时起身吹火加柴，又傈僳衣被过少致冬日睡觉有靠火烘烤胸背者，故睡时又须辗转替换被烘部位。

金沙江沿岸之傈僳，其家中设备除火塘外，已有另造炉灶者。常见丽江、宁蒗间金沙江岸之傈僳家中，灶之左上方，每供有一神龛，中贴一花纸，陈设铜花瓶、灯盏、香炉、净水碗之属。又见丽江、宁蒗各地之么些、西番、倮罗，也常以花纸贴神龛，据谓系祭祀祖宗之意。

维西澜沧江沿岸若干村落，汉傈杂居，故多数傈僳均能操汉语，而其生活习俗，也多受汉人影响。常见维西化普乡施格登村其傈僳家中有祠堂，中间祀：“天地国亲师之神位”，左侧祀：“东厨司命定福府君”，右侧祀：“本

---

① 水酒系以鸡脚稗（怒江沿岸之一种农产品，形似小米。其穗分五支，如鸡脚，故名）掺高粱（粱）同煮，取出后加酒药发酵。发酵完成后装入瓶中。食前加水瓶内。食时以虹吸管引酒外出。水馨，复加，但加水次数多则酒味变淡。

音蔡氏门中历代宗亲”,[1] 贴鲜红之春联。还见岳武穆、文天祥之门神。此为国内各宗族文化交流之一明显例证。

建筑禁忌，傈僳建筑房屋，多以家长生日之属象（相）为选择动工日之标准。

［补述］

傈僳所住木楞房之最普通形式，如细分之，可得下述三种：

其一，三间式——亦即最普通住房之形式。由平屋三间连成，如图 1。A、B 两大间以较小之一间 C 连之。AB 两间门相对。若兄弟分爨，则各人另建住房，一家如只需一间作住房则对门一间作厩舍，否则 A、B 均作住房，而牲畜置于 D 房间，乃成一字形之“三间式”房。如此种屋建于山坡上，则家人出进之门设于高处，而可将牲畜关于地板之下于低地上，另以木楞作成墙壁，即成厩舍。

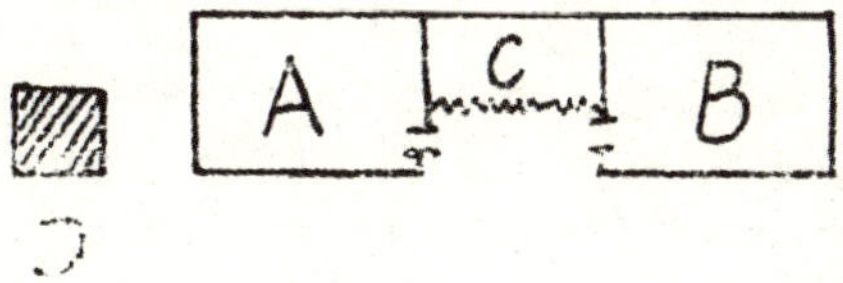

图 1

其二，串连式——以若干间屋相连，每房中间之距离甚短，如图 2，且每间相通，有如火车车厢然（下则稿残若干字——整理者）。一家所有，则人畜可分住；若为两家所有，则可于 C、D 中间任何一处，如 F 所示，饲牲畜。此类房屋横看则又似一军队之营舍。

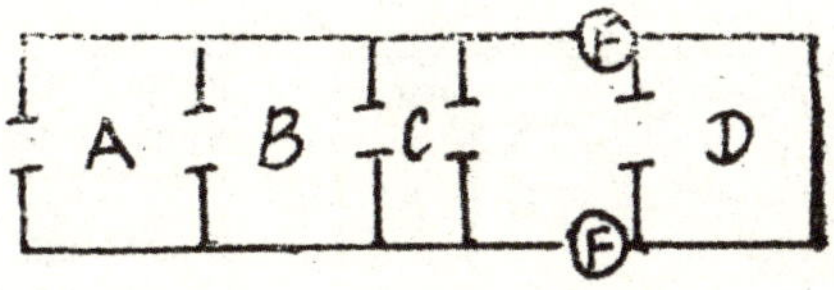

图 2

其三，院落式——此种房式较为进步。傈僳中较富有者居之。如图 3 所示：A、B、C、D 各占一方，组成一院落。然各房自立，各不相连。中央为天井，系各房所合成。此种房屋之使用与前式相同，家人居住多挤在一起（一间或两间，也即一方），余皆用养畜牲，绝不作灶房。客堂又有三方式

[1] 此傈僳姓蔡之来由，详见本报告《社会组织章》

者，虽似成院落，但不若上式之完全。如图 4 所示。A 方两间相连成一方。B、C 则相对，较 A 方为小，多充厩舍，门向不定，亦不求其每间房屋之连贯；故虽称院落，实与吾人在内地习见者异其趣也。

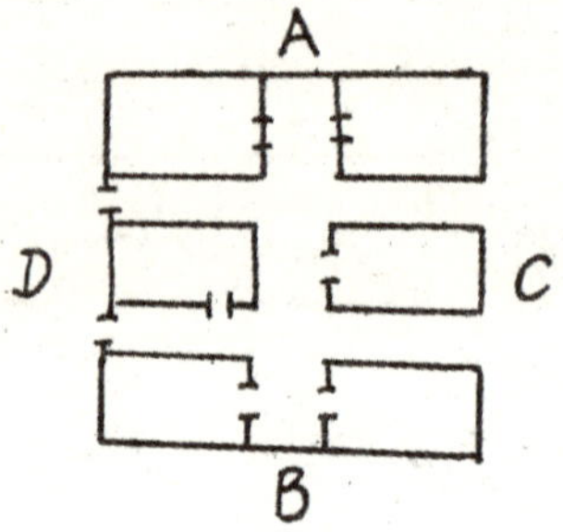

图 3

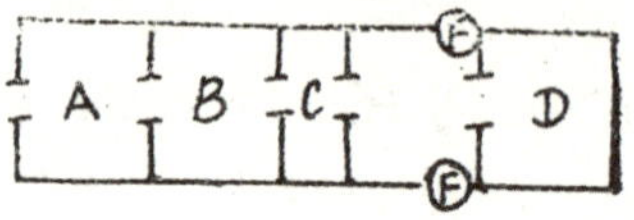

图 4

家具设备

傈僳住房，普通多为木楞平房，楼房绝少；即有也只贮藏牛马草料。至于全家人所用之寝室、灶房、客堂、饭堂，均集中于一室。此在彼等或以为敷用，故虽有多间房子，亦只用一间作全家活动之中心。今吾人试以上面所述之三间式为例，而述其全家聚居之房间内家具设备及分区用之情形如下：(见图 5)

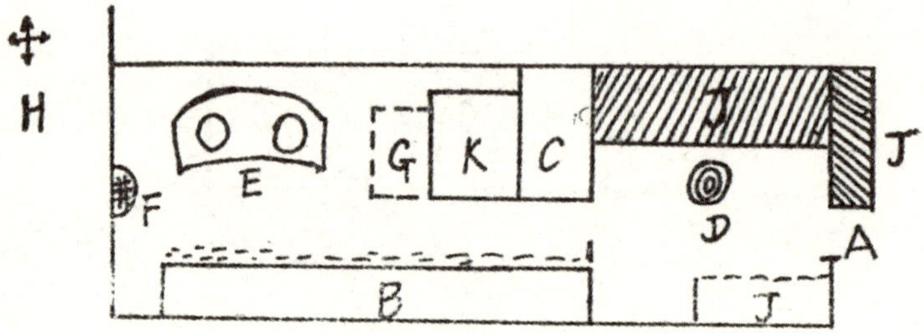

图 5

图中 A 为门，入门即见大、小柜各一只，即 B、K；次则为铺板，即 C 所示，乃家中主要成员之睡处，若有老年人同居，则老年人应迁至门外。□□□□□通道之里半间。D 示火塘，为睡处所必需，盖傈僳被盖过少也。E 示锅灶，普通未有多出两口（锅）者，或于床旁火塘上架铁三脚架造饭，而不起灶。其他碎点所示之处，置木桶、竹箩、农具等类杂物，柜上也多置另物而不充作睡床。子女脱离父母自睡，则在虚线所围部分设法，如G所示。F示挂于壁上碗笼。此一屋即为全家活动中心。屋外H所示者为舂碓处，每家有之。手磨不定，如有多置过道中，间也置房内，如图6所示。

四、行

1. 工具及其制造。傈僳行之工具，只溜索及溜梆（或称溜筒）并独木船。兹分别述其制法、用法如后：

夏季四山积雪溶化，且雨水较多，故江河之水量增大，水流加速。此时若利用边地常见之独木船①过渡殊欠安全。且边民住居村落零散，若用渡船非徒受水流及江宽等限制，且须雇人专负划撑之责，诸多不便，是乃利用溜渡，以资往来。

溜渡所需之工具仅溜索及溜梆二物。溜索系以篾条绞制，缚于江两岸之木桩上。木柱竖于砖石叠成之溜桩台上。溜绳分平溜绳和陡溜绳两种。前者指两端之木椿等高，溜绳成图6状。后者指两端之木椿不等高，溜绳成图7状。用平溜者，只需一根溜绳，用陡溜者需两根溜绳（即在同一渡口设左高右低或右高左低的溜绳一对，以供往反——整理者）。溜梆系用木块削制成图8，其上部有小孔，可以穿入皮绳。溜渡之法，系先由溜渡者立于溜桩台上，将溜梆套于溜绳上，然后以皮绳绕渡者上身，并缚臀部。准备完毕，即以双手握拊溜梆上端，双腿前伸或蜷缩，任溜梆在溜绳上滑去，有时溜渡者在溜索椿台前用脚后登溜桩台之石块，以助身体前进。溜渡者在溜索上行进极速。如系陡溜，则可直接到达对岸，但需事先提防身体撞于对面之石台上；如系平溜，则溜渡者到达全程三分之二处或四分之三处，即行停止，须以双手攀援溜索使进。故陡溜平溜，各有短长。

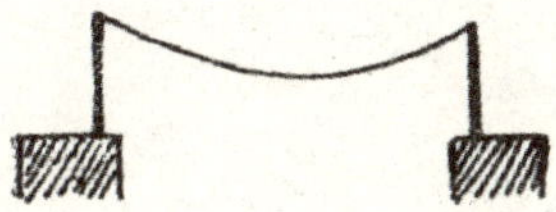

图6

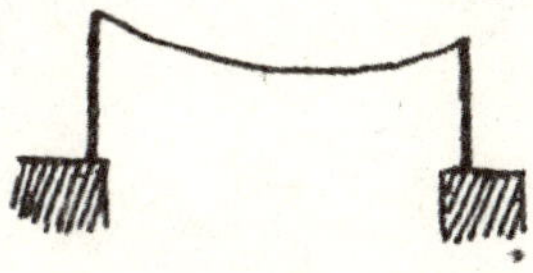

图7

上述溜渡之法，滇、康、藏边地之边民通用之，故吾人于金沙江、澜沧

① 独木船，系以粗大之树干挖成者。其形如图4。遇江水涨时，或水流过速即难应用。

江、怒江、俅江各处均可见之。

2. 使用之动物：傈僳使用之动物，仅牛、马两项。牛以之耕地并驮运柴草，兼作婚聘之礼品（详本报告婚聘章）；马则畜养者甚少，怒江沿岸尤称罕见，至少数畜养亦仅作驮运用。盖傈僳除步行、溜渡及用独木船外，未闻利用他种工具或动物旅行者。

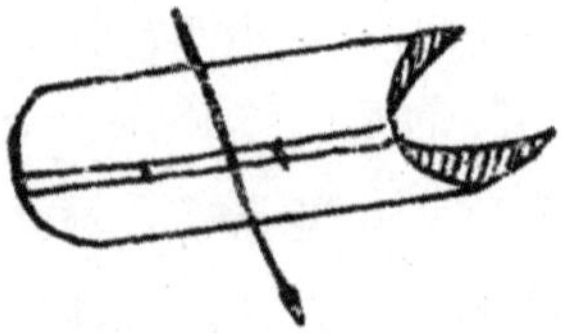

图 8

3. 挑担负重之方法及器具。傈僳无挑担者，其负重之法，系以背负为主。所用器具最简单时，只需一麻绳。凡柴、炭及不必装入篓中之物，均以绳缚之背于背部，然后将绳子绕经两臂上端揽绳头于手中。至于零碎物件及粮食等，多置于篾篓及皮袋中，照上方背负。又有用木板制成图 5 形，以绳穿过缚于所背之重物上，而将此背板置于肩部，并以前突之绳勒于前额，分担背负之重量者。

第十章　娱乐及社交

一、家庭娱乐

傈僳生活艰苦，一年中之大部分时间，均耗于谋生之活动上，故平素极少家庭娱乐。每晚家人围火团聚时，妇女则多利用此时作绩麻缝纫工作，而男子多吸烟闲谈，或饮酒解闷。此时或由父兄为子弟讲述该族或该家以往历史传说或其他故事，此外殊未见傈僳家庭中有何娱乐可言。

二、集体娱乐

傈僳唯一之集体娱乐为跳锅庄及跳弦子两种。兹分述如下：

(一) 跳锅庄。此为川、康、藏、滇、青五省边地最普通之集体娱乐，在滇省边地之傈僳亦多嗜之。凡遇喜庆年节任何特定之时期均有跳之者。[①]参加者男女均有，但人数则不一定，五六人至五六十人均可，再多时可分组举行。跳时排列成一圆弧形，参加者或男女相间，或前段为男子，后段为女子，前段之最后一人与后段之第一人仍可携手，循顺时针之方向或逆时针之方向，以一定之步伐且唱且跳。列中相邻者或相携手，或以左手搭于左邻者之右肩上，而任右手闲置，如循逆时针方向跳动时，则以右手搭肩，左手闲置。锅庄之词多为双句，有四、八、十二、十六之别。先由男子中之任一人起唱，其余男子随声唱和，次由女子中之任一人答唱，其余女子随声唱和，其后即依次唱答。唱时弓腰细步，环绕场周。又锅庄歌调中亦有由男女合唱者，即于男子中之起唱者唱完时，全体随声唱和。此时由排头领导，变更方向与步伐，作蛇状行进，每四步为一节，最后一步用力较大。群众唱完后，再行恢复原状行进。跳锅庄因步伐整齐，歌声抑扬，故无论通其词意与否，均富兴趣。场中每燃大火。盖跳锅庄多于晚间举行。场旁放酒罐，可由参加

① 傈僳遇婚嫁、招赘、过年、收获或经汉官、土司、地主等之命令而备茶酒酬赏时均可跳锅庄。

跳舞之男女于入场前或出场时饮，或于舞至歌乐告一段落时，由司酒者倒酒请舞者饮用。除酒外，亦有备茶者，盖跳时多属且唱且跳，是酒茶之功用在提神与润嗓。

跳锅庄多无乐器，重在跳唱，如只跳不唱，则可以乐器伴奏，如遇参加者兴高采烈，可作通宵狂舞。

（二）跳弦子。傈僳之跳弦子，系配乐器之舞蹈，乐器系胡琴、笛子、口琴、琵琶等。参加跳舞者为数较少，且非如锅庄之沿固定方向，用类似步伐动作，故舞姿变化较多。参加者各人之动作可不一致，亦可以两人或四人为一组而用同一步伐舞蹈者。

三、儿童娱乐

傈僳儿童之娱乐极为单调。普通常见者，男孩玩弩箭，觅松鼠，捉野鸡，以长带抛石，[①] 以土石垒房屋，爬树采果，或于放牧牲畜时至山野采取花草。女孩与男孩所有之娱乐种类相若，而弓箭之属则少玩弄。

四、青年男女之社交情形

傈僳社会中，男女地位平等，故男女社交亦极自由。青年男女于砍柴、牲畜、农作或公众集会、跳锅庄之际，均有晤面言谈之机会，故彼此间感情之表达毫无困难。男女相悦后，即可由父母邀媒人正式为之聘定。但因傈僳男女社交之自由，故亦发生其他流弊，如本报告第六章第二节、十二节及十五节所述者。又传说傈僳青年男女相悦时，可取山中草木为和合药，[②] 暗投其衣可使对方奔而相从，跬步不离。

五、宴客方式

傈僳宴客方式，视其房地及汉化之程度而异。其与汉人或么些住地接近，而汉化较深者则其宴客多分桌举行。如无桌则客人分组蹲于地上，以碗

---

① 以棉麻或毛线织成之长带，卷一石块，以手执长带之一端，而将另一端向外抛之，则此石即可远飏。傈僳儿童有以此为戏者。

② 和合药在傈僳社区之传说甚多，但笔者始终未能见到。至此药之采集与制法，详见本章第六节附录。

盛菜肴。客人先饮酒吃菜，最后用饭，其方式与汉人相同，唯所用之碗盏器皿及酒菜较汉人者为粗糙耳（如碗多用木制者）。至其住地较偏僻，汉化程度较浅之处，则宴客方式更属简单。主人将肉菜煮于大锅中，任客人围火塘自行添菜盛饭，酒壶（以竹筒为之）亦置其旁，随客人尽量饮用。至客人较多时，可分组蹲于地上就食，有时每客由主人给予大碗、竹筷各一，碗内盛饭菜，另以小碗装酒，由客人就主人分给之一份饮食自觅地蹲食，食罄如不敷，可请主人再行增添。故傈僳宴客之方式并不一致，如系年节或喜庆时，则宴会后，与会男女可乘兴跳锅庄、跳弦子、唱小调，以期尽欢。

六、乐　器

傈僳所用之乐器分管乐、弦乐及簧乐三种。管乐中有笛、葫芦笙两种；弦乐中有胡琴、三弦、琵琶三种；簧乐中有拉口琴及弹口琴两种。[①] 构造均较汉人所用者简单。

附录：和合药一名相思药，傈僳男女求爱时常用之，传此药为草本植物，产于山野间，花有三朵。傈僳男女吹口琴前往访觅，既访获，尚不进行采摘，先唱小调，唱时花色可分外鲜艳，三朵花中有两朵并能逐渐合拢。此时将合拢之两朵采下作药，当时并以手揉搓，另一朵亦采下，存置用作解药。交拢之两朵取回后置于枕边，并不时捏于手中揉搓，兼以口气嘘之，并唱情歌，七日后花即成药。然后于饮食中或吸烟时，将此药暗中授予情人服之。服后彼此即非在一起不可，如已服和合药后又服解花，则彼此二人即成

---

① 傈僳所用之乐器。其制法可简述如后：笛，不用笛膜，手按者六孔，口吹一孔，共七孔。葫芦笙，常用者为五管。胡琴，胡琴下端，间以木制，一端缚以猪羊之膀胱皮或猪油上之表膜。亦有以杉木板为之，先将弦线所经处凿空，然后将凿空处盖以薄板而不用其他薄膜者。弦线以马尾充之，不用丝线。胡琴弓亦以篾片缚马尾充之，马尾上间以松香粉涂布。三弦、琵琶之制法与汉民所用者大同小异，唯傈僳只有小三弦。弦线用马尾，琵琶之弦线则以羊肠制成。傈僳妇女腰间多系有装口琴之竹管，管上雕饰花案。拉口琴是单独一片，两端系拉绳，弦即在此竹片中。弹口琴则有三片，《维西见闻录》言之最详："口琴，竹片为之，长四寸，阔三分，刳虚之，而中存一线之篾为弦。首尾横处皆存。弦首联于横尾，视横齐处长一分，刳下其横处，而弦寄于其间。如是者三具，弦粗细等而下。以左手大指、食指排持三片之头，张口而置其正于口间，以右手食指、中指、无名指搏上、中、下片之弦之尾长处，错落而弹，嘘气大小，以定七均之高下。古宗、么些、那马、巴苴皆以铜佩之，弹以应曲，弹者身舞足踏而与歌合节。"傈僳之口琴为男女求爱必要之工具，又相传往山中采取制和合药（见附录）之花草，须以口琴弹往。始能寻获。

仇敌。传说身带和合药过渡船时，可使渡船倾复（覆）。

七、歌 谣

傈僳之歌谣并无一定之词句，善唱者贵能触景生情，随机应变。惟因难得有精通傈僳语者为之移译，故搜辑傈僳歌谣颇感不易。本节所录之歌词共二则，前一则系（民国）三十二年（1943）年冬维西化普乡第七保拖登村某傈僳寡妇家招赘日跳锅庄时，一对男女所唱者。此二人未参加跳锅庄，盖当时跳者系随乐声进退而未唱歌也。后一则系锅庄毕后，请一擅傈僳歌词者口述而加以记录者，此歌亦系在结婚时由祝贺之男女唱答用。两则均由新运总会第一边胞服务站助理干事方宝善君记录，而由笔者订正注释。

（一）

男：隔山而居，各住一边。一边怀念，一边心酸。山隔心不隔，今则鹦鹉弃家来对山。

女：吃饭半碗，吸烟半截。

（此处似谓男子之语尚未尽意）

男：划真拳还是划假拳？

女：真心实惠道与你，那能划出假拳来。

男：赶了一天路程为你美，赶了两天路程为芳名！

女：心麻肝燥！

男：就为不禁心麻肝燥方到此。

（唱至此，男的跑了，我逼请他再续下去，于是又唱）

男：不已再唱一调，不得再道一曲。

（已、得均指被迫也）

女：说唱便唱，要来便来。

男：梦寐见你，坐卧不安。

月落不归，三星斜挂亦不返！

女：月落何忧？天自晓。……

（唱至此，似乎还未结束，但被一个醉汉撞断了，未再继下去，旁听者谓男子才弱不敌。）

（二）

男：忘不了的竹节，一节连一节。

忘不了的桃儿，落去一谱结一谱。

（指结婚之功能为延续宗族及家族之生命。）

女：一竿竹节不分枝，我们那能活两世?

（指女人应有节操，故一身不能事两夫。）

男：死者不能装复活，老者焉能装少年。

（谓结婚之男女确系年貌才德相当者。）

女：父抱母背养错了，父教母育长错了！

（女子自叹境遇不如男子，因父母养大后又须嫁人也）

男：父母不把我养育，不需寒心。

（此处可有两义：一为男子比拟女子之语气而使之以俏皮话，谓虽今后未能得父母之照料，但得丈夫之爱护；一为男子表示彼此岂非同样得父母养育，今结婚亦将与父母关系疏远，男女情略似，女子殊无单独伤感之理由）

女：心成腐肉肝成冰。

男：何必如此空忧伤?

女：男子心肝不焦燥（躁），女子何从用操心?

（谓结婚后之男女利害关系应为一致者，故如一方有焦灼之事，他方亦为之操心。）

男：找钱才需要焦心，求财方需要操肝。

女：江边淘金操着心，心头寻香破我衣。

（香，指麝香。）

* * * * *

女：爷娘用我换了牛、父娘用我换了猪。只是在不住来没奈何，坐不住来没法子。

（谓其本人不愿嫁，但迫于父母之命而无法反抗）

男：抬不动的不使抬，背不动的不使背。

（男子安慰女子，谓结婚后可善待之）

女：任你如何宽待我，总无父娘一片心。

男：使你吃米不见糠，使你吃水不见井。

女：不见糠的只有大饭豆，饭豆还要用锅煮。

不见井的只有无盐水，亦还要在火上烧（无盐水指雪水）。

男：与你绸子衣服穿，与你纱缎裙子着。

给你丽江粑粑吃，给你鹤庆干酒喝。

（俗以丽江面饼，鹤庆干酒较他处所制者为佳，故有此语）

女：咀上不要擦蜂蜜，舌头莫要擦砂糖

莫用圈套来讨我，莫要与我划假拳。

男：白米亦似“沙沙”用，肥肉缸缸浸与你

（包谷磨面作饭，称沙沙饭）

女：纵无白米有“沙沙”，纵无肥肉有南瓜，父母生后三五日，即须受苦一辈子。

男：一串带子一串银，房子四周皆友朋。

（男子自行夸耀之词）

女：我的叔叔有九个，九个要着九条牛；

我的兄弟有七个，一共要你七两银；

宰牛要以大皮索，称银要用大秤子；

可怕你家出不起，可怕你家秤不起。

男：我的兄弟亦七个，我的姊妹有九人；

财礼自来人帮助，何需为我操心肝？

女：父要一头金子一头人，母要一头银子一头人。

（指金银之重量需与人的重量相等）

男：父母金银自然在，不叫金银比人轻。

女：只得粮杆拴一起，只好筷子配一双。

（粮杆系以一木杆用绳索连于一竹竿上，用于打谷。打谷时手执竹竿，则木杆可以被挥动而动作）

男：由此可以安心开山地，不用操肝来织麻。

（指男子结婚后，若干女子之工作，即可由其妻为之）

此后转入口生活□□□□□事一段□□□□发挥，然令青年，能唱者不多。

又补：

此报告初稿写毕，续得傈僳词数则。兹补志于后，并略加注解，以供参考：

其一：

长到缸大的时候要背缸，
长到桶大的时候要背桶，
一年十二个月，
没有一天不再受穷苦！
我们这一生。
没有一日不在受穷苦！我们一直苦到绝种！

注：此歌为傈僳感叹身世之作。

其二：

爬呀爬呀向上爬，
爬到印度去！
那里朝上也能睡，
那里朝下也能睡。

注：此歌表现傈僳对平原沃野的渴望。

其三：

一切都是天定的，
倘若不是如此，
我们怎么能会见！
我们怎么能相遇！
我们死也死在一起吧！
灭绝也灭绝在一起！

其四：

爹娘的担子落在我身上啦！
爹娘的终身辛苦到我身上啦！
怎么能跟阿哥逃走呢？
我们怎么还能欢聚？

其五：

阿哥后面逃走来，

大哥后面逃走来，

到密支那我们休息！

到印度我们住下来！

注：此三歌（后三首——整理者）为男女相恋时所唱。末一阕更可窥知边民心目中的乐园。

八、节　令

现时傈僳之节令，受汉人影响处甚多。盖传说旧日傈僳不知过年节，而仅于秋粮收获过后，任择一日或两三日准备酒菜，宴饮一番，并跳舞，唱歌，以示庆祝。如数家或一村于同时举行者，则更可热闹。唯近年以来，傈僳已渐习用汉人之农历，[①] 故过年的也照旧历计算。过年时，除宴饮跳舞外，[②] 并以花纸贴于门的门板上及房内墙壁上之神龛前，盖如汉人过年时，大门上所用之符咒。后者系祀神之意。至节令为傈僳所过者，可分端阳节、火马节及中秋节，但全系习自汉人，故无何特异之风俗。如少数如端阳节者，届时至汉商或地方家讨饮雄黄酒，索取若干药材等。过火把节时则除宴饮外，并跳锅庄。而维西县属康普、叶枝两处之傈僳，则过火把节时多集中于当地土司宅前跳锅庄，而由土司按名给予白饭两碗、肥肉两片作餐。过中秋节时，傈僳多至常往赊借之汉商或地方家索食月饼并饮酒。

---

① 傈僳记年，多以十二支轮算，记日、月亦然，极为模糊。事物过后，即不详记其日、月，仅可大约说出事物发生年月之属象（相），或竟以某种动植物之盛衰隐现为标准。是吾人遇傈僳询其年龄时，彼等则难立时答复，会用地支推算者，尚可徐徐算出，否则仅告以生年之属象（相）即止。

② 过年习俗，各地略有少许差异，如传云南泸水设治区之傈僳过年时，家人、亲友多携酒至附近温泉沐浴，并饮酒、舞蹈以为乐，历三四日方止。别处容或更有其他风俗。

第十一章　卫　生

一、出生率

傈僳宗族出生率之确定，须靠在广大地区从事长时间登记或访问。但此事为之不易，盖前者傈僳社区尚未举行，后者因傈僳之猜疑恐惧与缺乏数字观念，亦未易进行。故此时仅能自若干片断之资料中加以推算。

（一）维西县叶枝乡之傈它洛村共有傈僳七十三户，计四百四十人。民国三十三年（1944）内出生婴孩十二人，故其出生率为千分之二十七点二七。

（二）维西化普乡腊八村共有傈僳三十四户，计一百九十七人。民国三十三年（1944）内，出生婴孩六人。故其出生率为千分之三十点四五。

以上两例虽可略见一斑，但因取例过少，是仍未作定论。

二、死亡率

傈僳之死亡率因无多量之材料，故亦只能就以下二例加以推算：

（一）上节（一）中所举之傈它洛村于同期内死十一人，约占全村人数25‰。

（二）维西叶枝乡之白枝洛村，共有傈僳二十三户，计一百四十一人。于民国三十一年（1932）内死四人，约占全村人数千分之二十八点三七。

又：此报告写成后，续得维西县叶枝乡四个村落傈僳出生死亡及高寿人数之材料，兹补于后：

叶支乡村名	户数	民国三十三年人口数		一年来出生人数			一年来死亡人数			七十岁以上人数		
		男	女	男	女	出生率	男	女	死亡率	男	女	高寿率
傈它洛	10	21	19	2	2	100‰	1	3	100‰	4	3	17.5%
巴锹洛	25	31	37	7	4	161‰	2	2	58‰	5	2	10%
傈桶洛	8	9	13	4	3	318‰	1	1	90.9‰	1		4.5%
多义洛	22	27	29	3	1	71‰	5	2	125‰	4	2	10.7%

又维西县康普乡坪子村民国三十三年（1944）106人中，出生两人，死亡两人。两者约占全人数39‰，七十岁以上者11人，约占全人数10%。

三、高寿者人数

傈僳高寿者之人数就已得之材料推算约如下述：

1. 本章第一节（一）目中所举的傈它洛村，民国三十二年（1943）有七十岁以上男女十一人，约占全村人数2.5%。

2. 本章第二节（二）目中所举之白枝洛村，于民国三十二年（1943）内有七十岁以上男女四人，约占全村人数2.8%。

四、普通疾病及其治疗方法

傈僳之普通疾病，据新生活运动促进总会第一边胞服务（下缺若干字）工作之统计，则下列各病为多：

1. 胃病　2. 创伤　3. 皮肤病　4. 痢疾及腹泻　5. 目疾　6. 疟疾　7. 风湿关节炎　8. 甲状腺肿大　9. 头痛　10. 梅毒

上列各病多与傈僳之生活环境及其生活习惯有关，其各类疾病之原因及病状，兹不赘述。

傈僳对疾病之治疗法约有下列三种：

（一）祈神禳鬼：若干傈僳认（为）疾病系由于神之谴责或鬼之作祟，故或对神祈祷祭祀，对鬼则请巫师禳除。

（二）服用草药：傈僳社区中间亦有通医道者，故若干疾病，彼等请本族中的医师诊治之。此辈医师之药品多系以山野所获之草木花卉配制而成，且多系外科之伤药。除本族之医师外，傈僳社区中若遇过往之汉人懂医道者，亦有延请汉人诊治者。其所用药品。仍以山野所采之草木花卉为主。

（三）服用新药：傈僳经验中，凡为祈神禳鬼及草药不能治疗之疾病，或其患病后遇有机皆获得新药时，则亦服用新药。前者如甲状腺肿大、梅毒、风湿关节炎等病，后者如在西洋传教士及其他边疆服务团体工作区内之傈僳。

除上述之治疗方法外，尚有一种消极之抵抗法，即与病人隔离。此法以前在怒江流域尚甚通行，如天花及疫痢发生，即患之则被迫迁至山野居住；

但如遇疫症已普遍传染，则健康者即须逃避。唯目前因民智渐开，且药品获得较易，是行此法者渐少。

五、环境卫生

傈僳之环境卫生，不多讲求，兹分述其水源、粪便、蝇蚊、垃圾等情况如后：

（一）水源：傈僳饮水有河水与山水两源。前者系就河中汲取。后者则因住处距河较远，故就山中有水潺出或有水流（原稿缺若干字）以竹桶、木桶等贮水器接受，是大致言之。傈僳之饮水尚洁净，唯傈僳洗涤衣物多在河中，故河水下流（游）即不免有污秽，可能影响河水下流（游）住民[①]。

（二）粪便：傈僳家中不备厕所，故粪便任意排解，或在树林中、或在房屋旁、或在道路旁、或在石坎下，解后任牲畜践踏或舔食，并不以之作为蔬菜及农作物之肥料，盖认粪便为污秽之物也。

（三）蝇蚊：傈僳对蝇蚊无法排除，亦少防范之道[②]。幸傈僳住地较高燥，是蝇蚊较低湿地为少。

（四）垃圾：傈僳对垃圾之处置有两法：其一，倒于厩园中或堆集房屋附近，备日后和以牲畜之粪便作为肥料；其二，丢弃于道路上或房屋旁，任过往人畜践踏。

---

① 澜沧江流域各小河下流（游）之居民为么些及汉人，故彼等之饮水颇受傈僳在水源洗涤衣服之影响。

② 夏日晚间蚊蚋多时，傈僳燃烧松针、荞叶以排驱之，但此时烟雾甚大，人在屋中，同感不快。

第十二章　教　育

一、家庭教育

傈僳居处环境贫困，生活标准低下，其求生基本欲望尚难满足，故一般家庭对其子女有意识有计划之教育工作均未实施。唯父兄之言行对子弟有示范作用，故傈僳子弟之家庭教育为对其父兄言行之模仿。近三十年来外人在我边地传教设学者渐多。凡信耶教者之家庭，父兄对子弟之家庭教育略为注意，然其内容主要者不外两点：一为衣冠之整洁；二为礼貌诚实之讲求。然其所以如此者，无非为换取传教士之喜悦，或为若干信仰上之关系（如：不如此不能进天国等）。故吾人未可视为傈僳正常人之家庭教育。

二、技术传授

傈僳之技术传授，范围甚为狭窄，仅限于谋生之技术。故普通男孩多由其父兄授以砍柴、狩猎、耕种之技术。女孩多由其母授以绩麻、织布之技术。其他如养蜂、酿酒、榨核桃油、榨漆子油、收漆等亦为傈僳家庭传授之重要技术。

三、识字人数

傈僳识汉字者千不得一。唯自英教士付能仁（J·O·Fraser）以拉丁字母制作傈僳文字后，凡信教者，因须查阅圣经及礼拜唱诗之故，是识者渐多。唯确实人数未经调查。笔者估计识此种文字者约占全人数3%～4%。[①]

四、对读书之态度

一般言之，傈僳对读书无甚兴趣。至其原因约有下述数端：

---

① 维西全县人口共35754人，其中傈僳约占十分之六，计得二万余人，信教而识字者，估计为七百人至八百人。贡山、福贡两设治区、人口总数约四万人，信教而识字者估计为1500人。故就维西、贡山、福贡三县区计算，傈僳识拼音文字之人数约占全人数4%。

（一）认读书无用。傈僳生活甚为简单。其日常活动既多局限于谋生。其政治大权复多操于他人[①]，故彼等认为进学，读几年汉书，对其生活毫无补益。

（二）经济之限制。多数傈僳生活简单，家境贫困。今入学读书既消耗一部分金钱[②]，复使入学子弟原日在家中之劳作停止，[③] 故在傈僳眼光中，入学读书不啻蒙受双重之损失。

（三）观念之错误。政府在边地设立学校，并定有若干优待办法，但边民多认为入学读书，则日后必被政府调去当兵或服役。傈僳生活简单，适应他种环境之能力有限，故安土重迁，对读书易生疑惧。

（四）土司之阻扰（挠）。土司为巩固其统治地位起见，故希望所治理之人民永远昏昧无知，以免发生革命，而致动摇其权益。故对傈僳读书多方阻扰（挠），或禁止入学，或每年轮调，总期受教育者一无所成，施教育精力虚掷。

五、是否有文字

傈僳本无文字，三十年前龙陵英籍传教士付能仁（J·O·Fraser）在传教之余，以拉丁字母制作傈僳文字一种，并将《圣经》《赞美诗》等以此种文字译出传授教徒。由是傈僳识者渐多，且更以之书写信札、契约，俨然成为傈僳之通行文字。

维西县叶支乡岩瓦洛村凹士波于十余年前创作傈僳文字一种。其要则系将音同之字以同一形体表示之。全部单字约计八百个。现县属之康普、叶支两乡习之者渐多，唯波士凹因为一普通之农民，故未能以全力从事于此种文字之推广，是目前各处识者合计三百人左右。

---

① 傈僳大部分受制于土司。若干土司业经撤废之处，则受制于汉人，至若未定界内则受英人之节制矣。

② 民国二十五年（1936）云南省教育厅因得教育部之补助，先后在沿边各县区办理省立小学三十余校。当时入学之边民子女可受公费待遇，故家庭之负担较少。抗战物价波动，教款支绌，故学生家庭之负担日益加重。

③ 傈僳学龄儿童在家时多担任一部分劳作，如放牲畜、助理农作。今如白日就学，则家中即失去一部分劳作者。

六、宗教师中有否文字

傈僳原日之宗教师称为“尼扒”，并无其他文字；唯美、英之传教士则利用前节所述之拼音文字，从事宣教工作。

第十三章　其　他

一、农　谚

傈僳目前尚保有部分之狩猎生活，故其农业之经验甚为短浅。且其居地贫瘠，耕地时有变更①，又以住居零散，村落甚小，除汉傈杂居之地或傈僳住地较接近汉人地区者外，傈僳各种农事活动多系参照各种动物飞禽出没与树木花草之盛衰。而少有以节令、旱潦或其他事物表示农业情况之农谚②

二、嗜　好

傈僳主要嗜好为烟酒两项，兹分述如下：

（一）烟：烟在傈僳宗族中为唯一之精神兴奋剂。盖彼等常居于交通不便之山谷中，见闻较少，心情寂寞，故常以草烟安慰精神。又傈僳于工作疲痨（劳）或暇时谈天之际，亦常以草烟提神助兴。是无论男女老小，均有烟斗烟袋随身。彼等所吸之烟草有二：一为兰花烟，味辛而涩辣；一为大叶烟，性较平和，均系自行栽培。

（二）酒：傈僳嗜酒，故每年所收获之粮食中，酿酒耗去许多。而汉商利用傈僳嗜酒之癖性，常以酒贷予傈僳，而于收获时收回粮食。故酒非只为傈僳之嗜好，且进而影响傈僳之经济生活。傈僳所食之酒分为烧酒、米酒与水酒三种。前者以包谷、高粱为之，煮后放药使发酵，并放于瓶中，旬日左右，然后蒸之，蒸气凝结成为酒；米酒制法系以米、包谷煮之，并和以蒸熟之包谷面，放药酒使发酵，然后以漆树子油③炒之，吃时掺水即成。（水酒制法请参阅《日常生活》章第三节、第四节附注。）

---

① 傈僳耕地经数年利用，地力衰竭时，即另行觅地开垦。详见本报告《经济生活》章第一节。

② 笔者调查各地农谚，仅于维西县叶支、康普两乡访得如下之农谚一则：“里哈得，阿米得；娃哈得，阿咱得”。译意为：“四月芒种忙忙种，五月芒种慢慢种”。盖谓一年中如节令较早，应早播种；如节令较晚，则播种不妨稍缓也。

③ 傈僳食油仅核桃及漆树子油两种，猪油绝少食用。

三、对于中央政府、地方政府及外来人之态度

（一）傈僳远处僻壤，与中央政府之关系不甚密切，故一般傈僳对中央政府之印象甚为模糊。故就少数对中央政府有认识之傈僳而言，则其态度多属良好。

（二）傈僳对地方政府之态度，则因边政失修，边官贪婪，故傈僳对地方政府之负担超过规定甚多，尤以地方政府机关之大小员役，每遇下乡必对傈僳多方搕索，无端取费。故傈僳对地方政府多存畏惧、疑忌之态度。

（三）傈僳因知识闭塞，故对抗战之意义与因果，全无了解。而因抗战之故，傈僳负担增加甚多。举凡壮丁征调，赋款摊派，傈僳负担均较汉人为重，盖因负责办理兵役赋款者，多为汉人，故常欺压傈僳从中渔利，是傈僳对抗战殊少热情。

（四）傈僳对外来人之态度一般言之为畏惧疑忌，盖傈僳因常受汉人之压榨剥削，故认汉人多数为凶狠刁狡。是以外来人进入傈僳之社区未为傈僳辨明其任务及心情以前，傈僳多存畏惧疑忌之心理。

四、离乡情形

抗战以前，傈僳除出外贸易短期他往外，甚少离乡者。抗战以后，云南边区之傈僳，除居住设区内者得以缓役外，其他居住县境内者，多有被调服兵役者。试就维西一县而论，自民国二十六年（1937）起，至民国三十四年（1945）八月止，征出壮丁约二千八百名。若以傈僳人口占全县人口十分之六计算，则傈僳之离乡服役者约在一千七百名以上。其次抗战以来，人民负担增加，边民因政治未上轨道，非法负担甚多，故乃纷纷由县境移往滇缅北段未定界及负担较轻之沿边设治区内居住。此种迁民数目虽无详确统计，但为数绝不在少①，故可谓近年来傈僳之离乡者日益加多。

① 维西县民国二十一年（1932）之人口为（9107）户、（42628）人。民国三十二年（1943）调查仅余（7694）户，（35754）人，此十年内人口减少（1413）户，（6874）人。此中除壮丁征调服役而减少者外，据调查多系于抗战后迁往德钦、贡山、福贡三设治区及滇缅北段未定界内住居。另有一小部分傈僳移往县境内古宗人聚居兵役赋款全无之奔澜乡居住，以图逃避兵役门户之负担。

五、汉化情形

傈僳位于金沙江澜沧江流域者，因与汉人及么些接触较多，故汉化正逐渐进行中[①]，如汉姓之采取[②]，夏历及汉人年节之遵行，汉话之学习[③]，汉人技术之学习,[④]，均可见一班（斑）。

六、近来之社会变迁

傈僳近年来之社会变迁除以上所述之离乡与汉化两节外，其他最重要者为纯朴习性之消失。笔者于沧、怒两江沿岸旅行，时常闻各地汉人谓傈僳近来渐形狡猾。彼等此语或系就其与傈僳交易之经验而得之结论。盖傈僳因生计日蹙。近已不易被汉商剥削矣。但吾人仔细观察，傈僳因与汉人接触渐繁，对汉人之习俗渐多了解，故于应付之道亦有觉悟，又抗战以来，边民收入日减，支出日多[⑤]，故傈僳对各项非法负担亦不得不谋反抗逃避之道[⑥]，是其纯朴可欺之习性乃渐消失。

近年以来，傈僳社会尚有一重要之变迁，即因欲避免兵役之负担而使家人分居析爨。傈僳家庭以前有父母兄弟长期同居者，但近年来兄弟能分别独立营生时必定分爨。父母对其甫能自立之子侄亦多令其另立门户，以免兵役之负担。此为抗战时期傈僳社会之一重要变迁。

---

① 么些汉化程度较深，故傈僳与么些接触间接可收汉化之效。

② 傈僳姓氏汉化请参阅本报告《社会组织》章第二节第四目。

③ 傈僳汉话之学习，除平日交易之往来外，征调服役离乡或在地方团队服务之壮丁，对汉化之学习亦极见成效。而此辈壮丁除学习汉话外，其生活习惯及意识，亦有一部分汉化。如笔者于福贡设治区遇一傈僳乡长，此人因曾随军外出多年，故此时非徒汉话流利，抑且不愿他人称其为傈僳族。

④ 傈僳原本不识煮酒。故汉人多利用傈僳嗜酒之习性，煮酒放账。近来傈僳虽有自行煮酒者，但系习之汉人。

⑤ 请参阅本报告《经济生活》章第十六节。

⑥ 近年来维西傈僳对乡保长之渎职舞弊者控告检举渐多。又傈僳因不堪各种负担而迁往他处者为数亦多。见本章第四节。

福贡设治区调查报告

一、本区包括地域

本区共分四乡，曰章化、曰龙马、曰定边、曰普利。

二、本区住居状况。

（一）居民种类：

1. 民族名称：本区居民分汉人、怒子、傈僳三种。

2. 分布地区及人数：（1）汉人各乡均有，大多数系经营商业、一小半为公务员及其眷属，全数约四百人，占本区人数的十分之零点三左右。（2）怒子：怒子原为本区之土著，后因傈僳自怒江下游及澜沧江流域各县区徙入，怒子多向高黎贡山以西未定界内及怒江上游迁移。现本区内之怒子分布以章化乡之木姑甲、木能阿尼岔、贡泉、连记甸、腊乌等较多。其他各乡虽有（如定边乡之阿左洛）但大多数怒子之语言习俗等已与傈僳同化，不易分别。据笔者估计，本区怒子之总数约 1500 左右，占全区人口总数十分之一。（3）傈僳：为构成本区人口之主要分子，各乡均有。普通人对住居怒江沿岸之人多称怒子，其实此辈被称为怒子者大多为傈僳，人数约在 12000 左右，占本区人口总数十分之八点七。

兹为阅者明了本区各乡人口分布情形起见，将福贡设治局所作之全区户口统计列表如图：

乡名	章化乡	龙马乡	定边乡	普利乡	全属共四乡
户数	1200 户	1044 户	769 户	867 户	3881 户
男	2603	2103	1283	1844	7829
女数	2578	2305	1362	1380	7033

3. 居住本境之沿革

福贡设治较贡山为晚，光绪三十一年（公元1905年，德人布伦胡担）游历怒江流域、至上帕村南之腊乌被戕。我政府虽曾派兵剿办，但未正式设官。民国元年（1912），滇军第二师师长李根源住防滇西，委任宗熙、景绍武、何泽远为筹办怒俅殖边事务正副委员长率领殖边队（约八十名）拓殖福贡，敉平叛乱。民国五年（1916）九月正式设治。汉人之居本区者当自民元始。其后或系从落籍者或由经商徙入，或由游宦寄迹。至怒子则为本区之土著，而傈僳之来源，据本地传说，系自怒江下游及沧江沿岸各县区徙入，其详可参阅贡山调查报告。

（二）各民族间之关系

1. 政治的关系——本区各民族中过去以傈僳最为强悍，其中之若干部落，曾轮流统治怒江流域，目前则政权多操于汉人之手。唯傈僳充任乡长者，仍占半数，充任保甲长者更多，此盖傈僳人数较多有以致之。

2. 婚姻的关系：

本区各民族婚姻之关系以怒子与傈僳较为密切，彼此之间通婚者屡见不鲜。至汉人间有娶傈僳女为妻妾者但无以女妻傈僳。

3. 经济方面

本区之经济权多操于汉人之手中，而汉商之中以鹤庆籍者占绝大多数，丽江大理等地者亦有。若干日用必需品（如盐、糖、茶、布匹、针线等）系由汉商由外地输入，即本地之土产亦多由汉商操纵贩卖。边民平时虽可直接至澜沧江沿岸至兰坪所属之维登、营盘两街买卖货物，但其交易之对象，仍系汉人，且前往赶街时尚须受若干之剥削刁难（详见本报告第十三章）。至冬季，本区对外交通道路被大雪封阻，本区汉商复可完全垄断。此时傈僳怒子若有需求必须至汉商处购买。若因需款而须出售土产或供货，亦须必至汉商处设法，于是此时商人可大显神通。此间所称之汉商，实际包括有其他职务而以经商为副业的在内。

4. 对设治局的关系。本区各边民与设治局之关系，尚称密切，盖本区所属地域均相接连，故统治上较为方便。福贡前后共经三次武力压制[①]，故边民对当局颇称畏惧，诸项政令推行尚称便利。

三、政治改革

（一）对现有行政制度之意见

1. 各县局区域之划分，是否适当，有无改变之必要。本区北以极乐梁子与贡山入口界，南与碧江接壤，东与碧罗雪山与维西、兰坪分界，西越高黎贡山即属未定界，区域划分，尚称适当，现无改变之必要。

2. 县局所在地是否适当，有无迁移之必要。福贡设治局驻地之上帕村，人户较多，地势平坦，与碧江、维西、兰坪等交通亦称便利，现时尚无迁移之必要。

3. 境内设治局应否改建为县？本区人口据设治局发表者为3881户，但据一般人估计，似尚超过此数。本区面积约八万余方里，且物产亦较贡山为丰饶，是笔者主张在适当时机将福贡改为县治[②]，县府仍设于上帕村。

4. 为求达到开发边疆之目的，本区内有增设行政专员或其他行政机构之必要（本节请参阅贡山调查报告第三章（4）节和第十三章第（1）节）。

（二）行政官吏本区之情形与贡山相若，故本目参阅贡山调查报告。

（三）土司问题：本区过去虽曾由各民族中有力量的酋长统治，但并无世袭之土官存在[③]。

四、交通建设

（一）本境内现有交通情形：本区现时之交通情形与贡山相同，唯道路

---

① 第一次为光绪三十一年，第二次为民国元年，第三次为民国二十四年，因行政委员史国英苛虐无道，傈僳乃聚戕之，后经政府派兵剿办。

② 贡山暂不改县之理由已见贡山调查报告，至若主张将贡山福贡合并为一县，笔者亦不赞同。盖二区合并后，南北长达八百里，东西宽约三百余里（自碧罗山顶算至高黎贡山山顶，实际上住人者不及二百里）是行政上必感不便，如贡山改建县治应待国界划定后将高黎贡山以西之地域划一部归贡山以增加贡山之人力及财富。

③ 本地内无世袭之土官存在。逊清中叶以后，本区由维西厅属之康普女千总禾怩之后（王姓）及临城土把总王家（住居本村现称永安村）分管，目前本区之普利乡定边乡之北段，大致由康普王姓管理；定边乡下段及龙马、章化两乡，由本村王家管理。

较贡山更为难行，兹将本区主要之驿运路线叙述其后：

1. 福碧路：由福贡至碧江，沿怒江南行全长约二百六十里，三日可达，道路尚可。

2. 福贡路：由福贡至贡山，沿怒江北行，全长约六百里，九日可达。道路欠佳，尤以福贡定边乡之利沙底至普利乡之极乐梁子一段最为难行，若干地段，除有所谓之“天桥”① 外并有“天梯”② 一处。人行其地，惊险万分。至由极乐梁子至贡山设治局所在地之打拉村各种情形，已见贡山调查报告，兹不赘述。

3. 福维路：由福贡至维西共有四路。第一由上帕北行至龙马乡之挖咱转东翻越碧罗雪山（怒江之脉）至兰坪属之富川渡澜沧江后再翻碧罗雪山（云岭之脉）至维西县城，由挖咱至富川一段（共行程三日）未曾修过，异常难行。西端之路曾修理较易通行。此路全长约三百八十里，经六日可达。第二路由上帕北行至定边乡之利沙底，转东翻越碧罗雪山至维西共济乡之吉岔，然后由吉岔渡澜沧江至白济汛、顺德钦维西驿运路至维西县城。此路全长约四百二十里，七日可达。

第三路由上帕北行至普利乡马吉，转东翻越碧罗雪山至维西属之康普乡老厂，然后循德钦维西驿运路至维西县城（此路中段最近修过）全长约四百八十里，八日可达。

第四路由普利乡之戈当至维西康普乡之岩瓦，三日可达，但未经修过。

4. 福求路：指由福贡至求江下游者，共有三路，第一路由章化乡之姑且村（在怒江西岸上帕村之西南地图上作贡泉）至高黎贡山以西之拉布。第二路由定边乡之恩木至高黎贡山以西之哈拉底。第三路由普利乡之老袜打至高黎贡山以西之拉吉。以上各路均约有三百里，四日可达。

（二）必要修筑之公路和铁路：本区山脉起伏，平地极少修筑公路铁路，不易进行，本目从略。

（三）驿运之改进办法：参阅《贡山调查报告》第四章（4）目。至目

① 天桥系以树枝、木板和竹竿沿石岩搭建而成，其两端缚于石岩之树上，其下临空，故称天桥。

② 天梯在普利乡马吉村以南约十余里，原因道路至此处无法通行，乃设置梯子一具，人由此梯爬至下路继续行进。其附近尚有天桥数处，尤增惊险之程度。

前本区极待修筑之道路为由定边乡之利沙底至普利乡之极乐梁子一段。此路修毕后再修由福贡至高黎贡山以西之道路，以便我政府经营未定界之需。

五、卫生设备

（一）本境内流行之疾病及民间治疗之方法：略同贡山，请参阅《贡山调查报告》《维西调查报告》。

（二）现有卫生设备

1. 卫生院，民国三十三年（1944）九月，省卫生处派董恩敬医师至福贡筹组卫生院，但因本地应负担筹备费，不能筹出而无结果，故本县卫生院尚未成立。

3. 医师：无。

3. 私人开业之医生，本区省立实验中心学校校长周健略懂中医，又商人潘奠卿懂医，兼有药材，至西医方面尚付阙如。

（三）应添设卫生院或诊疗所之地点。本区卫生院应建立于设治局所在地之上帕村，盖此地人口最多交通便利。在定边乡之利沙底可设诊疗所一个，因此地人口亦较多且为出福贡前往贡山、维西、俅江之要道。

（四）本区无单独建立中心医院之必要。笔者主张本区与贡山合办中心医院一所，设于本区定边乡之利沙底。该院设备应求完全，应首先对本区流行之疾病，设法防治。

（五）实施环境卫生之办法（本节可参阅《贡山调查报告》）。

六、土地及屯垦

（一）本境内农业概况：

1. 气候及土质：本区多为黑褐色砂土，土质疏松，里层多石砾，仅适刀耕火种，且须轮栽、间歇以恢复地力，故广种薄收，出产不多。至于气候方面，尚无精确记录。据省立福贡章化乡实验中心学校之材料，上帕村冬春两季午间之气候约在华氏表五十五度之间，夜间约在四十七度，夏秋两季午间气温约华氏九十度，夜间约七十度，全年平均约在六十度余。

雨量：春季（农历一、二、三月）雨水较多，常连绵月余不晴，每年豆麦不能收获，交春不能耕作，边民粮食缺乏，主因在此。

2. 适宜栽种之农产：

本区适宜栽种之农产略同贡山。（请参阅《贡山调查报告》），本区平坝是稻谷出产量较贡山为之大区。至于平坝分布之地点。（请参考本报告附地图，盖怒江沿岸，道路两旁均可栽种也。）又本区之普利乡马吉村，附近种有麦类植物名曰“巴戛”，枝叶与麦同，果色外皮为紫色，内皮为黄色，形状与麦粒相若，可供食用。

3. 本境人民现行之耕种方法，与贡山相仿（请参阅《贡山调查报告》）。

4. 农事改进之意见：本区气候较贡山为热，故沿江平坝中可于稻谷收割后再种小麦，以增加粮食产量。至于其他，请参阅《贡山调查报告》。

（二）荒地：本区情形与贡山相同。

（三）垦民：（见《贡山调查报告》）。

（四）肥料：同上。

七、畜　牧

（一）牧场所在地及面积：本区情形与贡山相若。（请参阅《贡山调查报告》）。

本区适于牲畜之生长。本区适于牲畜之生长，有羊牛猪鸡。

（三）现实民间畜牧情形：本区人民牧养之生物以猪鸡为多，大致每家均有。至于牛羊，则数目较少。详细数目现未统计。本区与贡山牧养牛羊尚有一特殊现象，即牛羊时常于山岩跌死，因本区之平地甚少；故牛羊乃有此厄运，本两区之牛羊皮多系跌死后而剥下售者。

八、森林和经济植物

（一）森林

1. 种类及数量：本区森林亦以松、杉、栗、竹、为多，至于高山上则以羊齿草（俗称蕨茉）、野杜鹃为多，又桑树巴蕉树亦有少数，至于各种树木之数量则无统计。

2. 采伐计划：采伐本区森林之前，应先将本区森林种类及其分布地点，详细调查，然后按需要之种类与数量分区采伐。

3. 运输计划：本区道路失修，故木材运输，除驮运和人力背负外，应设法利用水运。

4. 应用计划：（请参阅《贡山调查报告》）。

5. 植树计划：本区原始树林尚多，故对普通树木暂无增植之必要。

（二）天然经济植物

1. 名称：本区天然之经济植物为橡树、漆树、核桃树、香菌、木耳、黄连（分野生栽生两种，本处亦指野生者而言。）猪苓、虫草等。

2. 产量：橡树油，木漆产量甚少：一因此种树木为数不多，二因边民以漆树子所榨子油作为食油。漆树如由漆树身取漆后，漆树子即少丰实也。核桃油亦多充食用，产量无统计。黄连、猪苓、茯苓、虫草均作药用，故其产量视中药之销路畅塞而异。据福贡设治局建设股估计，现时茯苓年产约千余斤，虫草年产约二百余斤。

3. 用途：橡油漆油：漆油木器用，漆油核桃油、香菌、木耳，供作食用，其他各物均供药用。

4. 价值：（参阅《贡山调查报告》）。

5. 民间采药方法：（参阅《维西、贡山两山区调查报告》）。

九、矿　产

（一）境内矿产调查：本区矿产无精确之调查，就笔者沿途所见及当地人民传说者，计有云母、铬铁、石墨等矿藏。由贡山至福贡途中所见之云母片者颇多，在西之定边乡利沙底藏有墨矿，铁矿在普利乡之马吉及布施附近之害比洛均有。

（二）已否开采过：本区矿产曾开采过者为铬、铁二矿，铬厂于民国十九年（1930 年）经地方人集资开采，后因办理人无意经营而停闭。铁厂曾办过两次，一次在民国十一、二年（1922—1923），系贡山之茨开汉商杨启昌集资在害必洛采得二千斤左右。另一次系杨君于民国十三、四年（1924—1925）在马吉开采，采得二千余斤。后因出产量少，且销路不畅即停采。至于云母、石墨则因其主要蕴藏地未发现，故迄今未开采。

（三）开采意见：本境各矿之品质及蕴藏量未经确实之调查，故应由有关方面延聘专门人员前往调查，以决定各矿之开采价值。至于决定开采后资金、经营方式、技术工人等问题的解决可参阅《贡山调查报告》第九章（三）目叙述云母厂之一段。

十、水　利

（一）河流

1. 名称：经流地、长度、深度、河身宽度。本区流域中最大者为怒江，由本区与贡山交界之极乐梁子流入自茂马底注入碧江境，全长约四百里。深度不详；河身宽度亦随地形与季节而异，平均约在五十至六十公尺左右。至于其他由碧罗雪山与高黎贡山流入怒江者为数甚多，就笔者记忆所及。由碧罗雪山流入怒江者约在二十条以上。由北而南，其名称为“不腊”“姑打”“巴司铎”“娃吉都”“称都杜”“利沙底”“诲皮底”“麦呈”“拉那恪”“阿觉洛”“咱里”“结撤”“阿色都”“龙马登”“以思得”“打普鲁”“腊柱底”“怒且”“拓索思”“结木节”“阿叉底”“巴拉娃”。由高黎贡山流入怒江者约在十五条以上，由北而南，其名为“撑底”“思普渡”“依俱”“立次”“勒买得多”“里勃”“阿摩”“促布鲁”“施格木”“嘎布”“祈左洛”“古木”“海课扒”“拉士底”“姑且”“阿泥洽”。至于各江之长度不一，由怒江前往，各河之发源地需三日至五日程，深度随地段与季节而异，由半公尺至二公尺不等；宽度由二公尺至八公尺。

2. 水流急缓及礁石叠水情形：怒江水流较各小河为缓，礁石有一二处，系江旁山上所滚下之大石，叠水无，至各小河之礁石及叠水颇多。

3. 本区有否可通航地段：本区各河有无通航者，依水流速度及礁石叠水等情形观测，本区各小河无通航可能，且怒江有否通航可能应先由水利人员实地调查以后决定。

4. 灌溉利益：本区各小河在其流域内均可灌溉田亩，至于怒江则难加以利用。

5. 可利用之水力：本境各河之水力未见利用者（水磨未曾发现），依笔者观察，区内无可利用之水力。

（二）湖沼——本区湖沼，据笔者所见者共有四处。设治局所在之上帕村有两个长宽各约百余公尺，可灌田。又笔者至龙马乡——挖咱至兰坪县属之富川，翻越碧罗雪山丫口阿琪里时见有水塘两个；一在丫口之西，长约四百公尺，宽约二百公尺，一在丫口东北，长约一千二百公尺，宽约三百公尺，为兰坪七浦河之水源。本两沼无灌溉利益，水产品亦无。

十一、文化教育

（一）文化现状

1. 人民文化知识程度：本区因设治较晚，教育尚未普及，故人民知识程度极为落后。据三十三年福贡设治局调查，全区普通户之识字者，共有218人，约占全区人口总数百分之一点五强。公共户中识字者约150人。

2. 现有教育机关及施教情况：本区现有之教育机关仅小学数所，在上帕村设有省立福贡章化乡实验中心学校一所，民国二十五年（1936）八月筹备，民国三十（1941）改今名。现时该校仅有教室一间，设备简陋，十一月初尚未见有学生上课。据说该校有分校二处，学生共有150名。另上帕村有中心学校一所，自民国三十三（1944）秋季十一月一日开学起，设治局拟对校学生供给衣食被等，可长期在校就读，学生暂定30名左右。另全区有国民校十二校，六校为保立，六校为联保设立。全部学生总数约二百八十名。教育经费共为五十七万余元。

3. 边民是否另有语言文字及其应用情形如何：怒子傈僳等均有其本族之语言，唯文字则无。其信奉耶苏教者多识傅能仁所创之拼音字，全区识此种文字者约计二千人。

4. 宗教机关对于边民教育文化之关系：本区有神召会之传教士在各乡活动。加拿大教师马导民在福贡工作三十一年，因缅战关系才去印度暂住。现国籍传教士杨雨楼君在福贡从事传教活动。杨昆明人，现年四十五岁，民国九年（1920年）郎随马来福贡，神召会未办学校，唯对教友，则以拼音文字传授教义，故对本属文化教育之影响，关系甚少，至于传教士对本区文化教育之影响，可参阅《贡山调查报告》。

（二）改进办法

1. 如何使边民乐于就学：边民生活困难，就学读书影响其农时，毕业后复未增加其生活知识和技能；故如欲使边民乐于就学，必须对就学者予以优待，如供给其衣食等，并应对就学方式与教材内容酌予改变。其详请参阅《维西、贡山两县区调查报告》。

2. 本境内应设立之学校——种类，所在地，理由办法：本区现无增设学校之必要，而应积极充实省立小学与已设之各国民学校，至于未设立学校各保，应限期成立。其他可参阅《贡山调查报告》。

3. 本境内应设立之民教馆及其他文化机构：本境尚无设立民族教馆之必要，应先设立巡回施教队。其详可参阅《贡山调查报告》。

4. 边民语言、文字之利用及废除问题：边民语言一时不予废除。但交通便利各方往来之人增多后，边民学汉语者必日趋普遍。至于文字方面，则边民实际尚无文字，现用之拼音文字如无其他文字代替，不妨暂时利用。

十二、民　生

（一）现时民生状况

1. 边民依赖为生之事业：本区边民依赖为生之事业与贡山边民依赖为生之事业大致相同，可参阅《贡山调查报告》。唯福贡边民尚有一种副业可弥补其生活支出之一部，即代客商或公务员背负商货、行李至各处。普通脚价每日约为滇铸银币五角，故如一年中背负十日约可上纳政府赋税之大半。

2. 社会一般民生状况——富有、小康、赤贫之大略统计：本区人民贫者居多。依笔者大略统计，富有者只二十户，其中大半为汉人（在福贡经商或游宦者），小康约只百余家，其余三千七百户均为赤贫，其一年辛苦之所得只能糊口。

3. 不能生活之人民对地方所发生之危害情形，本节请参阅《贡山调查报告》。

4. 生活富裕之家多余财富之应用处理情形：本节请参阅《贡山调查报告》。

（二）民生改进

1. 现有生产事业可否使之改进而增加生产：本区之矿产经过详确调查后或有开采之价值（参阅本报告第九章）。至于其他可能改进之生产事业，因其情形与贡山相若，故请参阅《贡山调查报告》。

2. 民间可能举办而尚未举办之生产事业为何，应如何倡导：本区情形与贡山相若，故：（1）开辟规模较大之果园；（2）设立造纸厂。二项均可参阅《贡山调查报告》所叙述者酌量实施。尚有二事本区可进行者，即设立制糖厂与制药厂是也。前者盖因本县气候较贡山温暖，甘蔗可以栽种，今后如能由建厅派人指导区属人民大量栽种，则可在本区设立制糖厂一所，以供应本区及其附近地区之食糖需要。后者盖因本区及其附近地区出产黄连、贝母、知母、猪苓、茯苓、熊胆、麝香等颇多，今后如能在福贡设立制药厂一所，如对上列各种药材予以精制或提炼，其有效成分则非徒输出较便，即本区及其附近地区之人民亦可受惠不浅。

3. 如何解决不能生活者之生活：请参阅《贡山调查报告》所列举之办法。

4. 如何指导富裕者合法应用财富：可参阅《贡山调查报告》。

5. 本境内缺乏之生活物品如何补救：本区缺乏生活之物品为盐、茶、糖、布、针线、纸张、铁锅之脚架等。由鹤庆、兰坪、维西等县输入或经由汉商自更远之地输入。又澜沧江沿岸兰坪县属之维登街（每月初五、十九为街期）、营盘街（初十、二十四为街期，均以农历计算），亦为边民常往买卖之地。

十三、其他开发方案

本区情形与贡山相若，其他开发方案，请参阅《贡山调查报告》。

贡山设治区调查报告

一、本区包括地域

本区共分四乡：曰达拉、曰茨开、曰菩拉、曰孟项。

二、本区居民状况

（一）住民种类

1. 民族名称。本区住居共分汉人、古宗、怒子、俅子、傈僳五种。

2. 分布地区及人数。

（1）汉人。各乡均有。大多数系经营商业，小半为公务员及其眷属。全数约三百人，占全区人民之0.3%。

（2）古宗。居住于本区北部毗连西康属地之达拉乡。全数约八百余人，占本区人口总数之0.8%。

（3）怒子。与古宗杂居于本区之达拉乡。大致由南而北怒子人数渐减；由此而南古宗人数逐减。本区茨开乡北部亦有一部分怒子。全区共约二千人，约占贡山人总数十分之二。

（4）俅子。居住于高黎贡之西俅江流域，现为贡山设治局之孟顶乡。该乡人数调查难得确数，盖孟顶乡名义上虽属贡山设治局，然实际与设治局之关系甚为疏远；且边地遇户口调查时，每每以多报少，以图减少负担。据设治局调查，全属俅子共1404人。据笔者参阅其他记载并照商人传说，估计本属俅子约在2000人以上，占全区人口十分之二。

（5）傈僳。居住于本属菩拉，茨开二乡者较多，孟顶、达拉二乡也有一部分。盖普通人对傈僳与怒子不加辨别，凡居住怒江者均通称怒子。全区傈僳人数共约5000余人，均占贡山全人口十分之五。

兹为阅者明了本区各乡人口分布情形起见，特将贡山设治局所作之全区户口统计列表于后。

贡山设治局户口统计表

乡　别	户　数	人数（量）
达拉乡	587 户	男 1470 女 1410
茨开乡	680 户	男 1610 女 1625
菩拉乡	648 户	男 1494 女 1382
孟顶乡	212 户	男 807 女 597
合计	2128 户	男 5387 女 5014

（注）前述之汉人中实际有一部分属么些与民家人，但彼等自认为汉人，一般人亦以汉人称之，故本文未加分述。

3. 居住本境之沿革

（1）汉人。本属所有之汉人系经商而来，少数系为宦或从戎来此落籍者，又有一部分系因犯案或逃婚[①]而来此地定居者。汉人来贡山始自有清末叶，距今只百年左右；盖怒江流域交通既极其困难，夷民又极强悍[②]，是以汉人不易进内。

（2）古宗族似为贡山之土著。盖贡山毗连西康属地，实际为西藏势力所支配，区内之怒子曾一度归藏官统治，故古宗居住本区由来已久，堪称土著。

（3）怒子族亦可称为贡山之土著，盖目前虽有人称怒子，系由云南以北徙至贡山者。但其徙入之年代已不可考，是吾人只得暂时假定其为贡山土著。

（4）傈僳。本族系由外地徙入，其时期尚在怒子之后。唯傈僳由何处

① 居住澜沧江之人民遇有婚姻上发生纠纷时，多偕同其婚姻之对方迁至怒江居住，以避免有关方面之干预而完成其幸福之理想。此种事件在澜沧江沿岸称为“拐带人口”。

② 光绪三十一年（公元 1905 年），德人布伦胡带从者数人由泸水沿怒江而上。以狩猎游历为名。意在调查各地情形。走到福贡所属之腊乌村（距今福贡设治局五里，乃最强悍之怒民所属之地），被怒民数百人围杀之。将其携带的枪支、器具全数没收，后启外交纠纷。清政府虽曾发兵进剿，但仅以办了此件事为止，并未久驻怒江，进求拓殖。

徙入贡山，则其说不一①。

（5）俅子。本族居住贡山之沿革尚欠明了。有谓俅子系由西藏徙人，亦有依语言关系将俅子列入缅支者，然目前尚无定论。吾人姑假定俅子亦为贡山土著之一。

（二）各民族间之关系

1. 政治的关系

贡山未设治前归维西厅属之土司管治，土司管治以前则各部族间互争长短，起伏无常，因傈僳部族较为强悍，故傈僳治怒子、俅子之时间较久。又因贡山北部接近西康，故西康察瓦龙地方（实际上为西藏政教势力范围）之古宗亦曾一度统治贡山之怒子（见前目注②）。至目前则汉人在政治上之地位较高，唯达拉乡之乡保甲长多为古宗与怒子，而孟顶乡之头人又系俅子，是以各民族参与政治之机会尚属平均。

2. 婚姻关系

汉人有娶傈僳女子者。唯汉人子女未闻有嫁傈僳者。至怒子与傈僳通婚者较多，至古宗与怒子因地位接连，亦有通婚者。俅子虽远处高黎贡山之西，但以语言、风俗与怒子、傈僳相近，亦有相互通婚者。但各宗族仍以族内婚姻占大多数。

3. 经济关系

贡山属境内各民族间之经济关系颇欠合理；盖汉人与古宗人处于垄断者之立场，而怒子、俅子等均处于被压迫之地位。外地出产之茶、糖、盐、布、针、线、纸、香、铁器、杂货固多由汉商自维西、兰坪贩进，鹤庆、丽

---

① 傈僳之来源尚无定论。德人克勒税纳于民国十九年（1930）率中山大学地理学系学生作云南之地理考察，归而报告其经历，内有关于傈僳种族之考源曰：“黎苏人即傈僳”，乃藏缅族之一支。彼等现在继续向南迁移，其居地为高山，与住于山谷低地之掸人恰成一对照（报告之19页）。据其推测，则傈僳非云南土著系北方藏缅族支流陆续自北向南推徙者。国内语言学者罗莘田先生亦将傈僳列入藏缅语系。笔者此次到贡山调查，本拟对境内傈僳迁徙路线略加探求，但因本族无文字记载，对过去事迹各凭口头传述。而其口头传说又不一致。若据其人种来源之神话中推测，傈僳由怒江上游迁来；但据一般人之叙述，则又有谓其先辈来自怒江下游或由澜沧江流域徙入者。

② 民国十二年（1923）时，西康察瓦龙方面曾派人来贡山与地方交涉向怒子征收粮赋事。目前孟顶乡每年除须向贡山设治局缴少数赋税外，并须向察瓦龙头人纳赋税。此事容于本报告第十三章叙述之。

江等地输入，牛羊等牲畜亦多由维西、兰坪贩进（此等牲畜与铜锅、铁三角架多用作订婚时之聘礼）贡山出产兽皮、麝香、黄连、木耳、黄金（多出产于俅江流域、系自江中淘出，亦有自山中挖取者）。至俅子因须向贡山设治局及西康察瓦龙土官两方面上纳赋税①，故其生活尤为痛苦。

4. 对县局所发生的关系

贡山设治局对所属达拉、茨开、菩拉各乡虽可统驭，但因地方行政官吏及中下级干部缺乏朝气与建设心；加以民智落后，交通不便。故实际上居住于各乡之人民与设治局之关系仍疏；有之，则只单方面之缴纳款赋而已。至孟顶乡，因地位及传统之关系，则对设治局之关系更若断若续，名有实无。

贡山［民国］二十八年（1939）收解办法。

俅贡办法

一、孟顶乡上段由拉卡塔至拉披，下段由拉披至木刻嘎。

二、上段由正乡孔慕金收，下段由付乡长孟昆收。

三、全乡人民约计210户，除乡、保甲长及鳏寡孤独以外及赤贫者免纳外，实收185户。

四、每户就下列各种任交一种：1. 毛莲两小筒；2. 贝母三、四两；3. 飞鼠皮两张；4. 鹿子皮一张；5. 黄蜡两块。

至孟顶乡上段义肯一带（人数约六七十户）每年西康察瓦龙方面派人收税，下段俅子则须受傈僳之欺凌。李生庄先生在其《云南第一边疆区域内人种调查》一文中对此事亦有叙述，特摘录若干以供参考："察瓦龙土官苛虐异常，每年必来征收门户钱粮两三次，此外则土官家丁坐守拉卡塔等处，按户压卖沙盐、毛、布等物，值一售十。彼辈到境凡所带货物行囊皆勒派百姓背负，饮食亦勒派百姓供给，稍不如意，则鞭挞随之。压卖货价及至期不偿者，则利上加利。俅民觅得麝香、黄连等物，则彼辈以十折一之价收买，终年盘剥，务令其斗筲尺布无所余，盖察瓦龙俨然视俅子为其殖民地，

① 孟顶乡上纳与贡山设治局之赋税均为实物，每年缴纳一次，昔称俅贡。目前改称团费，实际所收者均归地方官吏享用。而由地方官对来署之当地头人或俅民代表予以普通饮食之款待，并略赠回程伙食，以示彼此间之主属关系。兹将贡山设治局于民国二十八年（1939）俅贡收解办法列后以供参考。

以俅子为其剥夺之对象。又俅民风俗，每遇会期必宰牛买酒而又不能畜牛，察瓦龙乘其机，因自北驱牛南下售与俅民，不索其值，以人易之，大抵黄牛三条易俅民一人，而牦牛则只需两条即可易人一个。察瓦龙既将俅民用牛换去，即养以为奴，专操劳役，并公然辗转售卖，如曩日美洲人对黑奴然。俅民畏罹察瓦龙之横霸，虽有不愿，亦莫敢如何也。此为上江俅子之惨状。至于江尾俅子因与倮倮杂处，又常受倮倮之压迫征收所谓骨尸钱粮。倮倮称‘骨尸钱粮’为‘俄普骨牙’，缘倮倮性格蛮悍，凡其族人被人杀死或因病客死于外，即记为仇怨而不问理由，向其族人所死在地之附近住民寻衅，纠集群众烧杀抢劫，连年累月，迄未休止。（查野人亦有此种恶性，尝有野人客死者，其族则纠集数百人分食牦牛肉，结队下山寻衅，与倮倮同）。俅子懦弱而倮倮常以同样手段对付，迫急无奈，只得认负赔偿而以征收为讲和条件。此项征收即为‘尸骨钱粮’，每年照纳一份，按寨按户征收，子孙世代不绝。今俅子中上纳此项钱粮，年凡五六起或至十余起不等。俅子因极贫，而复加以种种繁重之征收，吾真不知其所可也。夫俅子江为我菖蒲桶属边地，乃系事实；然其地又在滇缅北段未定界之范围中，早有英人之足迹。英人对边民之笼络，盖无所不用其极。今则所谓俅子者，北被蹂于察瓦龙，南被欺于倮倮。俅子固我边民而察瓦龙与倮倮亦皆我之边民，倘不思救济之方，吾恐为渊驱鱼，为丛驱雀，后事大难矣。宣统末年，片马头目等向察支那府请愿，愿为缅甸属民。前车之鉴不可忽也。”（见《云南边地问题》上卷173）。

三、政治改革

(一)、对现有行政制度之意见。

1. 各县、局区域划分是否适当，有无改变之必要。本县共分四乡：菩拉、茨开、达拉三乡依次连接，政令之传达、交通往来尚称便利。唯县属之孟顶乡远在高黎贡山之西，由设治局所在地之达拉前往需六日程，交通极属不便，政令又难贯彻。今后如能在高黎贡山以西另设行政单位时，孟顶乡应自贡山设治局划出，否则目前贡山及邻属之浪人多借孟顶乡为违犯政令、作科犯法之胜地，贡山设治局亦无监督之能力。

2. 县府所在地是否适当、有无迁移之必要。贡山设治局所在地之达拉村，略嫌偏北。若为兼顾孟顶乡及防范康藏匪徒窜扰起见，尚属适当。如孟顶乡划出，康省治安无虞，则设治局迁至达拉以南二日程之茨开村较为适中。

3. 境内设治局无改建为县的可能：

（1）人口甚少。据贡山设治局统计，全属仅 2217 户、10405 人。如日后孟顶乡划出，则人数尚不足万人，似不够设县之条件。

（2）物产不丰。全县矿产较著者为厦拉传之云母，但其品质尚不见佳，开采之困难亦多。又因境内多山，故少农耕之利。山货土产数亦有限。现时人民生活极为穷困，人亦无改县之能力。

（3）地位重要。本区北临西康，西毗滇缅北段未定界，形势极为重要。目前吾人应设法维持现有之人口①并应进一步争取未定界之人口，故应彻底澄清吏治，减轻人民负担，增进边民福利，收近悦远来之效。以现时情形而论，县属之人民负担较设治区为重而政治上之享受未必较设治区优越。故除前述之理由外，吾人以贡山现时所处之地方而论暂时尚无改县之必要。

（二）为求达到开发边疆之目的，本区内有无增设行政专员或其他行政机构之必要；为达到开发边疆之目的，本区应与怒江沿岸之福贡、碧江、泸水等设治区，联合设置《云南省民政厅边疆行政设计委员会西北区边疆行政设计委员会办事处》负责设计前述各政治区及滇缅未定界内之边疆行政及边疆开发事宜，并应给予若干执行上之权利或规定该办事处所设计或建议之事项。各设治局应尽量采纳施行。

（三）行政官吏。

1. 针对本区域之特殊性言，本区内之行政官吏应以何种人员担任较为适宜。贡山北连西康（实际为西藏之势力），西毗滇缅北界未定界，形势异常重要，故应以熟谙藏缅等地情形或通晓英藏语文、兼具胆略者充任较为适宜。

2. 本区行政官吏应具备之基本条件如何：

贡山形势重要而目前各种建设极为落后，故本区行政官吏应具备之基本

① 民国二十八年（1939 年）至民二十九年（1940 年）贡山干旱，各乡傈僳迁往俅江者近百户，其后未全迁回。其他人口迁移情形可参阅笔者所撰之《维西边民之生活现状及其改进办法》。

条件为：（1）年富力强。贡山交通困阻，道路艰险，建设落后，百废待举。若当地行政官吏体力衰弱，年龄高迈；则彼非徒对各种建设事业无进行之勇气，即县境各乡亦无亲履之可能。自民国迄今，贡山行政长官已历十四人，曾赴县属孟顶乡者只一二。其余各员路且怕走，遑论其他。故今后本区行政官吏应择年富力强者充任之。（2）富有朝气及建设心者。边疆地方诸事落后，故行政官吏应具有朝气以期树立楷模，转移颓风，并应以自力自动之精神，从事地方政治，社会生产，各种建设。盖上级政府对边情每多隔膜；故地方应兴应革各事势难指示周详；纵有指示，亦未必适合当地环境。故本区行政官吏应富有朝气及建设心，俾可担负开发边疆之重任（某次笔者与某设治局长谈该区之交通情形时，彼谓现正计划邀请某外籍传教士指导修筑某路后，笔者晤某传教士时谈及此事，某传教士慨然曰："吹烟人办事那天办到才算数"。可见纵有建设心，若无朝气，则地方人对其观感已欠佳，姑无论其他。）（3）熟谙藏缅情形或通晓英藏语文。本区在地理上之特殊情形已见前述。故本区之行政官吏应熟谙藏缅情形，或通晓英藏语文，以应付本区之特殊情形，盖本区行政官吏施政之得失，其影响均不限于一时一地也。

本区中下级干部人才是否可能就地罗致。本区教育落后，但如中下级干部由外地邀请，则困难殊多。故笔者之意以就地取才为宜；盖任何地方中均有比较廉明精干之士。若地方最高行政长官礼贤下士，不患辅佐无人。

（四）土司问题。本区在逊清之际归维西厅所属之土司管治。据地方传说与文件记载，目前贡山南段似归维西居仁村之王土司家管治（大致由腊咱起到茨开止）。茨开以北及俅江流域则为维西康普喃土司家及叶枝之王土司家管治。而以叶枝王土司家辖地较广，权势较大。民国二十四年（1935）以前，彼家曾谋恢复土权，但未成功。民国二十四（1935）年以后，彼家未再作此尝试。目前本属除孟顶乡由旧日当地头人管治，并分受中英两方监督外，该乡为贡山所属，英人派人前往，系越权行为。其余各乡均无土司，至孟顶乡乡长孔志清为当地旧头人之子，曾经静生生物调查所俞季川先生介绍至中央政治学校大理分校肄业后，以其父病殁，乃归家，继任乡长，孔学识思想尚可，唯以年事较幼，故尚未获所属全体人民之诚服。吾人欲进一步经营孟顶乡，自应扶植孔某；如我国家无力或无意与英人竞争，则自谈不上此事。

四、交通建设

（一）本境内现有交通情形

本区现时之交通仅有驮运、人力背负与滑竿。唯驮运不如外地之方便，盖路面甚窄，坡度又大，是驮运之物件只限于少数粮食及一二口铁锅与三脚架。人力背负为贡山运输物件之最普通办法。每人可背五六十斤。长伕一日平均行六十里；短伕则遇村即换，所行里程不一。至滑竿为旅客代步之普通办法，盖旅行贡山骑马者少，除乘滑竿外，即多为步行。目前区内之道路，主要者为贯穿南北之县道，南起贡山、福贡交界之极乐梁子，北迄滇康交界之贡卡、贡觉，长约三百八十里。江东江西均可行走。唯茨开以南江东路较好走，茨开以北江东江西路面互有优劣。至于过渡怒江，则留绳四时可渡。船只则只冬季江水下落时方可撑划，渡口较好者为达索（茨开以南）比比利（茨开、达拉之间）义栏（达拉以南）等地，至贡山与邻属之交通则最近已修通。贡山德钦之驿运路线系由贡山之达拉经双郎越庸之山至德钦之庸芝村，然后渡澜沧江经羊咱至德钦，五日可达。全长约三百四十里。又自贡山经双郎至白汉洛，翻越锡拉山至德钦属之茨中之道路，也经白汉洛天主堂安得助司抑修筑。全程三日可达，长约一百八十里，唯途中需露宿。自贡山至俅江流域共有五路，常走者为南中北三路。南路是由怒江西岸之茨开村，越山而至毒龙江之茂顶村。中路由达拉之南，翻山至毒龙江之雪洼塘。光绪三十四年，夏瑚即取此路。北路由达拉向北济菖蒲桶、瓦龙、四季桶，翻山而直达所且村。另二路一路系沿滇康交界处前往，一由茨开南之吉大地村，经狄立落，言且达等处至俅江之木共。以上各路均约六日方能到达，全长约在三百里左右。由贡山至维西，系沿怒江南下至腊咱（接近福贡），然后翻越碧罗雪山至维西康普乡之岩瓦再南行三日至县城，全程约五百五十里。

（一）必要修筑之公路

（三）必要修筑之铁路

本区山脉起伏，平地极少，修筑公路、铁路不易进行，本两目从略。

（四）驿运之改进办法

目前各路都难以通行骡马，故商旅及公务人员往来如不步行即须乘坐滑竿。而货物、行装只能雇人背负，且道路中途无食宿站之设备，是行旅至感不便。今后应拓宽路面，俾骡马得以通行，而尤应于适当地点建筑房屋、储备燃料、食水以备旅客午间休息及夜晚住宿之用。燃料、食水可由当地或附近之村民担负，而应由旅客或政府酌筹若干费用，给付当地或附近之村民。尚有一事应加注意者，即道路每年应于秋冬之季修筑一次。’盖本属道路完全依山修筑或迳系在山上修筑，是每经雨水之后，路面之沙石必被冲去一部，而路上端之砂石又滚下一部，将路面压盖；是以将路面破坏成“U”状，此时路面既窄，又复倾斜。故应由地方政府负责督率民工，按时赔修，所需费用利用地方公款公产外，尚可由商人捐募一部分。

五、卫生设施

（一）本境内流行之疾病

1. 疾病之种类及症状

本境流行之疾病为疟疾、肠寄生虫、疥疮、眼疾（结膜炎、砂眼与边民之火塘设备有关）瘿带、痢疾、天花、梅毒性脱发症（由不洁之性交引起，患者时感剧烈之头痛）、呼吸系统疾病、脊柱卷曲（原因不一，有属于先天者，有属于后天者）。

2. 民间治疗方法

本属医药缺乏，民智落后，故一般边民罹染疾病后，多靠祈神禳鬼。最近数年内，美籍传教士莫尔仁（G·Rusel mopsl）到贡传教兼施医药，故若干信教之边民亦渐习用药品。至边民中之染患天花者，间有靠隔离避免传染者。

（二）现有之卫生设备

1. 卫生院

本属卫生院尚未设立。民国三十三年（1944）九月，云南省卫生处调派丽江卫生院长李文训前往筹组，李因故未曾到职。民国三十三年（1944）十二月，云南省卫生院复改派郑宝长医师前往筹组，唯气候关系，郑医师尚未前往。

2. 医院

本区之私立医院无。民国三十三年（1944）十一月中缅印战区美国空军陆地救护组、滇康缅边境访寻救站有女医师一人到贡山。该医师名史德（Dorothey Stealiug）颇有意在贡山或维西之叶枝乡办理医院一所，但目前尚未成立。

3. 私人开业医生

本区无正式开业之医生。但现任设治局局长李绍源与茨开乡乡长尹佐汤均略通医理，并备有若干中药，平时亦施济人。

（三）应添设卫生院或诊疗所之地点

本区地势狭长，人口稀少，卫生院只设一所，即敷需用。唯设院地点应在茨开村，盖其地位较为适中也。至诊疗所，则可在高黎贡山以西之孟顶乡设立一所，以便俅胞之患病者。

（四）可建立中心医院之地点

本区无建立中心医院之必要。

（五）实施环境卫生之办法

本区因地形狭长，人口稀疏，故卫生院成立后应酌采巡回医疗之办法。并应适时派人前往各乡为边民施种牛痘，注射各类疫苗，并宣传保健常识，改变边民人畜同居之习惯（贡山民房多用竹料作成，上层住人，楼下畜养牛、马、猪、羊、鸡、犬）。又应设法改进边民之火塘设备，以保障彼等之眼目健康。其余各项可参阅《维西调查报告》。

六、土地及屯垦

（一）本境内农事概况

1. 气候及土质：土地气候之情形，应根据长时期之记载。笔者此次赴贡山，拟向菖拉乡普格刊村美籍传教士莫尔仕及达拉乡白汉洛天主堂司铎安得助（Goee gen Andne）一询贡山之气候记录，惜莫赴印未归，而安则年来未作记录也。现所得只腊咱及达拉、茂顶三处之海拔数字，兹列附于后，以供参考：达拉（贡山设治局所在地）海拔1800公尺。腊咱（往维西越碧罗雪山所至之第一个贡山村落）海拔1600公尺，茂顶（孟顶乡南部要地）海拔1330公尺。至于本区土质方面，据笔者观察，以沙土较多，尤以沿怒江两岸更属明显。唯其中有多量之腐朽植物质，因其色黑，当地人俗称“黑油沙土”。

2. 适宜栽种之农产：本区适宜栽种之农产，拟分两部分叙述：达拉、茨开、菩拉三乡，据笔者所见，农作物中以杂粮为多（包谷、荞麦、饭豆、赤豆、绿豆、洋芋、黄豆、夫粟米、鸡脚稗），至于米、麦则甚少，只腊咱、茨开庯拉戛宾、珠罗等较大的坝子中，方有少数出产。至于俅江农作物情形，据已故人类学家陶云逵先生，在所著之《俅江纪程》中所记者为：俅江介于两山之间，实一小涧。俅子居于两山之麓，以山势甚陡，平坦之地甚少，故不宜于种米稻。然俅子偿可以辟去丛树，作大规模之山耕也。但大树参天，开辟匪易，于是只就居处附近作园艺，种些豆类及杂粮及少数麦子以自给，数年而后其所居之地力竭，乃迁居他处，再辟若干，另筑新屋。所种杂粮，强能自给。但俅子嗜酒，其所种少数麦子，择其良者，以之酿酒，每有集会，必大量痛饮。于是，至秋冬之交，豆类、荞麦，不敷食时，便向汉人、藏人贷谷。此时则为诸族营利之好机会。见《西南边疆》第 14 期第 35 页。

3. 本境人民现行之耕种方法：本区现行之耕种方法，除栽种稻麦之坝子，照普通之犁田、播种、施肥、耘草、灌溉、收割等步骤进行外，其余之杂粮，多以“刀耕火种”法进行，即先选定可资利用之山地，用刀将树木砍去，然后放火将野草及树枝树叶焚去，以便耕作，兼代施肥。此种方法所开辟之山地，称为“火山地”，开成后再行犁松，即可播种。唯施肥、除草、灌溉，多一概省略，故地力易趋穷尽。是每二三年后，必须另觅他地，再行开垦，故“火山地”实际为一种“偶耕地”。

4. 农事改进之意见：本区耕地因地形限制，故农事改进至感不便，如“火山地”之灌溉即无法实施；盖引水、储水本已困难，又加土地经水冲刷一次后，表层之泥土即被带去，使土地更趋瘠薄。

故笔者之意，本区农事改进，应自施肥上入手。盖如肥料施放得宜，可使农产增加。而“火山地”使用之年代亦可延长，俾可减少边民消耗于农耕上之时间；可得以其余力从事于其他副业，以增加边民收入，而获改进边民生活之效。

（二）荒地

本区平坦可耕之地，为数甚少。其他之土地如勉强开辟，即成为前述之“火山地”。但“火山地”二、三年后，即须丢弃另行开辟。故实际何者为荒地，何者为熟地，甚难分辨。盖以全区土地均未测量，故其亩积尤难估计。其致荒原因，为人口较少，且开辟不易，而开辟不易，尤为主因。是今后虽增加人口，亦甚困难。盖地形上之限制，非人力所易克服者。

（三）垦民

本区土地依笔者考察所得，地实欠肥沃，区内大部边民，耗费大量之劳力，而所收获者甚少。故境内若有较好之可耕地，应由现有之垦民开垦。是本区无另行招致垦民之必要。

（四）肥料

1. 本地现用肥料之种类及来源：本区现用之肥料，简单大致言之，仅有绿肥及畜肥两种。绿肥系以植物之枝叶作为肥料。如普通边民开辟“火山地”时，以树木之椏枝、枯叶、蔓草焚烧，作为肥料。又有若干边民，于稻谷收割之后，将稻杆留置田中，焚烧成草灰作为肥料。至于畜肥，应用者不多。因本区之牲畜数目有限也。其次，人类亦为肥料来源之一。盖本区边民住屋，均无厕所设备，故大小便均排泄于野外，尤以离屋附近之菜圃中为多。

2. 开垦荒地所需大量肥料有无问题：本区可能开垦之荒地，似不多见。如欲开垦“火山地”而不用绿肥时，则需之肥料极成问题。

七、畜　牧

（一）牧场所在地及面积

本区牲畜数目甚少，普通多在住舍附近饲养，牧草，收割后，虽有驱至较远之处放牧者，但实际上，并无一定之牧场，大致均放养在田坝、山地中。故对牧场所在地及面积，难以估计。

（二）本境内适于牲畜之生物

适宜牧畜之生物为牛、羊、猪、鸡，盖其数物均为民所须用。至于马匹，因道路未修，故可资利用之处较少。

（三）现时民间畜牧情形

本区现时畜养之生物，为数甚少。据在本区经商多年并曾任菩拉乡乡长之解其详君估计，本区现有牛约二千条，平均每户一条。猪有五千口，平均每户两口。羊数与猪数相若，马约五十匹左右。据笔者沿途所见，此数与实际情形大致符合。

（四）改革及扩充竟见

本区畜养物中，有扩充及改革之必要者，据笔者之意见，为提倡大量畜养牛、羊。盖边民习俗，订婚之聘礼，均以牛羊为主，迁有宴集，亦常以牛羊招待。但目前本区所产者不多，是常有至邻属购买情事。又牛羊奶汁，可供饮用，如各家饲养乳牛乳羊，亦可以此弥补其营养不足。又羊毛如能利用机器纺织，亦可解决边民一部分之衣料问题。至于增加牛羊数目，可由政府贷予价款，鼓励边民按其需要购买。若欲改良品种，应由设计科方面购备种牛种羊，免费与民间畜养者配种。

（五）兽疫预防及治疗之必要设备

本节请参阅《维西调查报告》。

（六）生产计划

兽力、肉、乳、皮毛等之利用。本区之牛多用于农耕。至于牛、羊、乳汁并羊毛之利用，已详本目（四）节，兹不赘述。

八、植物生产

（一）森林

1. 种类及数量：本区森林以松、栗、杉、竹为大宗，而高山之处则多野杜鹃、羊齿草等植物。桦皮树、青杠树，构皮树亦有，但各树数量尚无统计。

2. 采伐计划：本区因人口较少，交通不便，故多数森林均未遭破坏。今后如欲采伐，必先拟订应用计划，视需要之种类与数量，分区采伐，俾使恢复较易，供应无缺。

3. 运输计划：木材锯解后，可由怒江顺流漂至若干集中地段。如腊咱（可至维西）营盘街（可至兰坪）、云龙、保山等处，然后分别驮运或车运方式，输送至需用地点。

4. 应用计划：竹可造纸，松树亦可制造若干副产品，如松香、松节油、松烟等。以上各物，或就地设厂制造或将原料转运至邻近县区制造（请参阅《维西调查报告》），又可在适中地点设立锯木厂，以提取木醇及其他副产品。

5. 植树计划：本县森林颇称丰富。今后如能保护得宜，则短期内尚无植树之必要。

（二）天然经济植物

1. 名称：本区之天然经济植物为：桐树、核桃树、漆树（茨开附近有）及黄连（腊咱附近产）、知母、贝母（茨开及贡山北部产）、猪苓、茯苓等，黄木耳、黑木耳亦略有出产。

2. 产量：前述各物之产量，无确实统计，因本区无固定之集散市场，而各物输出亦无确实统计之运销机构，只靠商人之零星收购，是其产量无精确统计。据本区某商人之估计，本区年产猪苓、茯苓共一万斤，黄连约二千斤。现姑无论各物之产量如何，但有一点可加说明者，即目下各物之产量远较以前为低。

3. 用途：桐树株数甚少，桐油尚无利用者。核桃油多供食用。木漆供漆饰木器用。漆树籽榨得之油乃以供边民食用为大宗，因核桃油之产量不多，而尚须消耗一部分于点灯，所以边民仍以漆油为大宗。迩来古宗同胞调制酥油茶时，亦多以漆油代替酥油，盖边民之生活标准正趋降低也。至黄连、贝母、知母、猪苓、茯苓等均供药用。

4. 价值：本区所产各物，目前价格略为固定者为黄连。现时在维登街、营盘街（沿澜沧江、均兰坪属，前者每月初五、十九为街期，后者每月初十、二十四为街期，均照农历计算）两处，黄连每斤售滇铸银币半元，折合法币一百伍十元，至于猪苓、茯苓则每斤合法币三十元。

5. 民间采集方法及改革意见：核桃油及漆油之制作方法，已见《维西调查报告》。至于黄连、贝母、知母、猪苓、茯苓等，多系由山中挖取。

（三）本境内适于培植之经济植物

本区适宜培植之经济植物，据笔者所见，约有茶树、桐树、苧麻、果树（苹果树、黄果树、桃树、梨树、葡萄树等）、木棉、花生等数种。苧麻、黄果、梨树、桃树、花生等本区已有种植，今后应奖励边民推广种植面积，改良产品制造[①]，设法改良品种（如果树可用接枝等法改良品种），则可获利不浅。盖产品除自用外，尚可输出也。至于茶、桐、木棉等，可先行试

① 本区傈僳边民之衣料全为麻布。此项麻布自纺自织，唯以人工所限，多种亦不能利用。今如提倡边民以机器纺织，则生产剩余之麻布当可出售。

种。种苗由政府发给，俟有成效再行推广。

九、矿　产

（一）境内矿产调查：本区矿产之中，经地质人员调查者，只云母一种。该矿分布颇广，自菩拉底以上至达拉一带，沿途均有云母页岩之发现，但储量不丰，品质亦逊。目前一般人认为：矿质较佳，储量较丰之云母矿，系在茨开乡之戛拉博与牛郎当①中间之小山上。至于人民传说之矿产，尚有金银铁。金矿多产于未定界内，本区之孟顶乡亦有少数。银铁两项，传闻茨开西北之普拉河箐中蕴藏颇丰。又茨开以南之打戛，传亦产铁，但未经详细调查，确情不知。

（二）已否开采过，开采情形及停闭原因

本区各矿开采情形约如下述：

1. 云母：民国28年（1939），云南火磺统销处丽江办事处主持人江茂樾君，受昆明友人委托，在本省西北各县区访寻云母。江于是年七月至贡山，在前述矿区发现云母，是年10月呈报建设厅备案。民国29年（1940）春，江君在昆邀集股东，筹划开采事宜。民国29年（1940）6月，江君二次进入贡山采挖三驮（约合360斤）。其后，丽江又有股东参加组织百特矿务公司，大量开采，自计民国29年（1940）6月至民国32年（1943）9月止，共采得150驮（一驮约120斤）。该厂工人因农事关系，未能全年工作；该厂主持人，又因营业运输等关系未能长期驻厂；且冬季山路被雪封阻后，进出贡山至感不便，又以该矿完全以人工开采，矿产量乃不甚多。民国33年（1944）10月，资委会云南出品矿产运销处，派工程师苗树屏前往该处，调查百特矿务公司，贡山云母厂厂长江茂樾偕往。苗江二君，已于12月返昆。今后一俟技术、销路、经营方式等问题解决后，即可继续开采。目前该厂只留职员一人住贡山。

2. 金矿：现未定界内，产金最多之处为岔角江沿岸之拉打阁，有砂金（江中淘洗）与瓜金（挖取旧日曾为江底之砂石然后以水淘滤）两种。

---

① 戛拉博牛郎当均怒江东岸，由腊咱村（由维西康普乡之岩瓦翻越怒山后所到贡山之第一村）前往，计二日程。

3. 银：据本地人传说：茨开村西北之普拉河箐产银，清末曾大规模开采一次，后即未再开采。唯该地详情如何，未经地质人员前往查勘，尚不知悉。

4. 铁矿：本矿除人民需用少数铁器时，邀伴前往采挖外，无大规模及长时间之开采活动。

（三）开采意见：本境矿产多未经有关方面派人作详确之调查鉴定各矿之品质，并估计2各矿之蕴藏量，以判明其开采价值，而决定开采计划。至于本属之云母矿，既已由百特矿务公司开采，并经资委会云南出口矿产品运销处派员前往调查，则如此物销路不成问题，则不妨仍由百特公司继续开采，由政府统筹其外销事宜。但对其资本应予增加，技术应予改进（据闻云母之成品厚度至少须一英寸，面积至少须一平方英寸，方合需用）。以往因工人未经训练，且所有生产过程均由人工采作，故产品每多破损，或未能达前述之标准，工人招雇办法应加规定（因工人若由该公司自行招雇，工资每多纠纷，且因工人兼顾农事，故未能全年工作，对产量方面不无影响）。如政府拟收归公有，或改官商合办，则不妨由滇西企业局或滇北矿务公司接办，或与该公司合办。

十、水　利

（一）河　流

1. 名称、流经地、长度、深度、河身宽度：本区河流最大者为怒江，由滇康交界之贡卡贡觉流入本境，由本区与福贡分界之极乐梁子流入福贡，流经本区之达拉、茨开、菖拉三乡，全长约四百里；深度不详；河身宽度四季不同，各段亦不同，平均约在45至55公尺。其次为俅江及普拉、双郎、狄马洛三河。俅江为恩梅开江水源之一，发源自伯舒拉龄；江长约与本区之怒江相若，但江宽平均只二十公尺。在孟顶乡内者，约为全长之半。普拉河在茨开西北，发源于黑普雪山，全长约180里；在茨开村北约3里之处流入怒江。河深各处不一，约自半公尺至二公尺；河宽约3公尺至7公尺。狄马洛河发源于庸芝山，全长约150里，在澎打流入怒江[1]，深约半公尺至2公

① 普拉河、双郎河，一在茨开乡，一在达拉乡，均在怒江西岸。狄马洛河大部位于达拉乡内，在怒江东岸。

尺，宽约4公尺至9公尺。除前述各河外，本区其他小河尚多。盖怒江两岸山谷中，均有小河流入，而两岸有村落处，亦多有小河经流也。唯以此种小河无关宏旨，故暂不叙述。

2. 水流急缓及礁石叠石等情形：各河流未经确详测量，唯俅江及普拉、双郎、狄马洛各河水流较速，礁石亦多；盖河水于山谷中经过时，有大石滚入，既有瞧石乃有小型之叠水产生。至于怒江，因江面较宽，故水流较缓，露于江面之礁石未见，但有数处江水较浅，其下或有暗礁。至于叠水则未发现。

3. 可通航地段有何方法使全部通航：本区各河，现时尚无通航者，盖各河多深浅不一，河身弯曲，礁石亦多。怒江江面较宽，但有数处水流较急或有暗礁。故应由水利人员测勘后，再定其航行价值。

4. 灌溉利益，已有之利益及可能开发之利益：本目1、节所述之各河，均少灌溉利益；盖或因其水量过大（如怒江），或因其奔流于峡谷之中。至于略有灌溉利益者为各村附近山谷中潺出之小河（河水来自雨水或雪水）。此种河流，水小力微，可将之导入田中应用。尚有若干田地，系由此种小河冲积而成，有如长江下流之崇明岛然。

5. 可利用之水力：本区各河之水力，仅利用其推动水磨，未见作其他之利用。笔者于菩拉底北30里某处，发现路旁山岩上有水，下流有如瀑布，水沫喷溅甚远。闻当地人言：夏季水量甚大，且其附近尚有一股。如能装置发电设备，或可供应附近各村照明之用，唯此时言之似觉为时尚早。

6. 水产品：本目1、节所述各江均产鱼，而以石扁头白鱼为多。闻当地人言，当珠河中尚产公鱼。

（二）湖沼

本区未闻有湖沼，故从略。

十一、文化教育

（一）文化现状

1. 人民文化知识程度：贡山僻处本省西北极边。由昆明前往，共计三十三站（依旧日驿运站数计算），且中隔沧、怒两江与碧罗雪山。路径崎岖，交通困难。且每年农历冬季，大雪封山，直至翌年春间方能通行。是与外间往返极感不便，政令教化均难传达。故本区大部分人民，仍保持其浑浑噩噩、胚胚榛榛状态，文化知识程度极为落后。通晓汉字者，约占百分之一二；通晓汉语者，约占十分之一。至于人民之普通常识，则极为缺乏。

2. 现有教育机关及施教情形

本区社教机关尚付阙如。目前仅有省立贡山茨开乡实验中心学校，与达拉、永岗、茨开、菩拉底各村之保国民学校，但各校多名存实亡，内容空虚。兹分别叙述如下：

（1）省立贡山小学。该校创办于民国 25 年（1936）。初办时，因经费较为充裕，主持人亦较负责，故尚有成绩。民国 30 年（1941）以后，因物价高涨，主持人未能专心致力于校务，致有每况愈下之慨。该校校长于民国 32 年（1943）8 月离校，直至民国 33 年（1944）11 月始伴教厅所委之国教视导员进入贡山。民国 33 年（1944）10 月下旬，笔者至茨开，该校只余教员一人（另一人住设治局设法筹措伙食），秋季尚未始业。闻民国 33 年（1944）上半年，该校每日实际上课之学生，多在一人至八人之间。笔者虽不敢相信此说之可靠，但地方一般人对省小办理成绩均少赞扬，则系实情。

（2）达拉、永岗、茨开、菩拉底各村之保国民学校，办理之成绩，高下不一。据笔者所见，以达拉村之保国民学校较好，现有学生 26 人。该校办理较好之原因有二：第一，与设治局同在一处，观瞻所系，设治局方面监督较严。第二，现任教员张信民对教育尚称热心，且得设治局供给伙食，教师生活问题已获解决，服务精神乃得保持。除达拉村保国民学校外，其余各校，学生人数甚少，教员亦多敷衍塞责。至于茨开村之保国民学校，且已并归省小办理矣。

3. 边民是否另有言语文字，其应用情形如何：本县各边民均有其语言，其中以傈僳语较为普通，大致本区各处均可通用。其他各宗族之语言，多通行于其本族之社区内。至于文字方面，仅古宗知识分子（多属喇嘛）应用藏文，其他各民族皆无文字，记事达意，均靠木刻。至于应信奉耶苏教之傈僳同胞，多能应用英籍教士傅能仁所创之拼音文字。

4. 宗教机关对于边民教育文化之关系：贡山天主堂未办学校，但信教者经神父灌输教义后，无形中即受先入为主之影响，而对普通国民应受之教育，反不愿接受。盖一般愚夫愚妇认为，听圣道后，对世间事即不必努力矣。至于贡山基督教会方面，则对边民教育之情形影响较大。莫尔仕牧师之次子，莫尔伯曾在私立华中大学教育系修业，对边地教育颇饶兴趣。而凡信教者，又多能识拼音文字。故莫牧师父子乃利用此种拼音文字，印刷若干讲义，分在各教区传授教义，并灌输普通常识。如此，教徒既得“做人的道理”，复可得国民的常识，是乃无进普通学校之必要。就上所述，无论信教消极的对入学不感兴趣，抑或积极的接受教会学校之教育，均对普通之文化教育发生若干影响。此种影响，是好是坏，目前当难一概而论。盖信教之人民，大体上均较守礼守法，且其衣服住屋亦较普通人为清洁。至于宗教机关影响普通学校教育之实施，则“人必自侮而后人侮之”。负责边教者本身，守无缺憾乎?!

（二）改进办法

1. 如何使边民乐于就学：目前边地学校招收边民入学，训练数年，往往一无所成。言做人，则为师者已不足为人师表，为徒者或竟可变本加厉。言学问，则目前边教师资合格者少，不通者多，盲者导盲者，结果同归于尽。而少数边民子弟，受学校教育数年后，复有“坐井观天”妄自尊大之弊病。且受教时期，既须减少协助家庭生计工作之时间；卒业之后，未必对家庭有何贡献。在此种情形下，边民自不愿就学。今后，欲使边民乐于就学，必须使学校之教学内容适合边民之需要；教学方式，能唤起边民兴趣；教学时间，不妨碍边民之农作季节，方可收效。

2. 本境应设立之学校：依本境目前之环境而论，暂无增设学校之必要，而应积极健全充实现有之省立小学，使之能尽到教育边地子弟，辅导地方教育之责，并应在省小内酌设师资训练班及职业训练班，以培植地方人才。同时，应限期成立各乡中心国民学校及各保国民学校，俾使本属人民均能享有最低限度之国民知识。

3. 边地语言文字之利用及废除问题：就理论上言，一国内之语言文字，均宜统一，但实际上甚难做到。今后如交通便利，教育普及，本属之语言可渐趋统一。在未统一之前，可利用傈僳语与其他民族交往。至于文字方面，除藏文较为进步，且使用人数甚多，可加利用外；傈僳人现时所使用之拼音文字，虽其组织构造不甚完善，但其学习容易，书写方便，且已有相当历史；故在施教初期，不妨亦加利用。

十二、民　生

（一）现时民生状况

1. 边民依赖为生之事业：本区边民依赖农耕为生，唯粮食之收入尚不敷其全部之支出。故边民亦多兼营副业，如挖取黄连、贝母、知母、猪苓、茯苓，种植生姜、花生、西瓜（取其瓜子出售），贩卖牛皮、飞鼠皮、野猫皮、麂皮、麝香、黄蜡、草狐皮、火狐皮等；以弥补其支出。但因目前山货药材销路不畅，价格低落，故边民既兼营副业，生活仍无法解决。是故每年田赋开征时，以漆、油、铁锅、铁三角架（火塘上用）作抵者，约占十分之三四（据设治局之统计），闻之实令人感慨！

2. 社会一般民生状况——富有、小康、赤贫之大略统计：本区人民贫苦者居多。依笔者之大略统计，富有者约只五十户（其中大多为汉商在贡山居住者），小康者约只百家；其余之二千户均为赤贫，其一年辛苦之所得，只能糊口。

3. 不能生活之人民，对地方所发生之影响：本区不能生活之人民，对地方所发生之影响最大者，为边民之外迁。此事笔者在以前寄往民厅边疆行政设计委员会之通讯专稿及调查报告中，已有叙述。本区因邻近滇缅北段未定界，故边民外迁，更较沧江沿岸之各属为易。而英人在未定界内，对人民采取利诱政策，减税免赋，并予以种种便利；而我方则于正额负担之外，更有数倍于正款之苛杂税（名义上无，地方官亦不承认，但实际上人民须负担）；故对边民不啻一种威胁。由于此种里应外合之力量，乃造成边地之空前危机，而予国防上一大损失。至于因生活不能解决而为非作歹者，尚不多闻。盖边民习性纯朴，如无外人勾引，不致走入歧途。

4. 生活丰裕之家，对于多余财富之应用处理情形："为富不仁，自古已然"。故本区生活丰裕之家，对多余财富之处理，仍以增殖财富为主。盖贪婪之心，本无穷尽也。目前最易发财者为经商。经商之中尤以经营禁货获利最厚。故目前边地富有之家，多以其剩余之财富，从事于若干商业活动。至于投资于生产事业者绝无仅有，一则政府未作有力之提倡与鼓励；二则正当之生产事业，获利较微，且为时较缓也。至于富裕之家，以其多余之财富放账一事，亦不多闻。盖一般边民虽有借债之需要，而多无还账之能力也。

（二）民生改进

1. 现有生产事业可否使之改进而增加生产：本区现有之生产事业，可能改进，而增加生产者，据笔者得所见，约有下列数种：

（1）矿产。本区矿产之中较有希望者为云母，盖其他各矿，或蕴藏不富，或品质欠佳，或尚无调查，唯云母已开采四载，且此物制造电工器材时需用较多，将来销路不成问题（闻美国方面颇需此物）。

（2）种植：本区内气候较暖，若干经济植物，似可大量栽种，如生姜、花生、黄果（橘科植物）、甘蔗，然后利用其原品或制品行销外地，增加地方收入。

（3）山货药材：此类物品，有靠人工栽种者（如黄连），有不需多量资本而只需加劳力即可获得者（如兽皮），政府应拟订收购办法，统筹外销事宜，采取贴补政策（以战前山货价与一般物价之比例为贴补之标准），充裕边民生计。

2. 民间可能举办而尚未举办之生产事业为何，应如何倡导，民间可能举办而尚未举办之生产事业，据笔者所见，约有两项：

（1）开辟规模较大之果园：贡山境内，因有怒江流域，故气候尚称温和，果树生长亦颇适宜。本区内之美籍传教士莫尔仕，在茨开以北之当打地方辟有果园一所，种有桃、梨、苹果等树木，并指导教友栽种；复代一般种户接枝，以资推广种植面积，改良本地品种。窃思本区边民生活贫苦，食物简单，今后如能大量栽种果树，既可补充营养之不足，复可以其多余者求售予外县。

（2）设立造纸厂，以减少地方支出，并促进教育之普及：本区造纸原料颇称丰富，如构皮、竹树、稻草均有出产。如能设立造纸厂，本区及未定界内所需纸浆，均可自给自足；且因纸张供应便利，境内教育亦必间接受其助益；故可以减少地方支出，有促进教育普及之功效。

3. 如何解决不能生活者之生活。本属人民不能生活者，多由于收入减少与支出增多两种原因。故欲解决此辈人之生活，亦必就前述两方面设法不可。就增加边民收入方面言，则应指导边民改良农耕技术，制造大量肥料，并改进现有之生产事业，倡导可能举办之生产事业。就减少人民支出方面言，则首宜澄清吏治，因目前边民最大之负担，在于正税外之苛杂税，其中包括地方行政官吏与乡镇自治人员之从中渔利，借端浮派。若外来委员之旅费、招待费与礼物贿赂；盖其此项负担，终必转嫁与一般人民也。其次，应设立各种合作社（其中以信用合作社与消费合作社需要最切），以减少商人之垄断与剥削而收改进民生之效。

4. 如何指导富裕者合法应用财富：目前边地富有之家，其财富之来源多不正当。故政府非徒应指导其合法应用财富，抑且应强迫其贡献财富与国家。除指导富裕者合法应用之财富之办法《维西调查报告》已有叙述外，目前政府倡导之大户献粮献金运动亦可实施。

5. 本境内缺乏之生活物品为何，如何补救：本区缺乏之生活物品与其补救办法，已见本报告第二章（一）目 3 节，兹不赘述。

十三、其他开发方案

除本报告以前各节所叙述者外，笔者对本区之开发尚有下列各项意见：

（一）从速划定滇缅北段国界，以免英人侵略，而便进行我国边疆之开发建设。滇缅北段国界，自北纬 25 度 35 分第 39 号界桩起，均未划定。五十年来，英人逐步蚕食，充分表现其侵略野心；我则以内乱频繁，外患严重，对边陲各事不暇兼顾。今抗战即将结束，建设就待开始，是亟宜照会英国政府，各派干员会同将此段国界勘定，以杜纠纷，而便进行边疆之开发建设。本区毗连滇缅北段未定界，而区属之孟顶乡又远在高黎贡山之西，时时均在英人窥伺之中，故划定国界，对本区之需要更为迫切。

（二）设法调整滇藏关系，以免本属人民遭受察瓦龙方面土官蛮民（指其行为蛮而言）之欺凌：贡山北部与俅江一带，过去曾由西康察瓦龙方面征收粮赋，故孟顶乡上段义肯一带，仍有察瓦龙方面来此收税放账，故边民负担甚重［请参阅本报告（二）目 3・节注。故今后应设法调整滇藏关系，以减轻本区人民之负担］。

（三）改良边民婚姻习俗，以减少其经济负担，并消除其因婚姻而发生之各种纠纷：本区边民之间存有买卖婚姻之遗迹，故结婚之前，必先有媒妁为男女两家议定聘礼数目。聘礼以牛为单位，有湿牛、干牛之别：湿牛指活牛活羊等，干牛则系以实物折算，如铁三角架、铁锅、铜瓢、布匹、兽皮、食肉等。但以上各物并非本地所产者，故多须向邻近县属购买［参阅本报告第二章（二）目3节］；故每结婚一次，男方所花费之金钱为数颇多；且有因无力筹借此笔用费，而耽延婚期者。又此项聘礼有分期付与之办法，是若延期甚久而不能偿付时，往往惹起纠纷。故边民之婚姻习俗，亟宜加以改良而减少纠纷。

（四）设置国防统筹机构：本区与其南方之福贡、碧江、泸水各设治区，因接近英属缅甸与目前尚存在之滇缅北段未定界，故亟应设置一国防统筹机构。本报告第三章（一）目4，项主张设置之边疆行政设计委员办事处，即系就国防上着眼。但处之工作以设计为主，无执行之权力，且无军队之配属，故不易达成国防之全部任务，今笔者主张，在本省西北边区应设置一国防统筹机构，配属若干正规军队①，并罗致若干教育、医药调查联络（对英属方面）人员，以达成巩固国防之任务。

（本书系李道生同志提供）

① 本省西北各县区。除邻近战区者外，均无驻军，纵有少数驻军，亦皆训练懈怠。纪律废弛。至于各县区之保卫中队，则多名额短缺，装备简陋，待遇微薄、训练草率。故多“保乡不足，扰民有余”。闻某设治区之保卫中队，一年内集中训练之时间不足二月；其中队长嗜好深沉，且有包庇某项工作之嫌疑；其本人擅自受理诉讼案件。专以搞磕钱敛财为目的，不知其所处地方之重要与所负使命之重大，而反利用交通不便、消息隔阂，上级政府监督不周之机会，胡作非为。故本报告中主张设置国防统筹机构，配备正规部担队担负国防任务。

怒江区的历史与民族关系

中央访问团第二分团　调查
宋伯胤　杨树谷　施泽旱　整理

一、为王的时期

远在新石器时代，怒江沿岸可能有人类居住过。这里，老百姓常能在沿岸拾着磨光的小石斧，视为传家致富之宝，一代代珍藏着。

据说怒族是怒江的土著，他们的生活状况不详。后来，有一部分傈僳族由丽江逃来这里，他们的领袖叫木必扒。

据说很早以前，傈僳人是住在金沙江边，那时藏人很强悍，丽江的“木天王”害怕他们，遂挑动木必去打。木必扒上了天王的当，领着兵杀死了不少藏族，等藏族的报仇队伍到了后，木天王撒手不管，寡不敌众，木必扒只好带着弟兄们和老小开始逃跑。一边跑一边和追来的藏族打。最后，木必扒渡过澜沧江，请本地人帮助了他一百只山羊，不然的话，藏族杀过江来，大家都完了。木必扒就在每只羊角上捆上火把，等藏族赶到江岸的那一夜，把羊角上的火把点着，藏人隔江一看，遍地都是火把，都是人声，藏人胆寒，把兵退回去了。木必扒打了个胜仗，趁势爬过碧罗雪山，征服了怒族。

按照以往的惯例，木天王每隔一年要派人到怒江这边收一次门户钱。就在木必扒占领怒江的第二年，木天王的代表来了。他住在哨房河的那一岸，送信来叫木必扒去见他，木必扒到了哨房河，木天王的代表有心要试一试木必扒的武艺，故意把酒摆在战马后，叫木必扒跳过来吃。木必扒一跃而过，一点难色也没有。恰巧这时有一只雁从天上飞过，在代表的酒杯里撒了一泡尿，代表很气愤，叫木必扒把雁射下来，木必扒顺手拉开弩弓，一放手，雁就落在地上。这下可叫木天王的代表佩服了，问木必扒要些什么？木必扒说：“什么我都不要，把你们剩下的汤水给我喝一口就行了。”代表懂得他的意思，回去给木天王说，就把怒江流域赐给木必扒了。

据说木必扒有七个妻子，“丽江婆”“曰涧婆”“怒扒婆”“老姆婆”“金沙江婆”“漕将婆”等。怒扒婆生了十个儿子，第九个儿子寡赊的后代，分住在上帕，俄马底、泸水老窝镇、碧江碧兔区一带。木必扒死后，葬在辣红乌都。现在碧江县人民政府副县长裴阿欠，福贡县府富阿伯科长都承认是木必扒的“十七世孙”。

傈僳人进入怒江以后，怒族就成了被统治的民族。例如现在碧江第四区的怒族，当时是受理武底村傈僳人管的，每年要交给傈僳人若干个簸箕、箩箩和几件蓑衣。同时傈僳人还不断地抢怒族的小孩当“娃子”，或是抢走卖给别人。

当时，傈僳人不只压迫怒江沿岸的怒族，还不断渡过澜沧江到营盘街、喇井一带去进行抢掠，主要是抢铁制生产工具。据碧江县长张旭同志说：杨玉科是不主张修澜沧江铁索桥的，原因是怕傈僳人过来。

不仅是傈僳与怒族的关系不好，就是傈僳族内部也时常发生械斗，打冤家，男子出外时，大都携带弩弓，准备应战。发生仇杀的原因主要是婚姻、通奸等。战斗的场面有一二人或三五人，也有七八十或百十人的。人杀了，要算尸骨，按尸骨赔钱。

不知多少年后，又有一支勒墨人（白族支系）从沧江迁来，勒墨也比怒族强，时常压迫欺侮怒族。但他们仍是服从傈僳人的统治。

二、清朝时期

满清末年，怒江流域是大理、丽江二府的辖地：泸水为六库、鲁掌、登埂、卯照、老窝五大土司所分治；碧江第一区及兰坪所属之怒地乡为兔峨土司领地，贡山为维西之桥头、叶枝二土司所辖；福贡第四区以下是傈僳人的聚居地，不从属任何土司。

光绪三十四年（1908 年）五月间，德国人布论胡拍以“探险”为名，带着两个黑人骑着两匹马，带着五支枪，从泸水沿江上来，他们到达福贡腊乌寨，向傈僳要这要那，傈僳人不堪其扰，就把他们杀了，并把其枪支衣物分了。俄马底寨子的人从杀人者手里买了一部分衣物回来。杀死外国传教士的消息传到昆明，引起国际纠纷，清朝皇帝遂派腾冲蒋大人，协同兰坪土司罗凤岗（现兔峨土司罗兴之父），腊乌（老窝）土司段振纲，六库土司段浩的一位属官（即三衙门之父）一起来腊乌调查，路过俄马底，发现德国人穿用的衣物，就认为传教士是俄马底杀死的，于是不问青红皂白，举起

“屠刀”大杀傈僳人。杀一个人割一个耳朵，耳朵穿了一长串。临走时还捉去五个，押到腾冲给德国领事审他们，翻译问他们怎样砍柴？他们用手比着说：“是这样砍！”德国领事就断定是他们杀的。当场就把三个人杀了。辛亥革命后，活捉去的蒲阿次、阿克吐才被释放回来。有人说老母登的怒族因长期受傈僳人的压迫，非常仇恨，但因势单力薄，无法反抗，于是借着这件事诬告俄马底傈僳人，并且还给蒋大人带了路。

宣统三年（1911）九月六日，昆明辛亥起义后，国民党云南陆军第二师师长李根源，在大理发起“开拓怒俅”。成立“怒俅殖边督办公署”于营盘街。委任宗熙（四川成都人）为正委员长，景绍武为副委员长，调大理七十六标学员八十人做干部。分两路进入怒江：一路四十人由任宗熙率领走维西；另一路四十人由景绍武率领，从营盘街到知子罗。景绍武一行腊月间到了兔峨，受到土司罗凤岗的热烈招待，在衙门里过旧年，土司兄弟罗凤全（罗星叔父）认景绍武做义父。正月十一日从兔峨出发，土司还派了几个人去做协理和翻译。现在留在碧江的田月辉就是土司派来的一个。二十七日爬过碧罗雪山，当时雪深及腰，一下子就和傈僳族接触，打了好几仗，前后杀死傈僳族、怒族二百多人。到达老母登，老母登的人全跑到怒江对岸山头上去了。景绍武一面饬工造土城驻兵（城在今老母登上村学校所在地），一面准备往上打。二月一日打到上帕，一路上杀人放火，烧了两个村子。景绍武和他的士兵们是不能走山路的，从知子罗到上帕路上，活捉了不少傈僳和怒族，强迫他们背人、抬人、背行李。背的人嫌傈僳族汗臭，伸手就打嘴巴；抬的人不叫他们休息，歇一下就拿鞭子抽。国民党就是这样用钢枪铁马皮鞭打开了怒江的大门。但是接着就发生了理武底事件。

不知是什么时候，也不知是为了什么，俄马底的普阿齐杀了理武底人岳阿尔，岳阿尔的哥哥普阿尔要替兄弟报仇，打了普阿齐一枪。这年二月中，景绍武从上帕回来，路过俄马底，普阿齐向景告状，景绍武要理武底寨子把普阿尔捉了送来，不然他要去杀死全村人。第二天，景绍武一行二十九人到理武底的对岸，理武底的傈僳弟兄到江边去欢迎他们，六个人轮着把他们背过江来，又把他们一个一个背到村子里，二十几个人替他们背行李。景绍武是个胖子，理武底村又在山顶上，背的人汗湿透了衣裳，哀求几次，景绍武都不让他休息，并且说：“不好好背砍你的脖子。”天还未黑，他们到了理武底，住在上村教堂附近三户老百姓家里。第一件事就是要傈僳族人当晚上交出普阿尔，接着要他们准备三斗大米，一口猪，二十只鸡，一篓鸡蛋，三坛酒。村子小，人全跑到山上去了，留在村子的人实在办不过来，他们又挨打骂一顿，但还是给景绍武办了很好的酒席款待他们，酒吃醉了，他们逐家去找妇女，年轻妇女和姑娘们早就跑上山去了，结果他们轮奸了一个位四十多岁的寡妇。傈僳人实在不能忍受，大家商量动手，就在他们喝得酩酊大醉之后，把他们二十八人都杀了，只放走沧江边明楼岭一个叫希代齐的通司。现在留在理武底村子里的“英雄坟”，就是大汉族主义征服者留在怒江沿岸的仇恨的标志。

就在理武底人动手后不久，碧江二乡南阿甲村傈僳人也准备动手剁住他们村里的“官兵”，不料事机不密，他们全跑了，只杀了一个伙夫。二三乡傈僳人一起来追赶他们，结果吃了大亏。

李根源听到这消息，立刻派兔峨衙门大队长，贡山大队长领兵接应，领路的人是维西人达朱齐和阿楚磁。怒江沿岸的各族人民看见“官兵”来了，男女老少都跑上山去了。“官兵”到了理武底，放火把村子烧了。

这时候，另一个殖边公署的委员何泽远在俅江被杀。

三月间，丽江府派阿吐滴到怒江做调解委员，傈僳人推举察拉答的普阿擦做代表，在理武底对岸甲科山上开会，但一面开会，官兵又一面杀人，死在“和平调解”烟幕下的人，又不知有多少。大军临境，求生的欲望强迫傈僳人接受了“和平”与条件：理武底村一带的傈僳人，每年每户交五角半开，五升粮的“投诚费”，并且把官兵的枪支、衣物完全还给他们。

这一群所谓“开辟者”，不仅是以武力征服了傈僳族、怒族人民，而且强占了他们的田地。当时上帕衙门口是一大片坝子田，“傈僳人跑了，我们就自己动手种”。这是亲手参加“开辟”的七十六标的学员和志辉的话。不仅如此，还勒令傈僳族、怒族人民“将弓弩缴署，弩则销毁，刀则斩断”。

三、国民党统治时期

景绍武被杀以后，李根源又派鹤庆杨志远来当大队长。杨在上帕盖了一座很大的营房，据说营房四周有四个大堡垒，盖得很神秘，“外不见房，内不见墙”。又在知子罗办了个汉语学校，强迫附近的傈僳族、怒族来学习汉文。教师叫崔振声，富川人，学生有三十多人。凡上学的学生，都给取个汉人名字，墨文卿、墨文彬就是第一班学生。

民国四年（1915），殖边队有三个士兵，到俄马底去催“投诚费”，被傈僳人捆起来丢到怒江里。官兵来了，杀死一个头目，拿住另一个逃往俅江去的头目的妻子做人质。就在这一年，殖边队的官兵们开始把他们的家眷接到怒江来了。

民国五年（1916 年）九月，殖边公署改为行政公署。知子罗行政委员是董廷芳（鹤庆牛街人），上帕委员是杨葆光（鹤庆牛街人）。并设警备队，队长由行政委员兼。上帕公署编“江东西为上中下段，十二保，三十甲，一百零七排”。知子罗则划全区为五段：中段，东南段，西南段，东北段，西北段。每段设团政（全是汉人），之下设辖保董、甲长、排长等，“使其相互管束人民”。也就在这一年，开始向傈僳族人征收公粮，每户二斗，每户收团费三角半开。而理武底一带的“投诚费”还是继续征收。

董廷芳带来汉商二人，一个叫刘子明，一个叫刘选卿，都是鹤庆人。他们官商合资，在知子罗设立天宝号，主要生意是卖布、煮酒，一升包谷可煮六碗酒，但卖时只换一碗酒。喜欢吃酒的傈僳人，一年被天宝号搞去的包谷不知有多少斤。

民国六年（1917 年），兰坪县三区石登地方，傈僳族领袖阿孟扒因受不了县佐施大老爷的压迫，联合崔大人、胡大人，率领傈僳族那马弟兄百余人，杀了施大老爷，正月初八攻入喇井，接着打进马登街、江尾塘，被剑川派来的“官兵”杀死了三千多。阿孟扒又分兵攻兔峨土司，六月，阿孟扒的弟弟到了怒江抗鲁村，与勒墨恒带了六百多人，在某天鸡叫的时候打到知子罗，烧了汉语学校和天宝号，进而包围老母登的营盘。九点多钟，董廷芳率领官兵出击，把傈僳人全部消灭在知子罗河边。

第二年，福贡又发生了傈僳人反抗斗争的事件：打普洛村有一个傈僳族领袖，人们都喊他“瓦策”，很有本领。这一年他率领傈僳族弟兄百余人“叛变”，杀死团政和五个官兵，但后来也被官兵消灭了。

也就在这一年，知子罗行政委员换了老头子莫域衡（四川人），一样事也做不成，他的“无为”统治，换来了怒江沿岸暂时的表面的平静。值得一提的是在他任内，了结了一件碧江与兰坪两县的辖地上的问题，即把罗土司辖地内的怒江以西由样培至托托，江东由色德至拉是底划归知子罗行政公署。

民国九年（1920 年），段文奎接替莫域衡，为加强“汉化”，开始在各区（共五区）设立学校，教授汉语汉文。

另一个鹤庆商人张文彬，这一年到了知子罗，帮刘显卿经营天宝号，这时天宝号的生意，已经扩大范围，开始收买药材土产，主要是黄连、贝母、狐狸皮、水獭等。天宝号既是官商合办，刘子明就一面经商，一面在衙门里做事。后因出去铲烟，被傈僳人杀死。

同年，英帝国主义悄悄把界桩偷立在高黎贡山上，正对着知子罗的是第四十八号。

民国十七年（1928 年）上帕公署改为康乐设治局，局长葆维，知子罗改为碧江设治局，局长董芬，改团政为区长，下辖保长、甲长，团费增加到每户一元二角，公粮仍是二斗。同时，董芬开始在知子罗盖衙门，叫老百姓送木料、做土基、搬石头，每户派建筑费三元，傈僳族很不满意。

继之，民国廿二年美国传教士杨思慧来到怒江，二十三年（1934 年）在理武底租了一块地建立教堂，这个租约现在还保存着：

> 立租约文约人系美国杨思慧，任中华基督教内地会牧师。因来怒江之碧江传福音，特在江西理武底村央请中人说合，租得攸面子干地一方，作教堂住址传教之用。地之四至：东界友昧欠及鲁夫欠之地，宽十一丈三尺，西界大家之地，宽十二丈，南界路，长十四丈，北界本地主攸面子之地，斜长二十二丈五尺。定议租期七年，每年租金大洋五元，先交一年之租金，其余于每年前十月初一按年照交，彼此情愿。恐口无凭，特立此租约为据。
>
> 立约人　杨思慧
>
> 出租人　攸面子
>
> 凭中人　所面家　阿夫聂　阿　弱
>
> 代字人　杨雨楼
>
> 民国廿三年九月廿三日

民国廿四年（1935年）史国英任福贡设治局长。他一面做官，一面做生意，派上帕附近的傈僳人从营盘街把百十背货背进来，又叫老百姓把他们在福贡以低价收买的棺材板背到腾冲去卖，百多人一来回就是两个月。老百姓恨在心里。史国英对他的卫兵（汉人）很不放心，每人虽发了五六粒子弹，但都倒去火药，装上土灰。不料这个秘密叫傈僳人知道了，在三月十八日天亮时，上帕、一块坪两寨三十多个傈僳人，拿着弓弩、大刀，打进衙门杀了史国英夫妇和他的师爷、舅老爷、伙夫等九人，烧了档案和“昭忠祠”。这一次傈僳人是有了自己的组织，并占领设治局达二十天之久。最后还是被兰坪杨团付（希曾）带来的兵赶走了，杀了三个头目。杨希曾到了怒江，很垂涎这块地方，压迫地方人士给大理史华举推他做设治局长，史不答应，他就带上兵走了。傈僳人又占了衙门。不久贡山赵队长带了三十多人下来，在俄马底附近打了四仗，打不过傈僳人，向大理请援兵，史华才派张营长带一连人来“痛剿”，杀了不少人，一个月后，这一斗争才被镇压下去。张营长返回时，带走腊乌寨傈僳族青年霜耐冬。

民国二十五年（1936年）怒江人民的负担增加了，政费增加到每户四元，粮仍是二斗。

民国二十九年（1940年）国民党开始在怒江设党部，党费每区每年五十元。第二年碧江设治局重新划全县为四个乡：普罗乡——六保，嘉禾乡——八保，理武乡——六保，金满乡——八保。

每一个乡长，每年有六十元办公费。划乡以后，又增加了人民的负担，政费增加到每户五元，学粮每户三升，公粮仍是二斗。

民国三十二年（1943年）冬天，国民党开始在怒江征兵，抓走八个傈僳人，在怒江引起极大不安与恐惧。抗战胜利后，福贡、碧江先后成立“参议会”。天宝号的汉商张文彬以及跟着景绍武来“开辟”怒江的兔峨土司的“小吏”田月辉都做了“议长”。

这一时期，汉人是备受优待的：不纳政费，不应夫役，和设治局有关系的汉人，设治局还可以给他们派民夫。傈僳、怒族、勒墨都不敢得罪汉人。

民国三十年（1941年）设治局长赵聘九夫妇来到碧江。其妻烟瘾很大，身体很差，每天饭后邀几个汉商来打麻将，一面打牌，一面抽大烟，烟是由传令兵烧好端到桌子上。牌一直打到天亮，白天睡觉。不吃五谷，只喝牛羊奶，衙门内养了一头牛，两只羊，都供她享用。后来她不吃牛羊乳了，赵聘九便在知子罗街上给她雇了一妇人，每天挤给她两碗人乳吃。赵聘九一天什么事也不做，只是替太太看小孩。

四、国民党统治时期的民族关系

在国民党“开辟”后，怒江区内部的民族关系逐渐改变了：傈僳、怒族、勒墨人之间的矛盾逐渐减少，对国民党的矛盾日愈加深。但初期民族之间或民族内部仍然继续“打冤家”。主要的例子有：

1. 碧江第一乡普罗区紫竹村甲长约阿普扒的女娃子，被赤瓦村（距紫竹村二里多）甲长的男娃子拐上跑了。约阿普扒即带了弩弓、毒箭到赤瓦子村甲长家里去打冤家。赤瓦子甲长两弟兄早就知道，事前藏在畜厩里，把约阿普八射死。从此，两家便各纠合群众，互打冤家。后来设治局派人去调解，由赤瓦子甲长赔给约阿普扒家属尸骨钱银子十五两，牛十五头，双方饮了和气酒，割绳和解（即“永断葛藤”之意）。设治局还罚了凶手四十元的罚款。这是民国十三年（1924 年）的事，双方都是傈僳人。

2. 民国十年（1921 年），碧江色座下村理金度买了一块地，地埂与色座上村乍玛热扒相连，双方都说地埂是自己的，于是就冲突起来。理金度失动手打死对方一个人，乍玛热扒反攻时，换得对方一个人头。后来理金度又杀了对方一个人，接着乍玛热扒杀了理金度的长子。从此双方大动干戈，天天打。段文奎（碧江设治局长）派兵去弹压，双方抵抗，“官兵”一人中了毒箭，几乎死去，于是“官兵”也参加打冤家，把理金度的房子烧了十六间。理金度打不赢，全族七八十人迁逃到兔峨土司辖地去了。民国十一年（1922 年）双方又闹起来，先是理金度连夜赶到色座上村，杀死乍玛热扒一个人，乍玛热扒反攻，又杀死对方一个人。他们两家杀来杀去，双方死了七个人（理金度死了四个人），一直继续到民国十三年（1924 年），由于设治局的武力镇压才告结束：乍玛热扒多杀死对方一个人，赔给尸骨钱银子七百两。官兵烧毁理金度的十六间房子，也由乍玛热扒赔银子三百两。给设治局五十元的官司费，也由乍玛热扒出。

3. 碧江勒墨人四季普扒的胞兄因为争娃子被黑打吉杀死了，双方开始打冤家。后来告到设治局，局长董芬两边受贿，一边吃了百多元。结果黑打吉赔给四季普扒很多钱（但四季普扒拿到的很少），把家当卖完了不够，还卖了两个亲生女儿。

4. 碧江金满区索俄寨勒墨人卓阿刻的儿子，娶了纪江傈僳人的女儿，因为财礼问题，一家说财礼够了，一家说不够，女家就把女儿叫回去。男家准备打冤家，埋伏在纪江附近，恰巧有练登勒墨人过路，男家放了一箭，那人中毒死了。本来这是误会，练登勒墨人马上纠集起来，到索俄把桌阿刻族内一家独子杀掉。索俄卓家又去练登附近埋伏，准备报仇，谁知又错杀了白崖普马卧扒之子，普马卧扒不问究竟，带人杀了练登村一人。误会一直发展下去，纪江一带陷入不安。设治局长张学易（1924 年）派人调解，索俄出五百两银子，纪江出三百两，都赔给练登，双方给衙门出罚款各五十元。设治局派去调解的田月辉趁这个机会，把四区的武器没收了，计有牛皮甲一千多张，大弩大弓各三百多把，除了刀子带走外，其余都烧毁了。（以上宋伯胤整理）

五、福贡民族关系

福贡民族有傈僳族、怒族、汉族、民家族和纳西族（后三种民族被当地少数民族一概看成汉人）。过去怒族是受傈僳族压迫的，如十月十七日丽江各族代表大会中，傈僳族代表节马登发言时所说的“以前怒江区的傈僳族把怒子抢的抢杀的杀，牛马钱财被抢，人也被抢去做娃子，怒子、俅子无地可住，被赶到树上居住，还被傈僳们把树砍了，要怒子、俅子投降。”这是很早的事，有这种传说而已。现在怒族的风俗习惯，宗教信仰与傈僳族相近，彼此交往都用傈僳话。

现在傈僳话在怒江区已成一种通用语言。在福贡只有六个村还保存有怒族话，但这六个村所说的怒族话又各不相同，只能在本村内谈谈，离开了村子就不通用了。

从前汉商与官府勾结，经营商业，又放高利贷给傈僳和怒族同胞，包谷成熟时，价很低，汉商就大量收买，一升包谷可以煮酒六碗（每碗重四两），每碗酒要换包谷两升，或卖两升包谷的价格。在好卖时，一个月可以煮三次，每次煮一斗，除去一点烧柴、酒药、工资外，得利很多。傈僳爱喝酒，有钱时就向汉商买酒喝，无钱时就借来喝，记着账，一碗酒两升包谷（现减为一升）。在三、四月青黄不接时，向汉商借半开一元，到新包谷成熟时还一斗六升，或借一斗还二斗，现在半开一角可买包谷二升。雪封山时（每年旧历十一月至次年二月），有些傈僳同胞无钱无粮，也要向汉商借钱或粮食。汉商有很多是空手来到福贡，不到几年就变成了有钱人。如在上帕的喜州商人杨会计、赵升堂二人都是空手到福贡二三十年，已有二、三万元的资本了。傈僳与汉商间不通婚，汉商喜欢傈僳姑娘可以讨，而汉商女子，就决不嫁傈僳。

过去国民党派到福贡的官，对地方上没有一点建树，只是剥削一点就走了，然后又另换一个来，人民负担一年比一年重。民国二十四年，设治局长史国英（鹤庆人），一个案件要罚款几十两（半开一元半算一两），并加重其他税款。另外他兼做生意，无钱买的让你赊，限期付款，到期不能付款的，就被拉到县府扣押追缴，人民为此而出卖田地、儿女的很多，激起了公愤，再加上史国英部下的鼓动，人民就联合起来杀死史国英和设治局里的一些科长及街上的汉商。以后国民党兵来剿办“招安”，事情才告了结，但人民对国民党的仇恨并未因此而平息。（以上杨树谷整理）

六、贡山历史上的民族关系

（贡山县长傈僳族和桂芳、傈僳族代表节马登谈话记录）

约一百五十年以前，贡山几乎全是怒族和俅族（独龙族），仅有少数藏人。他们通过喇嘛寺统治着怒人和俅人。一百五十年前大概是乾隆年间，傈僳陆续迁入，直到三四十年前，福贡改设治局后，迁入的才渐减少。

最初，傈僳人少数迁入时，曾给怒族纳税。后来迁入日增，力量强大，不仅不纳税，反而欺负怒人、俅人，压迫他们上税。或抢他们的财产，或把怒人和俅人抢去卖给藏人当奴隶（娃子）。看到那个姑娘漂亮，就强迫抢去，或者强奸。俅人比怒人还弱，傈僳对俅人的压迫和怒人无例外，怒人和俅人的牲畜放在牧场上就会被赶走；关在家里，四面栽上大木桩，仍会被傈僳人搞走。他们用偷窃、抢掠、强迫上税种种办法来压迫和剥削怒人。怒人受不了就纷纷往北迁，或跑到高黎贡山西面。俅人则大部迁入坎底平原和俅江（即恩梅开江）流域。余下的怒人，只好离开地面，搬到树上住；但傈僳还是不放过他们，把树砍倒，把他们整下来，怒人为防傈僳砍树，常准备些石头在树上，傈僳来砍树即往下打石头，傈僳就用木头在树根周围搭起棚子躲避石头的攻击，继续砍树，等到怒人把石头打完，连锅桩石头也打下来时，傈僳就在下面说："你们石头也打完了，该下来了吧！"逼得怒人向他们低头降服。

傈僳不仅和怒人作战，也同藏人作战，因为藏人是怒人的统治者。如果傈僳侵入，他们的统治就要垮台，所以站在怒人一边抵抗傈僳，但屡战屡败，没法抵住，傈僳也就慢慢生根，变为贡山的主人了。

怒人慢慢受傈僳影响，有的人甚至只会说傈僳话。

以前，傈僳、怒人和俅人还受察瓦龙和沧江上流的藏族压迫，手段很残酷，常常下来奸杀抢掳，强迫妇女把自己的孩子掐死，然后又把母亲放在碓里舂死，当时有个傈僳人起来领导抵抗，但始终抵抗不了。这是贡山民族关系的第一个时期，人们说，这时期还没有头人和土司。自光绪三、四年后，叶枝王家鹿土司侵入后，秩序比较安定，这阶段傈僳和怒人的冲突已很少了，藏族的势力也渐渐减弱，但又来了汉人（这里所指的汉人包括汉人和民家），他们用不等价或欺骗手段残酷地剥削当地少数民族，使傈僳、怒人和俅子的生活，一天比一天艰苦。

第三个时期，从二十世纪初期（约光绪二十八、九年）天主教进入以后，引起教案事件，接着满清政府的势力来了，先是派兵屠杀，同时又引起信教与不信教之间的彼此屠杀，有些妇女被迫抱着孩子跳下江去。烧杀不算，还要赔款九千两银子，差不多每家都得出，而且自此以后即设立菖蒲桶行政委员会。

汉官统治，不替老百姓做事，只会剥削老百姓，节马登说："官员们下乡之先，什么都捆起来了，只有一条链子放在外面，临时把链子往柱子上打几下说：'这一回去，希望碰到老百姓彼此杀。'意思就是可借此敲诈，乘机发财，剥削老百姓。”

民国二十四年（1935年），鹤庆人史国英到福贡做设治局长，与他部下某个人不和，这个部下想杀他，同时他对傈僳人的剥削也很厉害，他的部下即煽动傈僳人杀设治局长。暴动一开始，即占领福贡，大杀汉人，并继续往贡山进兵，打算去杀贡山汉官，但贡山汉人早知消息，就征集人民（大多是傈僳人），把他们武装起来，杀向福贡，到福贡后，杀、烧、奸、掠，无所不为，此次傈僳死伤不下数百人，财产损失无数。自此以后，贡山与福贡的傈僳彼此不和，几乎有十多年不相往来。

民国三十二年（1943年），国民党军队进去，要这样要那样，一晚上就要三十六样东西，“变也变不出来”，“各族人民就联合起来，把他们杀了五个”。1946年，县长带了几个回族进去，在贡山奸淫妇女（节马登的儿媳也被奸污），还要这样要那样，大家忍无可忍，就集合起来，把他们杀了，尸体丢到江里。（下略。以上施泽旱整理）

[转载自国家民委民族问题五种丛书之一、中国少数民族社会历史调查资料丛刊《中央访问团第二分团云南民族情况汇集》（上），云南省编辑组，云南民族出版社，1986年2月出版]

（此文系李福珊同志提供）